김두황 평전

김두황 평전

시를 사랑하고 늘 봄볕 같았던 한 청년의 기록

홍기원 지음

어나더북스

책을 펴내며

김두황 열사 40주기에 부치는 '기억의 헌사'

두황은 만나는 사람 모두를 즐겁게 만드는 재주가 있었다. 오래전 함께했던 사람들의 기억 속 두황의 표상은 아직도 강렬하다. 유쾌한 표정과 뛰어난 유머 감각으로 분위기를 이끄는 개구쟁이 모습, 토론에 임할 땐 열정 가득한 언변으로 좌중을 압도하는 혁명가의 눈빛, 시를 사랑하고 세상을 품으려는 봄볕 같았던 따스함과 감수성. 무엇보다도 사람을 항상 배려하고 허식과 편견 따위를 벗어던진 채 바보처럼 쉼 없이 앞으로만 걸었던 23살의 아름다운 청년! 그랬던 두황이가 갔다. 까마득한 시간 너머 우리 곁을 떠나고 없다.

휴전선 바로 아래 위치한 강원도 고성 통일전망대는 평일이든 주말이든 일 년 365일 언제든 연중무휴다. 3천 원만 내면 전망대에 올라 북한 금강산 감호와 구선봉을 눈 아래로 볼 수 있다. 올해 들어서만 4번을 전망대에 올랐다. 북쪽 금강산을 구경하고 남쪽으로 시선을 돌리면 통일전망대 바로 옆에 동해 쪽으로 돌출한 곳이 있다. 거기가 바로 1분초인데, 두황이 군 복무할 때 2대대 본부 바로 옆에 있던 분초로 1소대 병력이 지키던 곳이다. 시선을 더 아래로 돌리면 두 번째 곳이 있는데, 거기가 이분초로서 지금도 1개 소대가 그곳을 지키고 있다. 그리고 시선을 더 아래로 내리면 2분초보다 더 동해로 돌출한 곳이 보인다. 3분초로서 이곳 역시 지금도 1개 소대가 지키고 있다. 3분초에서 내륙 서북쪽으로 800m 정도 떨어진 곳에 조금 경사가 있는 야산이 있는데, 그곳이 바로 22사단 헌병대가 발표한 두황의 군의문사 지점이다. 3분초 인근 지역은 예나 지금이나 민간인이 마음대로 드나들 수 없는 민통선 지역으로 아직까지 개발이 제한되어 있는 곳이다. 해서 40년 전 두황이가 군의문사 당했을 때의 모습과 크게 변한 게 없다.

고성 통일전망대에서의 비애감, 산 자의 부끄러움

3분초 해안으로 파도가 밀려오고 다시 파도가 흘러가고 있다. 40년 전처럼 또 파도가 왔다가 가기를 반복하고 있다. 저 멀리 흰 물새 한 마리가 3분초 지역을 빙빙 선회하다가 유연한 곡선을 그으며 통일전망대 쪽으로 날아간다. 그리고 군사분계선 지점에 정확하게 서 있는 분단의 상징 섬 송도 위를 날아 금강산 감호 쪽으로 날아 비상한다. 두황이 의문의 죽음을 맞기 전에 여자 후배에게 보낸 마지막 편지의 마지막 구절이 생각난다. '분단의 아픔을 바라보는 곳에서 두황.' 해빙의 분위기가 고조되다 급격히 얼어붙고 있는 철책선이 더 가슴 아팠던 것일까. 통일전망대에 바라다보면 큰 발 한번 내딛으면 금세라도 넘어갈 수 있을 것 같은, 어쩌면 장난감으로 만든 선 같은 게 곧 분단선이다. 그게 너무 아팠던 것일까. 두황의 영혼이 기체가 되어 두둥실 흰 물새 한 마리와 한몸이 되어 날아오른 것일까. 서글픔이 불러일으킨 착시일까.

　두황의 군의문사가 있던 날 같이 매복 근무를 하던 류 상병과 김 일병의 진술이 정면으로 충돌했다. 김 일병은 두황이 소변보러 간다고 말하고 근무지를 벗어날 때 류 상병도 같이 들었다고 하고, 반면 류 상병은 자신은 그때 잠을 자고 있었기 때문에 두황이 근무지를 벗어날 때 어떻게 벗어났는지 알지 못한다고 한다. 두황의 군의문사 진상규명은 2000년 의문사진상규명위원회 1기, 2003년 의문사진상규명위원회 2기, 2005년 국방부과거사진실규명위원회, 2008년 진실화해과거사정리위원회 1기, 2021년 진실화해과거사정리위원회 2기 등 무려 20년이 넘게 다섯 차례의 위원회를 만들어 조사에 임했다. 하지만 류 상병과 김 일병의 진술 불일치를 포함한 수많은 의혹들을 제대로 규명하지 못하고 오늘에 이르고 있다. 기무사 수장고 근처에도 못 가는 수사 권한의 제한으로 안타깝게도 진실을 향한 발걸음이 좀처럼 앞으로 나아가지 못하고 있다.

통일전망대에서 3분초 쪽을 다시 본다. 산 자로서 부끄럽다. 군 생활에 비관해 자살했다는 22사단 헌병대의 일방적 발표가 유가족 가슴에 못이 된 지 40년이 지나도록 그 억울함을 벗기지 못했으니 비통함이 사무친다. 그 비애감이 파도가 되어 다시 밀려오는 듯하다. 두황은 유월에 왔다가 유월에 떠났다. 민 23년 생일을 며칠 앞둔 때였다. 두황은 스스로 밀알이 되어 자신의 모든 것을 이 땅의 민주주의 제단에 바치고 갔다. 두황의 불꽃 같았던 삶은 먼지처럼 허공에 날리고 잊힐 존재가 아니다. 23년도 채우지 못하고 스러진 짧은 청춘이지만 우리나라 민주주의 역사에서 그 존재의 무게감이 결코 가볍지 않다.

눈부시고 아름다운 청춘의 삶을 기록하고 추억하기 위해
그래서 기억을 소환했다. 민주주의는 그냥 주어지는 공기가 아니다. 두황처럼 온몸을 바쳐 피의 수레바퀴를 굴린 사람이 있기에 이 땅의 민주주의는 이만큼이라도 전진해온 것이다. 산 자가 피의 수레바퀴를 굴린 사람을 기억 속에서 지울 때 역사는 허무주의로 추락하고 만다. 우리들 산 자는 허무주의 속에 역사를 가둘 자유가 없으며 그럴 권리가 없다. 분명히 기억하고 기록해야 하는 살아남은 자의 도리를 외면할 수 없다. 그 눈부신 청춘에 대한 기억이 더 흩어지기 전에, 또 더 늙기 전에 끌어모았다. 이 책은 평전이라기보다 '김두황 기억 모음집'에 가깝다. 필자의 역할은 분명 제한적이다. 여기저기 흩어져 있던 선배의 마음 깊숙한 곳에 아련하게 남아 있는, 혹은 친구들 가슴 한가운데에 깊은 상처의 흔적으로 오랜 세월 동안 새겨져 있던 그 기억들을 모았다. 또 두황과의 인연이 돈독했던 사람들과 두황의 남다른 애정을 받았던 후배들 뇌리에 남아 있는 기억의 단면까지 끄집어냈다. 40년 동안 달빛도 들지 않는 곳에 밀쳐두었던 꺼내기 싫은 기억들이었다.

굳이 평전 인터뷰라는 명목으로 혹은 고문에 가까운 명목으로 수집한 두황의 지난 삶에 더해 80년 서울의 봄부터 1980년대 초중반까지의 고대 학생운동사에 대한 얘기를 재구성해 이 책에 보탰다. 두황이 걸었던 길과 시대적 상황을 좀 더 넓게 조망하기 위함이다. 물론 이 조망은 오로지 필자의 주관이다. 이 책에 수록된 내용과 관련, 다른 관점으로 바라볼 수도 있는 선배, 동료, 후배들이 있다면 어떠한 지적과 비판이라도 달게 받겠다. 그리고 이 평전으로 인해 혹여나 잊힌 상처를 다시 들추는 게 아닌가 하는 걱정이 앞서는 것을 숨기기 어렵다. 이에 대한 양해를 구하고 싶다. 자신의 모든 것을 바치고 떠난, 너무나 눈부시고 아름다웠던 청춘의 삶을 기록하고 오랫동안 추억하는 것이 40주기를 맞이하는 산 자의 의무임을 강조하고자 한다. 이 책을 준비한 이유이기도 하다. 혹 평전 출간 이후에 자신의 기억을 더 보태고 싶은 분이 있다면 추가적인 인터뷰를 통해 개정판에 반영하겠다는 말을 덧붙인다. 부족한 원고 다듬느라 수고한 권무혁 후배에게 고마움을 전한다.

김두황 40주기를 앞둔 2023년 6월에
갈현동에서 홍기원

차례

책을 펴내며 김두황 열사 40주기에 부치는 '기억의 헌사' 5

1장 대학 새내기가 마주한 80년 서울의 봄

형, 누나들과 노래하며 놀았던 공덕동 뒷산의 추억 17
늘 둘째 형과 함께했던 어린 시절의 기억 23
재기발랄 소년의 첫 좌절, 대입 실패 31
겨레사랑회에서 뜨거운 사람들을 만나며 42
서울제일교회 대학생부 활동에 나서다 53
마침내 80년 서울의 봄을 맞으며 61

2장 칠흑 같은 시대, 학생운동 한복판으로

분루를 삼키며 돌아선 발걸음, 통한의 서울역 회군 71
비상계엄 확대로 공수부대에 둘러싸인 캠퍼스 80
5.18 이후 첫 포문을 연 고려대 10.17 시위 93
다정다감하면서도 그 누구보다도 뜨거운 청년 102
가장 인기가 많고 화려한 언변을 자랑했던 청년 112
같이 있으면 언제나 긍정적인 에너지를 전하는 사람 122

3장 이제는 학회를 부활하고 대중운동을 준비할 때

서클실과 크리스마스 이브의 특별한 추억 133
지금부터는 학회를 부활하고 대중운동으로 나아가야 141
81년 11월의 문무대 109인 사건 150
대중활동의 구심이 될 핵심일꾼을 키워야 157
본격 행보, 성북서 짭새 쫓아내고 학회실 확보 170
허무하게 끝난 5.14 시위의 충격과 반성 179

4장 한 치의 물러섬도 없던 그때 그 자리 그 사람들

바보 같은 사람이 학생운동을 하는 거야 193
학도호국단장 선거와 80학번 세미나 팀 206
3인 회의 체제 출범과 통합조직을 향한 발걸음 213
80년 5월 이후 처음으로 사과탄이 터진 11.5 시위 228
학회장 연합모임을 주도하며 241
예고 없이 찾아온 3.7 사건, 비극의 서막 250

5장 운명의 갈림길에서 그렇게 둘은 노래를 불렀다

이를 악물고 끝까지 버텨야 했던 이유 261
절차를 무시한 채 일사천리로 강행된 강제징집 273
다시는 돌아오지 못할 머나먼 곳으로 282
강제징집으로 인한 3인 지도부 체계의 위기 293
최전방 부대의 고된 이등병 생활 속에서 302
가족에게 보낸 4통의 안부편지와 마지막 답신 312

6장 못다 한 얘기, 진상규명의 발걸음은 여전히 현재진행형

충격의 군의문사, 믿을 수 없는 헌병대의 발표 325
조작을 의심케 하는 꼬리에 꼬리를 무는 의문들 337
자살 조작 정황이 뚜렷한 가운데 치러진 장례 350
살아남은 자들의 슬픔이 북받치는 날들 363
되살아나는 진혼의 함성으로 375
진실을 위해 허공에라도 계속 소리쳐야 하는 이유 391

발문1 '김두황'을 부르지 못하는 시대의 부끄러움 _정세균 407
발문2 40년 만에 다시 부르는 그 노래 _양창욱 413
발문3 스물셋 김두황이 우리에게 묻는다 _한홍구 419
김두황 연표 427

1장   대학 새내기가 마주한
             80년 서울의 봄

형, 누나들과 노래하며 놀았던
공덕동 뒷산의 추억

 김두황은 서울 마포에서 태어났다. 그렇지만 서울 토박이는 아니다. 그의 일가가 우리나라 3대 평야가 있는 황해도 연백 출신인 까닭이다. 그의 할아버지와 아버지는 해방 이후 서울로 내려와 마포에 정착했다. 3남 3녀 중 막내로 공덕동 232-2번지에서 1960년 첫울음을 터뜨린 김두황에게는 나이 차이가 많은 큰누님이 있었는데 그와는 무려 20살 차이가 난다. 1940년생인 엄마뻘 큰누님은 부모님의 고향인 황해도 연백군 못동골에서 태어났다.
 김두황이 출생한 곳의 위치는 그가 태어나던 당시에도 있었고 지금도 그 자리에 있는 마포경찰서에서 설명하는 게 쉽다. 마포경찰서에서 한강 방향으로 버스 한 정거장 정도 더 가면 있는 곳이다. 그의 아버지는 그곳에서 묵 공장을 운영했다. 도토리묵이 아니라 그것보다 훨씬 가격이 비싼 녹두로 만든 청포묵 공장이었다. 두황보다 세 살 많은 둘째 형 김두원이 어렸을 때는 한때 두부도 만들었다 했는데 이후에는 청포묵만을 만드는 공장으로 자리를 잡았다. 공장은 그의 집 안에 있었다. 살림집과 공장이 함께 있었던 까닭에 집 규모가 상당히 컸다.

마포 청포묵 공장주의 막내아들

아버지가 운영하는 묵 공장은 일하는 아저씨들이 10명이 넘을 정도로 제법 규모가 있는 곳이었다. 두황 집 근처에 '거북선 노트'라는 1960년대 많은 학생들이 사용하던 유명한 공책을 생산하는 공장이 있었다. 당시 그 거북선 노트 공장이 들어 서 있는 골목에 부유한 집이 몇 곳이 있었는데, 두황의 집도 그중 하나였다. 아버지가 공장을 운영했던 덕에 두황의 어린 시절은 꽤 유복한 환경이었다.

당시 김두황 또래들 대부분이 돌 사진이 없다. 하지만 그는 사진관에서 돌 사진을 남겼다. 두황의 큰누님은 묵 공장 일로 바쁜 어머니를 대신할 때가 많았다. 둘째 형 두원의 초등학교 입학식에도 부모님 대신 큰누님이 참석했다. 두황의 돌 때 사진관에 데리고 간 것도 큰누님이었다. 큰누님과는 엄마와 아들 사이라고 해도 사람들이 믿을 정도로 나이 차가 많았다.

지금의 공덕동 232-2번지는 마포경찰서 입구에서 한강 방향의 세 번째 건물인 LG빌딩 뒤편이다. LG빌딩 안에 있는 국민은행 뒤쪽으로 아파트 부지로 편입되지 않은 음식점과 카페 지역으로 변한 단독주택들이 있는데, 바로 거기가 두황이 살던 곳이다. 두황이 훗날 고려대 입학 후 학생운동을 함께 했던 동기 양창욱과 같이 훈련소 훈련을 끝내고 자대배치를 받았을 때 중대본부에서 '나의 성장기'를 썼다. 두황은 거기에 공덕동 뒷산의 아련한 기억을 짧게 남겼다.

제가 국민학교에 입학하기 전까지 공덕동은 서울이면서도 개발이 덜 된 곳이라 집 뒤에는 수풀이 우거진 야산이 있었고, 저녁이면 형과 누나들과 야산에 올라가 함께 노래도 하며 지낼 수 있었습니다.

두황이 추억하는 공덕동 뒷산을 둘째 형 두원의 기억 속에서는 어떻게 남아 있을까?

집 뒤에 야산이 있었는데 야트막한 산이었지만 주변에서 가장 높은 산이었어. 거기에 오르면 한강이 보였지. 그 산을 우리는 그냥 뒷산이라고 그랬어. 산에 나무도 있고 계곡에 애들이 자리 펴고 놀 수 있

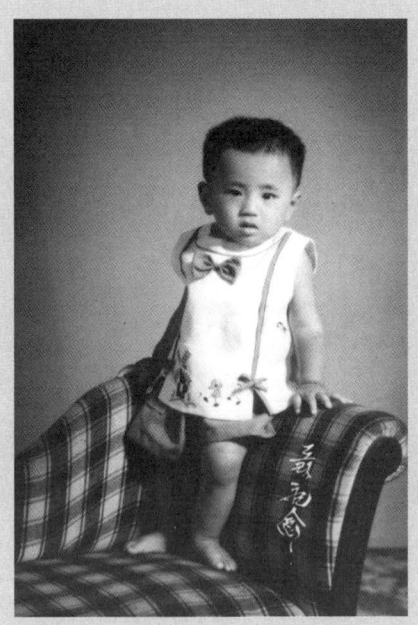

두황의 돌 사진. (출처: 김두원)

을 정도로 제법 큰 산이었어. 산꼭대기에 개바위라고 큰 바위도 있었어. 그 개바위 위에 올라가서 보면 한강도 보이고 와우산도 보이고 그랬지.

두황이 살았던 집터에서 10분 정도 올라가면 쌍용산 근린공원이 나온다. 거기가 두황의 어린 시절 추억이 새겨진 뒷산이 있던 곳이다. 지금은 아파트 단지 사이에 있는 공원으로 바뀌었는데, 두원이 올라가 한강을 바라보았다는 개바위는 사라지고 없다. 쌍용산 근린공원 제일 높은 곳에 있는 신축 교회 건물 자리가 개바위가 있었던 곳이라고 짐작이 된다. 개발을 해도 그런 바위는 남겨두면 좋았을 텐데 하는 아쉬움이 남는다.

할아버지와 아버지는 사이가 좋지 않아 따로 사셨고, 단지 생활비만 아버지께서 보내 드리며 지내셨지만, 저희 형제들은 활을 쏘시는 할아버지를 따라다니는 것을 좋아했습니다.

두황이 쓴 나의 성장기에 할아버지와 아버지를 언급한 대목이다. 이 때문에 할아버지와 아버지 사이가 좋지 않았던 것으로 알려지게 되었는데 사실은 그렇지가 않았다. 당시 할아버지는 큰길 건너 만리동으로 올라가는 길 쪽에 거주했다. 집이 좀 넓었고 두황의 집에서 걸어서 10분 안쪽에 있었다. 직사각형으로 기다랗게 지은 집이었는데 방이 4~5개 정도 되었다. 두황 아버지는 원래 둘째였지만 첫째인 형이 일제강점기 때 만주로 간 후 소식이 끊어졌다. 그래서 두황 아버지가 독자 아닌 독자 역할을 하게 되었다. 해방 후 할아버지가 황해도 연백에서 마포로 내려와 정착할 때 두황 아버지 사촌도 함께 내려와 할아버지 집에서 같이 살게 되었다.

이런 사연 때문에 할아버지와 아버지가 따로 살 게 된 것이지 다툼 때문은 아니었다. 그렇게 할아버지와 아버지는 10분 거리의 이웃으로 살면서 각자 사업을 하면서 살았다. 또 두황 할머니는 여동생, 그러니까 두황의 이모할머니와 쭉 같이 살았다. 때문에 아들네와 떨어져 사는 할아버지와 할머니에게는 편의상 공간이 넓은 집이 필요했다. 설날 같은 명절이 되면 일가친척 모두가 할아버지 집에 모였다. 세배를 드리고 떡국을 먹으며 새해를 맞았고 아이들은 말뚝박기 같은 놀이를 했다.

늘 둘째 형과 함께했던
어린 시절의 기억

두황의 할아버지는 한량이었다. 본은 경주 김씨였고 경순왕 자손이었다. 여말선초 때 이성계가 집권하면서 계림공파는 이성계에 붙었지만 상충공파였던 두황네 일가는 이성계를 인정하지 못한다고 선언했다. 두황 집안에서는 자신들이 속한 상충공파를 반골이라고 얘기한다. 그 반골기질이 두황에게 면면히 이어졌다고 훗날 형제들이 이야기하곤 했다.

할아버지는 단순한 한량이 아니라 무예에도 일가견이 있었다. 택견 고수였다. 두황 집안 자체가 무관과 관계 깊은 가계였다. 황해도 연백에 살 때만 해도 집안에 장검이 있었다고 한다. 하지만 그 장검은 한국전쟁 와중에 없어져 버렸다. 두황 아버지는 체구가 조금 작은 편으로 무인 스타일이 아니었지만, 할아버지 집에서 같이 살았던 아버지 사촌(두황에게 는 5촌 당숙)은 군대 의장대 출신으로 체구가 우람한 무골(武 骨)이었다.

택견 고수이며 반골기질이 강했던 할아버지

할아버지 택견과 관련해 두황 아버지가 형제들에게 해준 이야기가 있다. 황해도 연백에서의 일이었다. 장단 장날에 갔을 때 주막집에서 동네 건달들이 시비를 걸어오자, 그때 할아버지가 동네 건달들 어깨 위로 날아다니며 혼내주었다 는 전설 같은 이야기였다. 그런 할아버지였기에 국궁도 곧잘 했다. 어린 두황도 할아버지의 그런 모습을 신기해하고 좋아 했다. 할아버지가 시합을 할 때면 두원과 함께 쫓아가 구경 을 하곤 했다. 두원과 두황이 이것저것 물어보며 궁금해하자 할아버지는 두 손자에게 나무로 된 활 하나를 만들어주었다 고 한다. 화살촉 없는 화살로 쏘아보라고 만들어 준 거였다.

이에 두 형제는 할아버지가 만들어 준 활로 동네 뒷산에 올 라 신나게 화살촉 없는 화살을 쏘며 놀았다. 당시 국민학교 (초등학교)에 입학한 두원의 경우, 아버지가 할아버지와 할머 니에게 인사드리고 오라고 해서 방과후 매일 할아버지 집에 들렀다 집으로 왔다. 집에서 학교 갔다가 할아버지 집에 들른 후 다시 집에 오게 되면 이동 동선이 완전 삼각형이었다.

나의 성장기에는 한강에 얽힌 추억도 언급하고 있다. 그는 "집에서 멀지 않은 곳에 한강이 흐르고 있었고, 형들과 여름이면 수영하러 갈 수도 있었던 곳입니다."라고 회상한다. 당연히 두원의 기억에도 선명히 남아 있다.

두황이와 어렸을 때 한강에 가면 나룻배 타고 밤섬에 건너갔어. 여름에 밤섬에 갈 때면 가족들이 가마솥하고 장작까지 들고 밤섬에 들어가서 밥해 먹고 놀고 그랬지. 예전에는 한강 물도 깨끗했으니까 수영도 할 수 있었어. 두황이와 내가 어린 걸음으로 걸어가면 족히 30분은 걸렸을 거라고 짐작돼. 마포대교 완공이 1970년 5월 16일, 오일륙에 맞추어 개통을 했는데 마포대교가 새로 뚫렸다고 해서 두황이하고 걸어서 여의도까지 넘어갔던 기억이 어제 일처럼 떠오르네.

반면 아현동 대머리교회 바로 뒤에 살았던 양창욱은 나이가 어리다는 이유로 네 살 많은 형이 밤섬에 데리고 가지 않았다고 한다. 그래서 어릴 적에 단 한 번도 밤섬에 가보지 못했다고 했다. 대신 마포대교 개통식 날에는 형의 손을 잡고 먼길을 걸어 개통된 마포대교를 통해 여의도까지 왕복했다고 했다. 마포대교가 개통되던 날, 마포 일대 사람들이라면 모두가 새로 개통된 다리를 건너려고 북새통을 이뤘다고 덧붙인다. 어린 시절의 두황에겐 둘째 형 두원과의 기억이 가득하다. 나의 성장기에 그 기억이 고스란히 드러난다.

국민학교 저학년 때는 동내의 또래 아이들과 노는 것보다는 세 살 연배인 둘째 형을 따라다니며 형 친구들과 어울리는 시간이 많았습니다. 다들 그렇듯이 형과 다투면서 자라는 것이었습니다.

사실 6남매 중 막내인 두황에게는 세 살 터울의 두원 빼고는 형, 누나들과의 나이 차가 많다. 큰누나하고 20살 차이가 나고 큰형하고는 14살 차이가 난다. 그나마 막내누나와는 7살 차이밖에 안 나지만 함께 놀 처지는 아니었다. 그래서 어린 시절의 두황은 늘 둘째 형 두원과 붙어 다녔고 밤에는 한 이불 덮고 같이 잤다. 당시 두황의 공덕동 집은 직사각형 모양의 굉장히 큰 방에 미닫이문을 중간에 달아 나누어 썼다. 일본식 집처럼 미닫이로 방을 나눈 집이었다.

각별했던 두 형제의 어린 시절

그렇게 같이 다니고 놀던 두원과 두황이 사고를 친 적이 있다. 두원이 초등학교에 갓 들어갔을 때였다. 봄이 찾아들어 날씨가 따뜻해지자 동네 애들이 미꾸라지 잡으러 가자고 두 형제를 꼬드겼다. 인근 노고산 조금 아래쪽으로 가게 되면 논이 있었는데 거기에 미꾸라지가 많다는 거였다. 그렇게 해서 동네 애들을 따라 두원과 두황이 손을 잡고 거기까지 미꾸라지를 잡으러 가게 되었다. 서강대 근처 염리동까지 갔으니 초등학생 걸음으로는 무척 멀리까지 간 거였다. 그때 두황 나이가 다섯 정도였으니 그 먼길을 걸어 다시 집에 돌아오기까지는 상당한 시간이 걸렸다. 결국 해가 지고 완전 어두워져서야 집에 도착하게 되었다. 날이 어두워져서도 돌아오지 않았던 두 아들 때문에 애가 탔던 어머니에게 둘은 한참 혼이 났다.

또 두원이 초등학교 입학 후 이런 일도 있었다. 두원이 학교에서 수업을 하고 있던 어느 날, 선생님이 놀란 눈으로 교실 바깥 복도 쪽을 쳐다보더니 "저기 누가 와 있네. 누군지 봐라. 어떤 애가 와 있다."라고 말했다. 영문을 몰랐던 두원이 얼떨결에 복도를 보니 거기에 두황이가 서 있었다. 당시 학교 복도에 걸레를 빠는 데가 있었는데, 그곳의 턱이 바닥보다 높게 되어 있어 두황이 거기에 올라가 두원이 공부하는 교실 안을 들여다보고 있었던 것이다. 선생님이 "저 애가 누구냐?"라고 학생들에게 물어보자 두원이 손을 들고 "예, 제 동생입니다."라고 대답했다. 그러자 선생님은 두원에게 미소를 짓고서는 "그래, 애가 심심했던 모양이다. 집에 다시 데려다주고 오라."라고 했다. 그래서 두원은 선생님 분부대로 두황을 집에 데려다 주게 되었는데, 동생 두황에게 "형아가 수

업하는 학교에 다시 오면 안 된다."라고 몇 번 주의를 주었다고 한다. 매일 함께 놀던 형이 없어져 심심했던 두황이 형이 있는 학교에까지 찾아갔던 것인데, 각별했던 두 형제의 어린 시절 모습을 잘 보여주는 일화다.

원가 상승으로 아버지 묵 공장에 문제가 발생

두황도 8살이 되었을 때 공덕국민(초등)학교에 입학했다. 학교 성적이 대단히 뛰어난 편은 아니었다고 한다. 그렇다고 성적이 나쁜 건 아니었고 형제들 모두가 성적으로 인한 문제를 일으킨 적이 없어 부모님들로부터 공부하라는 재촉은 받지 않았다. 두황이 초등학교 저학년 때까지는 아버지의 묵 공장도 잘 돌아갔기에 아무 걱정 없이 학교를 다닐 수 있었다. 그런데 고학년으로 올라갈 즈음해서는 큰 변화가 생겼다. 큰형이 군을 제대하고 돌아와 같이 생활하게 된 즐거움이 생겼지만, 아버지의 묵 공장에 문제가 생기기 시작했다. 아버지는 묵을 만들어 남대문시장과 동대문시장 일대에 납품했었는데, 원가 상승 때문에 사업이 차질을 빚게 되었다.

청포묵의 주재료인 녹두 가격이 계속 올라갔음에도 시장 상인들이 납품가를 올려주지 않고 종전대로 묵값을 계산했기 때문이다. 제조업체들보다 힘이 센 상인들이 묵 가격을 올리면 장사가 안 된다면서 가격을 못 올리게 했던 것이다.

공덕동 집에 위치해 있던 아버지의 청포묵 공장 뒷마당이다. 두황이 6살 때 찍은 사진으로 막내누나 모습이 살짝 엿보이고 청포묵 공장에 쓰이는 장작도 보인다. 당시 보통 아이들은 꿈도 못 꿀 보조바퀴가 달린 자전거를 타고 환하게 웃고 있는 모습인데, 초등학교 저학년 때까지는 아버지의 묵 공장이 잘되어 생활이 풍족한 편이었다. (출처: 김두원)

연세대에서의 큰누나 졸업식 광경. 어머니와 작은누나와 함께 찍은 사진이다. (출처: 김두원)

이로 인해 청포묵 공장은 급격히 어려워졌고 두황 아버지는 끝까지 버텨보려 했지만 역부족이었고 끝내는 사업을 접게 되었다. 다른 묵 업자들은 녹두가 아닌 동부라는 재료를 사용해 원가 상승에 대응했었는데 두황 아버지는 그런 속임수에는 관심을 갖지 않았다. 동부는 녹두와 같은 계열이지만 녹두보다 알갱이가 조금 더 크고 가격이 싼 재료였다. 당시 많은 묵 업자들이 그 동부묵을 녹두묵(청포묵)이라 속여서 팔아 이득을 챙겼던 것이다. 하지만 두황 아버지는 차마 그렇게 하지 못했다. 누군가를 속이는 장사에 대해서는 철저하게 선을 그었던 것이다. 그렇게 고지식하게 밀고 나가다 적자가 누적되어 결국 공장 문을 닫게 된 것이다.

재기발랄 소년의 첫 좌절,
대입 실패

두황이 초등학교 고학년이 되면서 집안 가세가 기울게 되어 학교에 내는 육성회비(수업료)조차 밀리게 되었다. 게다가 집안 기둥이 될 큰형도 가세가 기울어지는 걸 지켜볼 수밖에 없었다. 대학을 마치고 군 복무도 마친 큰형은 때마침 몰아닥친 불경기로 인해 취업을 못 하고 있었다. 늘 같이 다녔던 둘째 형 두원도 고등학교 입시 준비에 여념이 없게 되어, 두황은 집에서 놀고 있던 큰형과 많은 시간을 보내게 되었다. 이때가 두황에게는 큰형 가까이에서 체온을 느끼며 함께 지냈던 유일한 시간이었다.

급격히 가세가 기울어 아현동 산동네로 이사

아버지가 운영하던 묵 공장 사업이 힘들어지면서 기울어가던 집안 살림은 두황이 중학교에 입학할 때쯤 되어서는 완전히 파산지경에 이르렀다. 100평 가량의 넓은 공덕동 집을 팔아 아현동 산7번지 동네로 옮겨갈 수밖에 없게 되었다. 이사 간 아현동 산7번지 동네 집은 방이 2개뿐이었다. 어머니와 아버지 그리고 6남매를 합해 총 8명이 되는 대식구가 살기에는 턱없이 협소했지만 어쩔 수 없는 일이었다. 다행히 큰형이 공무원으로 취업을 하게 되었지만 부산으로 발령이나 지방 근무를 해야 했다. 때문에 집으로 송금할 수 있는 생활비가 극히 적었다.

이 시기 두황은 책상 하나 제대로 들여놓을 수 없는 집보다 자연스레 학교 도서관에서 지내기를 좋아하게 되었다. 한창 예민할 수 있는 사춘기 시기에 접어들었던 두황은 집을 벗어나 밖으로 돌아다니며 친구들을 만나곤 했다. 이때 친구들을 따라 교회에 다니기도 했다. 교회는 두황에게 새로운 공간을 제공했고 거기서 두황은 답답한 마음을 다소 진정시킬 수 있었다. 중학생이 된 후 교회를 다니면서 다른 학교의 여중생들과 대화하고 어울리기도 했다. 그렇지만 두황이 체질적으로 교회에 푹 빠지는 스타일은 아니었다. 대학 입학 후 그가 제일교회와 인연을 맺게 된 것도 신앙 활동 그 자체보다는 사회과학 학습 등의 교회 대학생부 활동을 위한 선택이었다. 그럼에도 중학 시절의 교회 경험은 종교에 대한 두황의 인식에 많은 도움이 된 것은 사실이었다. 두황 가족은 두황이 중학교 2학년까지 아현동 산7번지에서 살다가 3학년이 되면서 마포경찰서 맞은편에 있는 '대머리교회' 근처로 이사했다. 당시 아현동 사람들은 동방정교회 건물 아치를 대머리교회라고 불렀다. 아현동 동방정교회 건물은 1968년에 건립된 러시아정교회 계통 건물이다. 비잔틴 건물 양식으로 건물 중앙이 돔 구조로 된 이 성당을 아현동 주민들은 부르기 쉽게 대머리교회라고 불렀다. 양창욱은 이 대머리교회 경사진 입구에서 겨울이면 눈썰매를 탔고, 여름이면 성경학교에 참가해 공책 등을 선물로 받아 여동생과 나눠쓰기도 했다. 두황도 중학교 3년 때 대머리교회 근처에서 1년 정도 살다가 다시 이문동으로 이사를 하게 된다. 이문동으로 이사한 시점은 두황이 마포고등학교에 입학한 후였다.

친구들과 어울리기를 좋아했던 소년의 대입 실패

당시 중학교 진학은 평준화에 따른 소위 '뺑뺑이'에 따라 학교를 배정하는 방식이었다. 말 그대로 뺑뺑이 돌리는 걸 잘해야 좋은 학교를 낙점받을 수 있었다. 그런데 두황의 뺑뺑이 실력이 별로였던 모양이다. 공덕동에 살았던 두황이 산

서울대 동숭동 캠퍼스에서 촬영한 큰형 졸업식 때의 가족 모습이다.
당시 두황은 초등학교 1년이었다. 이모할머니, 어머니, 큰누나 모습이 보인다.
큰형과 두황은 14살 차이였다. (출처: 김두원)

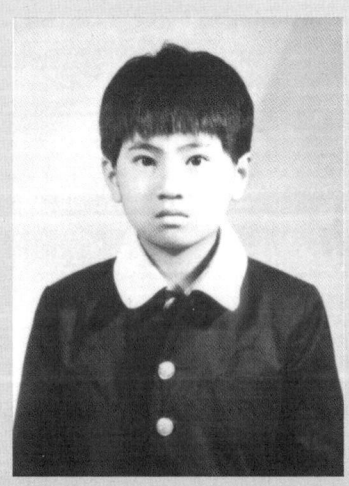

초등학교 시절의 김두황. (출처: 김두원)

꼭대기 학교였던 환일중학교로 배정을 받게 된 것이다. 환일중학교는 당시 학생들이 가장 가고 싶지 않은 학교로 꼽혔는데 두황이 입학할 당시 교명이 균명중학교였다. 그러다가 두황이 입학 1년 뒤 환일중학교로 이름이 바뀌었다. 환일중학교는 고(故) 김예환 장로가 세운 미션스쿨로 1957년 만리동 산꼭대기를 깎아서 터를 마련했다. 그린벨트 지역을 불하받아 학교를 세운 터라 엄청난 특혜를 받은 것으로 보인다. 두황이 학교 다닐 때와 똑같은 위치에 지금도 그 학교가 있다. 학교 건물 역시 두황이 다닐 때 건물 그대로다.

한편 양창욱은 두황보다 뺑뺑이 실력이 좋았던 모양이다. 아현동 대머리교회 바로 뒤편에 살면서 집에서 가까운 곳 배정 원칙에 따라 아현국민학교에 다녔던 그는 마포중학교에 배정을 받았다. 덕분에 환일중학교보다는 훨씬 선호도가 높은 마포중학교를 세 정거장 정도 버스를 타고 통학하게 되었다.

두황이 마포고등학교에 입학할 즈음부터 집안 살림이 좀 나아졌다. 큰형이 대림건설로 직장을 옮긴 뒤부터였다. 사우디로 발령을 받게 된 큰형이 집에 부쳐주는 생활비가 큰 보탬이 되었다. 공무원 생활 때와 비교할 수 없는 금액이었다. 덕분에 생활 공간도 쾌적해졌다. 비록 전셋집이었지만 아현동 산7번지와는 하늘과 땅 차이였다. 새롭게 이사를 한 곳은 이문동 133-7번지였다. 휘경역 서쪽과 인접한 집이었다. 새로 조성된 신주택단지는 아니었고 골목길에 구주택들이 가지런하게 자리를 잡고 있던 곳이었다.

그런데 문제는 학교와의 거리였다. 학교까지 버스로 1시간이나 걸리는 거리를 통학해야 했기 때문이다. 두황은 휘경역 앞에서 탑승해 고대 쪽을 지나서 마포고등학교까지 경유하는 60번 버스를 타고 매일 등교를 해야 했다. 고등학교 1, 2학년 때 생활은 친구를 거의 사귀지 않고 학교와 집 사이를 시계추처럼 왕복하는 단조로운 일상이었다. 도서관과 집을 반반 정도로 이용하는 생활이었다. 그러다가 고3이 되어서 변화가 생겼다. 친구들을 많이 사귀게 된 것이다. 대학입시를 앞둔 황금시간들을 친구들과 어울리는 데 할애하게 되었고, 그 결과는 혹독했다. 본인은 물론 어울리던 친구들 모두가 전기대학 시험에 떨어진 것이다. 전기대학 입시에 실패한 여러 친구들이 후기대학 시험을 볼 때 두황은 응시 자체를 포기했다. 재수를 하기로 결심한 것이다.

정일학원에서 장학금을 받으며 재수 생활

두황이 마포고등학교로 배정받아 휘경역 근처에서 1시간이 걸리는 거리를 통학하고 있을 때, 중2 때 용강동으로 이사했던 양창욱은 연남동에 소재한 경성고등학교로 배정받아

환일중학교 1년 봄 소풍 때의 두황 모습. 환일중 1년까지 환일중학교는 교명이 균명중학교였다. 입고 있던 체육복에 균명이라는 교명이 선명하다. 맨 왼쪽에 있는 중1 두황 모습이 초등학생처럼 앳된 얼굴이다. (출처: 김두원)

두황의 옛집이 있었던 공덕동 232-2번지의 현재 모습. (2023년 촬영)

30분 정도 버스를 타고 학교를 다녔다. 두황 집 인근의 휘경역은 1996년 외대앞역으로 이름이 바뀌었고, 두황이 살았던 동네의 구주택들은 도시재개발 사업에 따라 모두 사라지고 지금은 자취를 감추었다.

두황이 재수를 준비했던 곳은 남영동 용산고등학교 뒤쪽에 위치했던 정일학원이다. 당시 정일학원은 성적이 우수한 재수생들에게 장학금을 지급했다. 덕분에 그는 학원비를 내지 않아 부모님 근심을 좀 덜 수 있었다. 또 집 식구들의 눈치를 덜 보게 된 것도 이점이었다. 재수 생활이 시작되었을 때, 그는 고3 때 실수를 되풀이하지 않겠다며 친구를 사귀지 않겠다고 각오를 단단히 다진다. 다만 고등학교 동창생 중 재수를 같이하는 친한 친구와 가끔 만나며 서로를 격려하고 입시 정보를 교환하는 일까지는 피할 수 없었다.

그러다가 여름이 지난 후 제일 친한 고교 동창생이 같은 정일학원으로 들어오면서 약간의 일탈이 일어났다. 그 친구와 함께 술, 담배를 배운 것이다. 이 무렵 훗날 고려대 경제학과 동기로 절친이 되는 김희근을 만나게 된다. 김희근도 두황이 속한 정일학원 재수 C반이었다. 김희근은 서울 우신고등학교 출신으로 두황처럼 1차 입시 실패 후 2차를 보지 않고 바로 재수를 선택했다. 김희근 역시도 두황처럼 6월까지는 옆도 돌아보지 않고 공부에만 매진했지만, 여름에 접어들면서 긴장이 풀린 탓인지 주변 친구들과 어울리기 시작했다. 김희근은 두황처럼 워낙 친구들과 말하는 것을 좋아하고 언변이 뛰어난, 재기 넘치는 친구였다.

김희근과의 흥미진진한 배틀과 10.26 충격

한동안 공부에만 열중하던 김희근의 입이 풀리자 친구들 사이에 소문이 났다. 당시 학생들이 모이기만 하면 성적 농담을 늘어놓는 소위 'EDPS(음담패설)의 귀재'쯤으로 알려진 것이다. 그 소문이 친한 동창생을 통해 두황이 귀에까지 전해졌다. 평소 두황의 빼어난 입담과 '말빨'을 잘 알고 있던 친구들이 두황을 부추겼다. 두 사람이 배틀을 해서 진정한 고수를 가리자는 얘기였다. 친구들의 부추김에 두황이 그만 넘어가고 말았다. 여러 친구들 앞에서 재미있게 얘기하는 걸 즐겨했던 두황이 참을 수 없었던 모양이다.

그렇게 해서 빅매치가 성사되었다. 어느 여름날, 두황과 김희근이 합을 겨루기 위해 학원 옥상으로 올라갔다. 그 소식이 전해진 후 명장면을 놓칠 수 없다며 재수생들 무리가 우르르 몰려갔다. 그리고 시작된 진검승부. 용쟁호투 같은 승부가 펼쳐졌고 둘의 합이 쉽게 가려지지 않았다. 두 사람 모두 뛰어난 언변(구라)을 장착했고 승부는 좀처럼 한쪽으로 기울지 않았다. 만만찮았던 호적수였다. 그 결과는 이때부터 둘이 친구가 되는 거였다. 두 사람은 쉬는 시간이 되면 담배를 같이 피우고 가끔씩 술도 마시는 사이가 되었다. 그렇게 술과 담배를 하며 약간의 일탈이 있긴 했지만, 두황의 재수 생활은 고3 때의 경험을 답습하지는 않았다. 적당한 선에서 멈출 줄 아는 절제력으로 술, 담배로 보내는 시간을 통제할 수 있었다.

재수 준비에 한창이던 시간이 10월 말에 이르렀다. 예비고사를 코앞에 앞둔 시기였다. 그 무렵 큰 정치적 사건이 전해졌다. 1979년의 10.26 사태였다. 평소 시사 문제나 정치적 현안에 관심이 많았던 두황에게도 10.26은 충격 그 자체였다. 입시에만 매진해야 하는 재수생에게도 결코 작은 일이 아니었다. 태어나면서부터 대통령은 박정희였고 고등학교까지도 줄곧 박정희 대통령만 경험했던 그로서는 대통령은 영원히 박정희일 것 같았다. 그런 박정희가 죽은 것이다. 그것도 부하의 총에 맞아.

10.26 사건이 일어난 후 두황의 C반 교실이 웅성거렸다. 삼삼오오 모여서 10.26이 왜 일어났으며 향후 정치는 어떻게 될 것인지 다들 궁금해하며 얘기를 나누었다. 그때 두황이 친구들 앞에 나섰다. 반 애들을 교실 뒤에 모아놓고 책상 위에서 양반다리 자세를 취한 후 10.26에 대해 '썰'을 풀기 시작했다. 책상 위에서 양반다리를 한 채 이야기하는 버릇은

이후 대학 입학 후에도 곳곳에서 되풀이된다. 늦게 정일학원에 들어와 두황이와 같은 반에 있다 고려대 정경대 동기가 되는 김영중이 이 장면을 눈여겨보게 되었다. 김영중은 속으로 웃으며 '우리 반에 저런 괴물이 다 있구나.' 하면서 감탄했다고 한다.

겨레사랑회에서
뜨거운 사람들을 만나며

　두황과 김영중은 EDPS 배틀을 했던 김희근 경우처럼 빠르게 친해질 시간적 여유가 없었다. 11월 6일에 치를 예비고사까지 남은 날짜가 많지 않아서였다. 두황은 시사에 관심이 많고 술, 담배도 하는 등 다른 곳에 일정 시간을 허비하긴 했지만 공부에 매진할 때는 엄청난 집중력을 보였다. 그리고 예비고사! 한 달 이상의 시간이 흐른 후 초조하게 기다리던 예비고사 성적이 전달되었다. 그 결과, 두황과 영중의 점수는 고려대 정경대 특차로 갈 만큼은 되지 않았다. 반면 김희근은 고려대 정경대에 특차로 갈 수 있는 점수가 나왔다. 두황과 김영중은 본고사를 보게 되었고 다시 초조한 합격자 발표를 기다렸다.

마침내 고려대에 입학한 80학번 새내기

해가 바뀌고 1980년 새해 1월 말이 되었고 고대 합격자 발표일이 다가왔다. 발표 전날 김영중은 같이 서울에 올라가 합격자 발표를 보겠다는 아버지를 간곡히 만류한 뒤 홀로 서울로 향했다. 김영중은 고향 익산시 함열읍을 떠나 서울로 가는 통일호 밤 열차에 몸을 실었다. 다음날 새벽 서울역에 도착해 보니 눈이 내리고 있었다. 김영중은 그 길로 곧바로 고려대로 달려갔다. 도착해 정문을 지나 대운동장으로 가보니 사람 키를 훌쩍 넘는 나무로 만든 임시 게시판이 쭉 세워져 있었다. 인터넷과 거리가 먼 아날로그 시대인 만큼 그 게시판에 합격자 명단을 공지하던 때였다.

이른 시간임에도 많은 사람들이 대운동장에 운집해 있었고 초조한 마음으로 합격자 명단이 적힌 용지가 부착되기를 기다리고 있었다. 그렇게 얼쩡거리고 있을 때 김영중 눈에 어디선가 낯이 익은 녀석이 보였다. 자세히 보니 정일학원에서 양반다리를 한 채로 10.26에 대한 장광설을 풀던 두황이었다. 그때 두황과 김영중이 통성명을 하게 되었다. 같은 재수반에 다니고 있어 서로의 얼굴은 알고 있었지만 통성명을 하고서야 정식으로 이름을 알게 된 것이다.

통성명한 지 얼마 되지 않아 두황이 영중에게 "너 수험번호 좀 아리켜 줘?"라고 했다. 그런 뒤 두황이가 어딘가로 홀연히 사라졌다 이내 영중에게 다가왔다. 그러고선 "너랑 나랑은 붙은 것 같다."라고 하면서 환하게 웃었다. 경황이 없던 김영중이 두황의 말에 반신반의했는데, 얼마 후에 합격자 명단이 붙고 나서 용지를 살펴보니 정말로 자신의 수험번호가 적혀 있는 것이 아닌가. 김영중은 합격 소식에 환호했고 이 기쁜 소식을 집에 알려야겠다는 생각에 전화기가 있는 곳으로 황급히 달려갔다. 그러면서도 합격 소식을 미리 알려준 두황을 떠올리며 '그 친구 참 빠른 녀석이군!' 하면서 신기해했다. 둘은 입학 후 정경대 동기가 되어 수업시간에 반가운 얼굴로 다시 만났다. 또 학생회관 서클(동아리)실에서도 만남을 갖게 되었다.

단짝 친구가 된 김희근과 함께 서클에 가입하기로

두황이 80학번 새내기로 입학했을 때의 고려대는 계열별 모집이었다. 입학 후 두황은 같은 정경 계열에 입학한 정일학원 재수 동기 김희근과 재회했다. 첫 수업에서부터 반갑게 만난 둘은 바로 단짝이 되었다. 둘이 새내기가 되어 맞은 1980년 고려대 캠퍼스의 분위기는 남달랐다. 신입생들 눈에 한 번도 경험하지 못했던 놀라운 광경이 펼쳐졌다. 3월 개학 첫날부터 박정희의 유신독재 폭압에서 벗어나 새롭게 민주주의 질서를 마련해야 한다는 목소리가 캠퍼스 전역에 울려 퍼지고 있었다. 유신 폭압에서 해방된 분위기가 물씬 풍겼던 것이다. 그리고 유신독재 정권에 부역한 어용교수, 유신 매춘교수 누구누구 물러가라는 식의 각종 구호와 격문이 게시판 곳곳에 나붙었다.

시국 문제나 정세에 관심이 많았던 두황은 학교 곳곳에 붙은 대자보의 선명한 격문을 유심히 살폈다. 또 신입생들의 서클 가입을 권장하는 포스터에도 눈을 떼지 않았다. 김희근도 마찬가지였다. 대학을 먼저 졸업한 누님들로부터 서클 생활이 대학생활의 꽃이란 얘기를 들었던 터라 자신도 입학만 하면 서클 생활을 하겠다고 마음을 먹고 있던 참이었다. 또 우신고 동창생인 절친 조석현이 1979년 고대 법학과에 입학한 후 사회과학연구회 서클에 가입해 있었다. 재수 시절 신촌에서 친구 조석현을 만나 술잔을 나눌 때마다 대학 이념서클에서 하는 학술연구와 토론 얘기를 듣곤 했었다. 그 자리에서 김희근은 조석현으로부터 학생운동에 대한 이야기도 여러 차례 들은 적이 있어 사회과학 공부를 하는 서클이 낯설지가 않았다.

둘은 학기 초부터 죽이 맞아 서클 가입에 대한 얘기를 나누었다. 당당한 대학생이 되기 위해서 마땅히 시대가 요구하는 공부를 하고 결기 있는 지식인이 되어야 한다며 의기투합했다. 둘은 그렇게 서클에 가입하기로 입을 모았다. 두황은 결심을 하게 되면 곧바로 행동에 옮기는 스타일이었다. 사회과학연구회에 김희근 고등학교 동창이 79학번 선배로 있는 게 왠지 거북해 그곳을 제외한 뒤 두 사람은 같은 '연구회' 명칭을 달고 있는 한국학연구회를 선택했다. 학생회관 앞에서 보았던 포스터 내용이 마음에 들었던 것이다.

예기치 않았던 겨레사랑회와의 인연

두황과 희근이 서클 가입을 위해 학생회관 2층에 있던 한국학연구회 서클룸을 찾았을 때 예기치 않은 일이 벌어졌다. 한국학연구회와 이웃해 서클실을 쓰면서 문 가까이 위치한, 다른 서클인 겨레사랑회 선배에게 발목이 잡힌 것이다. 겨레사랑회는 이듬해인 1981년 서클 등록을 할 때 현대철학회로 이름이 바뀌게 된다. 한국학연구회에 가입하려던 두 사람을 잡은 것은 당시 신입회원 입회를 맡고 있던 겨레사랑회 소속 2학년 79학번 김갑진이었다. 김갑진은 서클실을 찾아 두리번거리는 두 사람을 발견하고 재빠르게 겨레사랑회 서클실로 안내했던 것이다. 두 사람이 신입생임을 단번에 알아차리고 서클에 가입하려 하느냐고 묻는 김갑진에게 얼떨결에 엮인 두황과 김희근은 자신들이 가려던 곳이 아닌 겨레사랑회 서클실에서 선배 김진갑과 대면하게 되었다.

둘을 앉게 한 후 김갑진은 신입생이 올 때마다 되풀이하는 서클 소개를 유창한 언변으로 늘어놓았다. 대학 생활을 제대로 하려면 가치관 정립이 매우 중요하고, 그 가치관을 정립하는 데 있어서 역사와 시대의 진정한 아픔을 함께하는 선배와 동료가 필요하며, 그 고민을 함께 해결하고 나아가는 데 있어 고대에서 겨레사랑회만큼 역사와 전통이 있는 곳이 없다…. 그다음은 당연히 겨레사랑회 서클 가입 권유였다. 두황과 희근은 친절하고도 진지한 선배의 말을 경청했고 그 의미에 대해서도 공감했다. 근사하고 논리정연한, 그러면서도 가슴을 뜨겁게 만드는 선배의 말에 취했던 것인지 두 사람은 어느새 한국학연구회에 가입하려 했던 생각을 까먹고 말았다.

  결국 두 사람은 겨레사랑회에 가입하겠다고 마음먹게 되었다. 세 사람이 대화를 이어가고 있을 때 신입생 입회 책임을 나누어지고 있던 또 다른 79학번 예종영이 서클실에 들어섰다. 그는 신입회원 둘을 데리고 학생회관 1층에 있는 다방으로 안내해 차 한잔을 대접했다. '말빨'로는 누구에게도 뒤지지 않을 자신이 있었던 둘이었지만 처음 보는 선배 앞에서는 왠지 수줍어했다. 예종영이 둘의 관계가 어떻게 되는지 물어보았다. 그는 재수 학원 동기라는 답을 듣고는 고교 동창, 고교 선후배 사이는 많이 들었지만 재수 학원 동기는 처음 듣는다며 크게 웃었다. 그러고선 겨레사랑회가 고대에서 가장 유서 깊은 사회과학 서클이라며 함께 멋진 활동을 하자는 격려의 말을 덧붙였다. 예종영은 훗날 두황과 인연을 맺게 되는 팔방미인 김헌과 경기고 동기동창이자 겨레사랑회 79학번 동기다.

선배, 동기들과 함께했던 독서 토론의 즐거움

1980년 고려대 정경대에 합격한 신입생 모두는 과를 정하지 않은 정경 계열 소속이었고, A반과 B반으로 나누어져 있었다. 두황은 B반이었다. 서울의 봄 시절답게 과대표를 임명 아닌 직접투표로 뽑았다. 3월 초, 정경대 B반 과대표 선거에 4명이 출마했다. 부산 출신 주재환이 지방대표로 입후보하고 두황은 정일학원 대표로 출마하고 또 다른 동기가 종로학원 대표로 나온다고 하는 등 시끌벅적한 분위기였다. 그렇게 흥미로운 선거운동이 펼쳐졌다. 1차 투표에서 50% 넘는 사람이 나오지 않으면 결선투표를 하는 방식이었다. 1차에서 과반 득표자가 나오지 않아 결선투표까지 가게 되었는데 거기서 주재환이 당선되었다. 차점자는 두황이었다. 그래서 사이좋게 1학년 2학기가 되자 주재환이 대표에서 물러나고 두황이가 대신 대표를 맡았다.

한편 양창욱은 3월 말 경성고 동문회의 신입생환영회에 참석했다. 거기서 겨레사랑회 출신 황남준(경제학과 77학번)

선배를 만나게 된다. 양창욱이 한눈에 마음에 들었던 황남준은 적극적으로 대화를 시도하면서 겨레사랑회를 적극 추천했다. 그리고 학생회관 2층에 있는 서클실로 오게 했다. 그렇게 해서 양창욱도 겨레사랑회에 가입하게 된다. 그가 겨레사랑회에 들어갔을 때는 동기인 두황을 포함해 김희근, 박상중 등이 가입한 뒤였다.

양창욱이 들어왔다고 해서 환영회가 열렸다. 환영회 분위기가 익어갈 무렵, 먼저 서클에 입회해 있던 80학번 동료들이 양창욱에게 노래를 시켰다. 양창욱이 부른 노래는 둘 다섯의 '긴머리 소녀'였다. 운동권 서클과는 어울리지 않는 서정적인 노래였다. 훗날 양창욱은 "그 노래를 부르니까 애들이 막 약을 올리는 거야. 그때 두황이도 약을 올리고 그랬지." 하면서 그때를 회상한다. 두황의 나의 성장기에 겨레사랑회(현대철학회) 서클 생활에 대한 글이 있다.

대학의 생활은 즐거웠던 편이었습니다. 친구들과 이야기하고 함께 어울리고 했던 생활도 기억에 남지만 학교 다니며 활동했던 것이 더 즐거웠던 것 같습니다. 1학년 초에 들었던 서클이 있었는데, 그것이 '현대철학회'라는 독서와 토론을 주된 활동으로 하는 서클이었습니다. 여러 책들을 접하면서 동료들과 벌였던 토론 등은 꽤 유익했습니다.

두황이 중대본부에서 '나의 성장기'를 쓸 때 서클과 학회의 동료 및 후배들에 대한 중요 정보를 넘겨주지 않겠다는 의지가 강했던 것으로 보인다. 보안사에서 자신의 글을 검열할 때 최대한 의심을 사지 않고 사실적으로 쓴 것이라 믿게 하려고 애쓴 흔적을 곳곳에서 엿볼 수 있다. 그는 서클 상황 진술에서 동료들과 벌였던 토론 등에 '즐거웠다'는 단어를 선택했다. '재미없었다'란 소극적인 표현보다는 '즐거웠다'는 적극적 표현이 보안사에게 믿음을 줄 수 있다고 판단한 것이다.

가슴 뜨거운 사람들, 결기 가득 담아 막걸리를 마시며

3월 첫 세미나가 학생회관 2층 서클실에서 열렸다. 주제는 '학생과 사회정의'였다. 당시 회장이던 박일남(78학번)과 긴급조치 9호 마지막 구속자 전성(77학번)이 배석한 가운데 김헌(79학번)이 리더하면서 토론이 시작되었다. 앞으로 대학생활을 어떻게 보내야 할 것인가 대한 얘기가 주요 내용이었기에 신입생 모두가 피부로 느끼는 현안이었다. 대학생이라면 사회 전반 문제에 대해 올바른 인식을 할 줄 알아야 하며 또 문제시되는 점도 정확하게 비판하고 논의할 줄도 알아야 한다는 얘기들이 쏟아졌다. 열기는 뜨거웠고 모처럼 찾아온 자유스러운 캠퍼스 분위기 때문인지 겨레사랑회에 신입생들이 북적댔다. 가입한 신입생이 스무 명이 넘었고 그중 여학

1980년 4월 서클 동기들과 고려대 정문 근처에서 학생회관 쪽으로 걷는 모습이다.
이날 두황이 당시 귀하던 카메라를 가져왔고 이를 서클 동료 박상중이 찍어준
사진이다. 서울의 봄 시기였기에 찍을 수 있었던 사진이다.
5.18 이후에는 경찰 조사에 대비해 이런 사진을 일체 남기지 않았다. (출처: 김두원)

생이 반이 넘었다. 첫 세미나에 열 명이 넘게 참석해 서클실 의자가 모자랄 정도였다. 첫 토론 때부터 두황의 열정과 언변이 빛이 났다. 참고 도서를 열심히 읽어 왔을 뿐 아니라 노트에 요점을 정리해 의욕적으로 자신의 생각을 발표했다. 리더 역할을 했던 김헌의 눈에 처음부터 눈에 띄는 후배였다.

서울제일교회
대학생부 활동에 나서다

첫 토론회가 끝나고 나서 밖에서 기다리고 있던 다른 선배들과 함께 학교 앞 술집 '솔밭'으로 몰려갔다. 거기서 겨레사랑회 80학번 신입생환영회가 열렸다. 서클 신입생환영회 전통에 따라 79학번이 먼저 나서 대접에 막걸리를 가득 따라 단숨에 들이키는 시범을 보였다. 막걸리 사발식이다. 뒤이어 신입생들도 차례차례 자기 이름과 소속 단과대 그리고 겨레사랑회 가입 동기 및 포부 등을 밝힌 뒤 대접에 가득 담긴 막걸리를 마셨다. 이를 지켜보던 선배들은 막걸리찬가를 부르면서 응원했다. 두황도 씩씩거리면서도 너끈하게 한 대접 막걸리를 마시는 고행을 무사히 치러냈다.

가장 활동적인 후배를 향한 선배의 제안

신입생환영회 당시 두황 옆에 선배 박민서(79학번)가 앉아 있었다. 박민서는 두황이와 부어라 마셔라 했다. 하지만 새내기 두황이 선배 박민서와 대적하기에는 역부족이었다. 박민서는 이미 365일 먼저 술로 단련된 몸이었고 두황이는 이제 막 입학했으니 술에는 선배를 감당할 순 없었다. 더구나 신입생환영회 사발주까지 원샷했으니 더 그랬다. 술자리가 깊어질 무렵 더 이상 참을 수 없었던 두황이 "선배님 더 못 먹겠어요."하고 손을 내저으며 항복 선언을 했다.

3월 말이 되었다. 두황은 일제 잔재 청산과 관련된 세미나를 가졌다. 그리고 봄볕 가득한 4월 초가 되었을 때 첫 MT를 가게 된다. 장소는 용문 YMCA 캠프장이었다. MT에서의 주된 토론주제는 베트남전쟁에 대한 평가와 인식이었다. 텍스트는 고(故) 이영희 교수의 『전환시대의 논리』였다. 겨레사랑회는 1970년에 생긴 서클이기에 선배들이 많았다. MT를 가면 밤에 뒤풀이할 때 찾아오는 선배들이 더러 있었다. 4월 첫 MT에서는 76학번 이승환이 밤이 이슥할 때쯤 뒤풀이에 참여했다. 이승환은 일제강점기 때 만주에서 독립군들이 싸울 때 얘기를 꺼내며 일장 연설을 한 뒤 '독립군가'를 카랑카랑한 목소리로 톤을 높여 불러제꼈다. 후배들에겐 잊히지 않는 까마득한 선배의 멋진 모습이었다. 4월 중순에는 '민족문학과 세계문학'이란 주제를 가지고 세미나를 했다. 또 4월 말에는 언론에 대한 주제로 열띤 토론을 이어나갔다. 그때 '무등산 타잔'의 실상에 대해 언론이 어떻게 사실을 왜곡하고 있는지를 예리하게 파헤치는 시간을 가졌다.

그러던 어느 날 선배 김헌이 두황에게 한 가지 제안을 한다. 서울제일교회 대학생부 활동이었다. 겨레사랑회 가입 후 몇 차례 세미나와 MT에서 활약하던 두황을 눈여겨보았던 것이다. 이에 두황은 흔쾌히 선배의 제안을 받아들였다. 두황의 눈에 김헌은 논리가 뛰어난 데다 언변은 물론 놀기도 잘하는 선배였다. 게다가 노래 실력도 출중하고 농구도 곧잘 하는, 말 그대로 못 하는 게 없는 선배 김헌을 거부감 없이 따라나섰다. 김헌은 신입생 중 남자와 여자 중에서 가장 활동적인 후배 두 명을 선택한 것이었다. 두황과 윤경진이었다. 꽃 피고 봄볕 가득한 4월, 두황은 서울 중구 오장동에 위치한 서울제일교회에 첫 방문을 하게 된다. 1980년 4월에 두황을 처음 만난 중앙대 80학번 송진휴는 그때를 이렇게 기억했다.

1980년 4월경에 김두황을 처음 만났어요. 저는 1980년 봄부터 제일교회에 나갔는데 그 무렵 휴교령도 떨어지고 그랬지요. 김두황도 1학년 때 처음 왔던 멤버 중 하나였습니다. 그때 신입생들이 입학하면 학교에서 한 명씩 제일교회에 들어왔어요. 김두황은 대학 1학년 때부터 저하고 친했어요. 제일교회에서 제일 친했던 친구가 둘이 있는데 그중의 한 명이 두황이였어요.

유신체제하에서 5번이나 구속된 박형규 목사

서울제일교회는 박형규 목사가 사목하던 교회였다. 박형규 목사는 1959년 3월 일본 도쿄신학대학에서 조직신학을 전공하고 나서 1959년 기독교장로회 소속 서울 마포구 공덕교회에서 안수를 받고 목사가 되었다. 공덕동은 두황이 태어난 곳이라 박형규 목사와 장소 인연이 있는 셈이다.

박형규 목사는 4.19혁명이 있던 날 옛 경무대 가까이 있는 동네인 궁정동에서 결혼식 주례를 했다고 한다. 그는 결혼식 주례를 끝낸 후 효자동 앞길에서 우연히 경찰의 발포가 시작되면서 피를 흘리며 쓰러지는 학생들을 현장에서 목격하게 되었다. 그는 학생들을 구하기 위해 이리 뛰고 저리 뛰면서 미친 듯이 그 현장을 헤집고 다녔다. 평범한 목회 활동을 하던 그로서는 큰 충격이었다. 그리고 그 일은 그에게 있어 신앙생활의 대전환점이 되었다. "온 국민을 기독교 신자로 만들어야 한다."라고 했던 이승만 기독교 정권이 3.15의거에 대한 폭력 진압을 규탄하고 이에 대한 진상규명을 요구하는 국민을 무자비하게 학살하는 장면을 코앞에서 두 눈으로 목격한 것이다.

제일교회 현재 모습. 서울미래유산으로 등재되어 있다. (2023년 촬영)

박형규 목사는 자신이 엉터리 목사로 살아왔다고 통탄했다. 그런 후 진짜 목사가 되기로 결심했다. 그는 1962년 미국 유니온 신학대학원에 유학하면서 신약과 구약을 다시 읽었다. 기독교의 참다운 전통은 세상 속에 들어와서 세상 문제에 관여해 하나님 뜻을 밝히고 이것에 위배되는 것에 직언하는 것이라고 생각하게 되었다. 1년의 미국 유학 생활을 마치고 난 뒤 그는 자신의 깨달음을 실천으로 옮기기 시작한다. 그는 1968년부터 도시빈민 선교에 나섰다. 경제개발에 의해 필연적으로 발생하는 광범위한 이농으로 양산된 도시빈민의 삶을 보듬는 선교활동이었다. 그리고 1970년 4월, 서울 중구 오장동 서울제일교회의 초빙을 받아 주일설교를 하게 되면서 서울제일교회와 인연을 맺게 되었다.

1970년대에 접어들어서는 정치적 목소리를 내기 시작했다. 1972년 10월 유신헌법을 통해 종신 대통령이 되어 영구집권을 획책하려는 박정희와 유신정권에 대한 저항운동에 나섰다. 그는 1973년 4월 22일 남산 야외음악당 부활절 연합예배에서 유신체제를 비판하는 전단 살포 사건을 기점으로 1974년 민청학련 사건, 1975년 수도권특수지역선교위원회 선교자금 횡령 및 배임사건, 1976년 빈민선교 용공조작 사건, 1978년 9월의 기독교장로회 청년회 전국연합회 전주교육대회 시위사건 등에 연루되어 5번이나 구속된다.

오픈서클 위주 학생운동 조직의 오랜 과제

그렇게 반유신투쟁의 최일선에 서게 된 박형규 목사. 그가 사목하는 서울제일교회는 반유신투쟁의 상징적인 구심점 중 하나였다. 유신 시절 고려대는 1975년 4월 8일 긴급조치 7호가 발효돼 학생운동이 거의 궤멸되는 사태를 겪은 후 긴급조치 9호 치하에서 '유신고대'라 불릴 만큼 혹독한 시간을 보냈다. 그것은 고대 학생운동이 너무 오픈서클 위주로 편중되어 있어 권력의 집중적인 탄압을 받으면 쉽게 허물어지는 취약한 구조와 관련이 있었다. 폭력적인 권력과 중장기적으로 맞설 수 있는 대중적 기반 마련이 고대 학생운동의 오랜 과제였다. 현실 인식에 대한 과학적 세계관과 사회과학 학습 체계를 갖추는 것도 중요한 과제였다.

이 같은 긴급조치 시대 학생운동 내부의 문제의식은 학교 밖 종교운동과의 연대를 통해 돌파구를 마련하려는 움직임으로 나아갔다. 많은 학생들이 교회 활동에 나섰고, 그 활동 성과와 선진적인 세미나 기법 등을 학내로 유입했다. 고대의 경우, 겨레사랑회 77학번 이경재가 제일교회 활동에 의식적으로 참여했다. 이경재는 반유신 투쟁의 거점인 박형규 목사의 서울제일교회에 고대 쪽 인력이 없다는 것을 알고 고대 학생운동의 돌파구를 마련하기 위해 누군가는 가야 한다는 인식하에 제일교회에 나가기 시작했다. 그의 고등학교 선배이자 겨레사랑회 1년 선배인 이승환(76학번)의 권유가 결정적인 계기가 됐다.

이경재는 1980년에 서클연합회 회장을 맡았던 겨레사랑회 78학번 박일남, 79학번 김헌과 예종영을 제일교회에 데리고 갔다. 각 학번별로 가장 활동적인 소수 인원을 뽑아 제일교회에 투입한 것이다. 참여 멤버 중 박일남과 예종영은 교회 활동이 다소 적성에 맞지 않았던 반면 김헌은 교회 체질이었다. 김헌은 제일교회에서의 활동이 학교에서의 활동보다도 오히려 체질에 맞는 듯 의욕적인 모습을 보였다. 예종영은 1980년 초까지 제일교회 활동을 이어나갔지만 두황이 제일교회 활동을 시작할 때에는 모습을 드러내지 않았다. 따라서 예종영과 두황이 제일교회 활동을 함께하지는 않았다. 김헌은 선배 이경재가 했던 것처럼 후배들 중에서 가장 열심히 활동할 수 있는 후배를 선택해 제일교회에 데리고 갔다. 80학번에서는 두황이 가장 눈에 띄었던 것이다.

마침내 80년
서울의 봄을 맞으며

1980년 4월, 고려대 안암캠퍼스 곳곳에 봄볕 맞으며 진달래와 개나리가 흐드러지게 피었다. 하지만 시국은 엄중했다. 그 시기 고려대 총학생회는 5월 2일부터 5일까지 석탑축제를 진행한다고 발표했다. 12.12 쿠데타로 권력을 틀어쥔 신군부에 대한 대응은 분위기가 성숙되면 상황에 맞게 대응한다는 계획이었다. 총학생회 발표를 접한 여러 복학생들이 의아해했다. 총학생회 판단이 너무 안이하고 전형적인 단계론적 사고에 빠진 결정이라고 판단했다. 복학생들 중 72학번 박계동, 73학번 안희대, 74학번의 설훈, 최규엽, 신태식 등이 총학생회 결정을 그대로 수용하기 어렵다고 판단해 대책 마련에 나섰다. 그들은 재학생 운동권 세력이 대부분 집결돼 있는 서클연합회 회장 박일남을 긴급 호출했다. 그리고 재학생들과 이에 대한 논의에 들어갔다.

빨간 티 입은 선동가 신태식의 사자후

5월 2일 오후 6시, 홍보관 뒤 서관농구장에서 열린 석탑축제 전야제에 74학번 신태식이 연단에 나섰다. 유명한 선동가 신태식은 빨간 티를 입은 채 사자후를 토했다. 그는 "대한민국의 민주주의가 백척간두에 서 있고 쿠데타로 권력을 찬탈한 신군부가 다시 집권하기 위해 온갖 음모를 진행하고 있는 시기다."라고 목소리를 높였다. 그러고는 "이런 때에 민족고대가 놀고 먹는 축제를 하면서 한가하게 지낼 수 있느냐."라면서 "지금 당장 신군부에게 경고장을 날리는 고대 민주화대행진을 시작하자."라고 선동했다.

신태식의 열정적인 연설에 서관농구장에 가득 모인 고대생들이 환호했다. 그 자리에서 그의 제안에 압도적 찬성을 표하면서 곧바로 시위로 이어졌다. 고대생들이 대열을 짜고 교문 밖으로 진출하려 하자 이를 저지하던 경찰들이 사과탄을 마구 던졌다. 축제에 들떠 있던 학내 분위기가 일순 돌변했다. 그리고 그때부터 도서관 농성이 시작되었다.

빨간 티 신태식의 축제 전야제 사자후는 고대 서울의 봄을 이야기할 때면 빠지지 않는 안줏거리로 오랫동안 고대인 사이에서 회자되었다. 신태식의 연설로 촉발된 도서관 농성은 3박 4일 동안 진행되었다. 두황과 겨레사랑회 동기 80학번 신입생들도 3박 4일의 민주화대행진에 적극 참여했다. 그들은 대자보 쓰기, 운동가요 노래가사 적기 등 농성에 필요한 여러 물자를 준비하고 나르는 일을 하면서 선배들 옆을 거들었다. 낮에는 정문 앞에서 전경과 대치하면서 구호를 외치며 시위를 하고 밤에는 도서관에서 열띤 토론을 하는 철야농성이 이어졌다.

3박 4일의 민주화대행진 도서관 철야농성

3박 4일 동안 진행된 민주화대행진 철야농성에서 73학번 안희대의 활약이 인상적이었다. 아래 위 군복 물들인 옷을 입은 안희대는 3박 4일 동안 거의 잠을 자지 않고 농성을 이끌었다. 그때의 안희대 활약상은 운동권 후배뿐 아니라 일반 학생들에게도 널리 알려질 정도로 큰 반향을 일으켰다. 철야농성 때 서클 단위로 모여 3박 4일을 보냈는데, 두황이 속한 겨레사랑회 79학번 김헌의 활약상도 돋보였다. 팔방미인 김헌은 기타를 치며 신입생들에게 노래를 가르쳤을 뿐 아니라 발군의 사회 실력을 선보이며 분위기를 이끌었다.

1차 민주화대행진 철야농성이 끝난 후 시국에 대한 판단과 향후 대응을 놓고 진지한 토론과 논쟁이 연일 이어졌다.

고려대뿐 아니라 전국 대학에서도 마찬가지였다. 그중 가장 핵심적인 현안은 언제 행동하느냐였다. 긴박한 시간이 지속되었고 5월 10일에 전국 23개 대학총학생회 명의의 시국선언문이 발표되었다. 비상계엄 해제가 첫 번째 요구사항이었다. 대응 방식에 대한 지속된 논쟁에서 학생들의 과격한 가두진출 시도가 신군부에게 명분을 줄 수 있다는 신중론이 대체적으로 우세했다.

고대 총학생회가 제2차 민주화대행진을 5월 13일 정오부터 대운동장에 모여 단과대학별로 2박 3일간 진행한다고 선언했다. 이때의 계획은 5월 15일 오전 9시에 해단식을 하는 거였다. 그러니까 이때까지는 교내에서 평화적 시위와 농성을 한다는 게 원칙이었다. 그런데 돌발 사건이 생겼다. 5월 13일에 연세대가 주축이 되어 2천명이 넘는 학생들이 야간에 광화문 등 도심에 진출해 '계엄철폐' 구호를 외치며 시위하는 사건이 벌어졌다. 이 사건으로 상황이 급변했다. 전국총학생회 회의가 13일 밤 10시 고려대에서 긴급하게 소집돼 14일, 15일의 가두진출을 선언했다.

5천여 명 고대생들의 행진, 가자 서울역으로!

5월 14일, 고대 학생들이 대운동장에 대거 운집했다. 단과대별로 모인 이 자리에서 각 서클 멤버들도 자신이 속한 단과대에 도열했다. 두황은 김희근, 남영숙, 박상중 등과 정경대 대열에 참여했다. 연단에 73학번 안희대가 나섰다. 예의 아래 위 검은 염색 군복을 걸친 채 지치지 않고 불같은 연설을 했고 신계륜 총학생장이 바통을 이어받았다. 신계륜은 "신군부의 집권음모에 맞서는 사회민주화 대행진을 이제 더 이상 늦출 수 없다."라고 목소리를 높이면서 "고대 학생이여 총궐기하자!"라고 외쳤다. 허스키하면서 중후한 신계륜 총학생회장의 목소리가 넓은 대운동장에서 공명을 일으키며 고대생 한 명 한 명의 귀에 묵직하게 꽂혔다. 고대생 전체가 파도타기 구호를 외치면서 분위기가 절정으로 치달았다. 이어진 각 단대별로 교문 돌파. 정경대는 사범대 뒤쪽, 문과대는 정문, 공과대는 법대 후문을 맡았다. 서클연합회에서는 학생회관 쪽의 블록벽을 부수고 가두진출을 시도했다.

두황도 정경대 대열을 따라 사범대 뒤쪽으로 가두진출을 시도했다. 그 자리에서 생전 처음 페퍼포그를 정면에서 맞게 되었다. 지독한 연기를 연신 뿜어내는 페퍼포그 앞에서 눈을 뜰 수 없었고 정신이 어찔어찔했다. 시야를 잘 확보할 수 없었던 상황에서 어느 민가에서 대문을 열어준 덕에 세수를 하고 나오는 학생을 보고 따라 들어가 세수를 했다. 여전히 얼굴이 따가웠지만 한결 나았다. 가두 진출 후 목표지점이 시청이었기에 그는 동료들과 함께 계속 시청 방향으로 걸어갔다. 14일에는 시청 앞에 대규모 학생 시위대열을 형성하지는 못했다. 경찰들과 숨바꼭질 시위를 하다 밤이 이슥해서야 집으로 돌아갔다. 이 과정에서 고대는 안희대와 신태식이 성북서로 연행되었다. 고대생, 경희대생, 외대생 72명도 함께 성북서 유치장 신세를 져야 했다.

5월 15일, 고대생들이 전날처럼 단대별로 대운동장에 다시 모였다. 14일 때보다 훨씬 많은 학생들이 운집했다. 한 단과대에서 구호를 외치고 앉으면 옆 단과대가 일어나 구호를 외치면서 분위기를 고조시켰다. 그런 후 교문 진출에 나섰는데 전날처럼 전투경찰들이 막아서지는 않았다. 끝도 없이 길게 늘어선 고대 행렬이 마치 전교생들이 다 나선 것 같았다. 고대가 나서기 시작하자 월곡동에서 온 동덕여대생들 대열도 합류했다. 그러자 고대생들이 동덕여대생들을 보호하기 위해 고대생 대열 중간에 위치하게 했다. 두황도 어제와는 달리 대열 앞을 가로막는 전경이 없어 기분이 한결 고무되었다. 거기에다 동덕여대까지 많은 인원을 이끌고 합류하게 되어 그 열기가 점차 뜨거워짐을 실감했다.

대규모 대열의 행진이 시작된 지 얼마 되지 않았을 때, 선두 고대 지휘부에서 서울역으로 향하던 시위대 방향을 성북서 쪽으로 돌렸다. 전날 연행된 안희대와 신태식 외 72명의 학생들 석방을 요구하기 위해서였다. 5천여 학생들이 성북서 정문 앞에 포진해 구호를 외쳤다. "구속학생 석방하라!" 선두에 있던 학생들이 우르르 몰려가 정문과 담장에 매달리는 등 5천 대오의 우렁찬 구호가 퍼지자 성북서 전체가 흔들릴 정도였다. 겁을 잔뜩 먹은 성북서 형사들이 중요서류만 챙긴 채 몸을 피신할 준비를 했다. 그들은 칼빈 소총에 실탄을 장전한 채 만약의 경우를 대비하기 위해 뒷문에 모여서 상황을 주시하고 있었다.

72학번 박계동이 협상 대표로 나섰다. 그는 성북경찰서장을 만나 연행 학생들을 당장 석방하라고 요구했다. 그러자 성북서장이 "위에서 지시가 있어야 풀어줄 수 있다. 내 마음대로 안 된다."라면서 "안희대와 신태식을 제외하고는 다 석방하겠다."라고 대답했다. 이에 박계동이 "우리가 서울역에 갔다가 다시 올 때까지 석방하지 않으면 성북서를 점령해버리겠다."라고 엄포를 놓았다. 이때 상황에 대해 76학번 이명식은 "그때 만약 고대생들이 성북서 안으로 진입했다면 서울 상황이 완전 달라졌을 것이다."라고 회고했다.

2장 칠흑 같은 시대,
       학생운동 한복판으로

분루를 삼키며 돌아선 발걸음,
통한의 서울역 회군

 동덕여대와 함께한 고대생 대열이 남대문에 약간 못 미치는 지점에서 전경들의 최루탄 공격에 한 번 저지를 당했다. 두황도 최루탄을 피하려다가 뒤따라오던 동덕여대생들이 넘어진 곳 위를 덮칠 뻔하다 가까스로 피해 다른 곳으로 뛰었다. 대열이 엉키면 압사 사고가 날 수 있는 상황이었다. 전경들이 계속해서 고대생들의 전진을 막아내지는 못했다. 고대 행렬이 맹렬했을 뿐 아니라 이미 서울 전역의 수많은 학생이 운집한 터라 역부족이었다. 이렇게 해서 고대와 동덕여대 대열이 서울역에 도착했는데, 다른 대학보다 40~50분 늦은 시간이었다. 이미 서울역 앞은 광장 너머의 도로까지 학생들로 빼곡하게 들어찬 상태였다. 1960년 4.19 이후 처음

보는 대규모 시위 행렬이었다.

하지만 그때 이미 철군 이야기가 나오고 있었다. 효창운동장에 공수부대가 대기해 여차하면 서울역 학생들을 공격한다는 소문이 돌았다. 이 외에도 별별 소문과 흉흉한 이야기들이 여기저기서 들렸다.

불꽃 같았던 10만 시위대의 예기치 않은 해산

고대 지휘부는 서울역 앞에 10만 학생 시위대가 운집한 역사적 광경에 감격했지만, 한편으로는 대규모 시위대를 원활하게 통제하는 게 절실하다고 느꼈다. 하지만 안타깝게도 이미 늦은 생각이었다. 사실상 10만 시위대를 통제하는 현장 지휘부가 없었던 것이다. 10만 학생대중의 목소리를 하나로 만들고 각 대학의 의견을 모을 수 있는 연단이라든지 스피커 등의 기본 장치조차 마련되지 않은 상태였다.

총학생회 회장단 모임이 가장 중요한 의사 결정 단위였는데 '서울역 회군' 같은 중차대한 결정이 고대 신계륜 총학생회장이 참석하지도 않는 모임에서 결정되어 버렸다. 애초 현장 지휘부 구성을 확실하게 하지 못한 게 결정적 실수였다. 그런 중대한 상황에서 당시 서울대 총학생회장 심재철은 서울대 학생처에서 마련한 미니버스 안에서 이수성 학생처장을 비롯한 보직교수들에게 잡혀 집중 포격을 받고 있었다.

1980년 5월 15일, 서울역 앞에 운집한 10만 학생 시위대 광경. (출처: 민주화운동기념사업회)

서울대 보직교수들은 서울역에 운집한 대규모 학생 시위대가 빨리 해산하지 않으면 신군부를 자극해 불행한 사태를 초래할 수 있다면서 회군을 강권하고 압박했다. 이에 심재철은 보직교수들의 의견을 수용하기로 했고, 신계륜 고대 학생회장이 서울역 앞 미니버스에 도착했을 때는 이미 회군이 결정된 뒤였다. 이럴 경우, 연단이 마련돼 있고 스피커가 있었다면 현장 발언을 통해 학생대중의 뜻과 의지를 모아 상황을 반전시킬 수도 있겠지만 그런 기회를 가질 상황이 아니었다.

10만 시위대를 통제하지 못했던 무기력한 지도부

역사적 행렬을 이끌었던 각 대학의 지휘부도 어마어마한 10만 군중을 어떻게 통제해야 할지 아무런 준비가 되어 있지 않았던 것이다. 1975년 5월 13일에 발동돼 1979년 박정희 정권이 무너질 때까지 계속된 긴급조치 9호는 민주화 운동 진영 전체에 가혹한 탄압을 했던 터라 그 기간 동안 집회다운 집회를 해본 적이 없었던 것이다. 이렇게 한 번도 경험해보지 못한 초유의 사태 앞에 우왕좌왕했고, 그 사이 회군이 결정되었다. 이후 각 대학으로 돌아가라고 하는 전언이 빠르게 퍼졌다.

당시 고대는 신계륜 총학생회장부터 회군에 반대했다. 설훈과 최규엽은 서울역 앞에서 철수하면 안 된다고 소리를 빽 빽 질렀다. "만약 공수부대가 쳐들어온다면 그럼 진짜 맞붙어야 되는 것 아니냐. 정말 우리가 뒤집어엎어야 한다. 4.19가 가능한 상황이다."라고 소리쳤지만 많은 대중에게 그런 뜻을 전달할 수 있는 수단을 갖기에는 역부족이었다. 이미 철수를 시작하는 학생들의 움직임을 막기에는 늦어버린 상황이었다. 73학번 최봉영은 회군을 하던 도중 동아일보 앞에서 "배신한 동아일보를 불태워 버리자!"라고 외쳤지만 그 소리를 들은 사람은 소수였다. 고대생들은 학교로 철수하면서 해야 할 일이 있었다. 성북서에 가서 동지들을 빼내야 했다. 고대생들이 다시 몰려갔을 때 성북서는 지레 겁을 먹고 안희대, 신태식과 나머지 연행자 72명 전원을 석방했다. 안희대와 신태식을 풀어준 이 일로 인해 성북경찰서장은 문책을 받고 옷을 벗어야 했다.

격동의 '서울의 봄'에 분루를 삼키며 서울역 회군의 아쉬운 발걸음을 직접 경험한 두황을 기다린 것은 쉴 틈 없이 바쁜 다음의 일들이었다. 다음날인 5월 16일에 예정된 '5.16민주주의장례식' 행사 준비 때문이었다. 학교에서 4.19 묘지(기념탑)까지 왕복하는 행사를 치르기 위해 선배들을 도와 준비해야 할 것들이 많았다.

한편 두황의 둘째 형 두원은 중앙대 76학번으로 3학년 1학기를 마치고 1978년 6월에 입대해 전경으로 복무 중이었다.

전경으로 입대함으로써 매주 집에 갈 수 있는 건 좋았지만 시위대를 막는 일로 죽을 뻔한 상황을 맞았다. 두원이 속한 전투경찰 부대는 강남 지역 소속이었는데 서울대로 파견되는 게 주된 업무였다. 두원이 배치를 받은 중대는 학기 중에는 서울대 후문 쪽 관망대로 출동했다. 그 관망대에서 버스 3대에 탑승한 중대원들이 서울대 학생들 동태를 살피다가 시위가 벌어져 "출동!" 하는 명령이 떨어지면 시위 진압에 나섰다.

형은 시위대 막는 전경으로 동생은 시위대 한복판에서

5월 15일 아침, 두원이 소속된 소대에 서울대 후문을 지키라는 명령이 떨어졌다. 서울대 후문에서 대기하다 다시 신림사거리로 가라는 명령을 받았다. 그렇게 신림사거리를 지키고 있을 때였다. 불과 40명에 불과한 두원 소대가 그 넓은 도로를 막기에는 애초 불가능한 일이었다. 처음에는 경찰관들과 함께 그 자리를 지켰지만, 신림사거리 꼭대기에서 내려오는 끝도 없는 학생 시위대를 발견하고선 경찰관들이 어느새 도망가버렸다. 시위대들이 몰려와 두원 소대와 몸싸움이 벌어졌다. 학생들이 방패 위로 발길질을 하면서 밀어붙이자 전경들도 발길질로 대응해 보았지만 역부족이었다. 그다음에는 각목이 날아왔다. 숫자에서 확연히 밀린 전경들이 밀릴 수밖에 없었다. 그런데 뒤쪽을 보니까 지하철 공사를 한다고 펜스가 설치되어 있었는데 거기에 '추락주의 40미터'라고 써놓은 글씨가 보였다.

수세에 밀려 뒤로 밀리던 소대원들이 공포에 질렸다. "야! 떨어져! 떨어져!" 긴급한 목소리에 다들 사색이 되었다. 그런데 다행히도 워낙 압도적인 숫자로 전경들을 밀어붙이던 시위대에서도 그 광경을 지켜본 것이다. 시위대 학생 누군가가 "야! 뒤에 추락주의란다! 봐주자!"라고 외치자 시위대열이 걸음을 멈추고 물러났다. 두원 소대는 일촉즉발 위험에서 살아났다. 그때 학생들이 안 봐주고 밀어버렸으면 대형 인명사고가 났을 것이다.

학생들에게 밀려 정신을 놓을 정도로 헐떡거리고 있을 때 다시 버스에 타라는 명령이 전해졌다. 그 즉시 버스는 서울역 방향으로 향했다. 얼마 후 플라자호텔 앞에 도착해 전열을 정비했다. 플라자 호텔 앞에서 버스에 치여 전경 한 명이 죽은 소대를 대신해 두원 소대가 투입된 것이었다. 이곳에 투입되기 전부터 다른 소속 전경이 사망했다는 소식을 들었던 터라 무척 공포스러운 상황이었다. 광화문에서는 수경사 소속 군인들이 착검한 상태로 장갑차 옆에서 도열해 있는 게 보였다. 두원은 '우리가 여기서 밀리면 큰일나겠구나.' 하는 생각이 들었다.

시간이 좀 지나 염천교 쪽에서 시위대를 막고 있을 때 뭔

83년 2월 둘째 형 김두원의 중앙대 졸업식에서 함께한 사진.
(출처: 김두원)

가가 퍽 날라왔다. 큰 돌맹이 크기의 보도블럭 조각이 날라 온 것이다. 쓰고 있던 화이버가 휙 돌아갔다. 방독면과 같이 쓰고 있으니까 화이버가 돌아가면 피부가 찢어지는 경우가 많았다. 그래서 재빨리 손을 집어넣어 봤는데 잘 보이지는 않지만 피는 없는 것 같았다. 다행이었다. 그렇게 5월 15일 역사적인 서울의 봄을 맞아 형은 시위대를 막는 전경으로 동생은 시위대 복판에서 긴 하루를 보내고 있었다. 두원은 1980년 10월에 무사히 전경을 제대했다.

비상계엄 확대로
공수부대에 둘러싸인 캠퍼스

서울역 회군 다음날 고대는 5.16민주주의장례식을 거행했다. 농악대를 앞세우고 수유리 4.19 묘지까지 갔다가 다시 학교로 되돌아오는 행사였다. 두황도 학생회관 서클실 쇼파에서 잠시 선잠을 잔 것 외는 거의 자지 못한 무거운 몸이었지만 기꺼이 4.19 묘지행에 동참했다. 그 행사가 끝나고 난 뒤 선배들로부터 "일단 해산한다."라는 말을 들었다. 이화여대에서 총학생회장들이 모여 전국학생회장단회의를 하고 있으니 회의결과를 기다려 보고 다음 행동을 하자며 다들 집에 가서 조금 쉬라는 전언이었다. 두황도 빨리 집으로 가 부족한 잠을 보충하고 싶었다.

기습적으로 강행한 신군부의 비상계엄 확대

이대에 모였던 전국학생회장단모임은 밤샘 회의를 통해 "당장 계엄령을 해제하고 정부의 민주화 일정을 밝혀라. 그렇지 않으면 전국 대학생들 결의를 모아 강도 높은 사회민주화 투쟁을 벌여나가겠다."라는 취지의 결의사항을 마련하고 기자회견을 준비했다. 하지만 연락망을 확인하고 있던 전국학생회장단모임은 신군부의 급습을 받게 되었다. 17일 오후 4시경 계엄군과 경찰은 이화여대 회의 장소에 난입해 학생운동 지도부 다수를 체포했다. 5월 18일 0시 '비상계엄 전국 확대조치'가 발표되기 8시간 전이었다. 신군부의 계엄확대는 곧 서울의 봄이 군화발에 의해 처절하게 짓밟히는 신호탄이었다.

학생운동 지도부는 신군부가 그렇게 빨리 치고 들어올지 전혀 예상하지 못했다. 상황인식이 안이했던 것이다. 5월 15일 서울역 10만 집회가 목요일이었다. 그리고 5월 16일은 전국에서 학생시위가 없었다. 그다음 날인 5월 17일 토요일 자정(5월 18일 0시)에 신군부가 비상계엄 확대를 단행했던 것이다. 일요일에는 대학생들이 등교하지 않는 것을 노린 기습 작전이었다. 5월 10일 23개 전국총학생회 시국선언문 발표 때 휴교 사태 등이 발생할 경우 서울지역 대학의 대응방침을 논의한 바 있었다. 고대 등 동북부 캠퍼스는 청량리역

1980년 5월 16일, '5.16민주주의 장례식' 사진.
신계륜 총학생회장이 앞장서서 걷고 있다. (출처: 고대신문사)

광장에 모이고, 연대와 이화여대 등 서부 지역 대학은 서울역에 모이고, 서울대를 비롯한 남부 지역의 대학은 영등포 로터리에 모인다는 계획이었다. 하지만 5월 18일 아침 박민서가 고려대 앞에 갔을 때는 암담한 상황만 확인할 뿐이었다. 1m 간격으로 공수부대가 총을 메고 학교 전체를 둘러싸고 있었고 정문 앞에 장갑차 두 대가 서 있었다. 정문 앞 버스정류장에 학생들이 수십 명 있었지만 시위를 할 수 있는 상황이 아니었다.

같은 날 오전 최규엽은 후배 몇 명과 동북부 지역 대학생들의 집결지인 청량리역 광장으로 갔다. 일부 학생들이 보였지만 공수부대들이 총에 대검을 꽂은 채 대학생으로 여겨지는 모든 사람을 붙잡고 불심검문을 하고 있었다. 아무것도 할 수 없는 살벌한 분위기였기에 그와 후배들은 버스에서 내리지도 못한 채 청량리역을 벗어날 수밖에 없었다.

학생운동 지도부에 대한 대대적인 검거령

계엄 확대와 함께 5월 18일부터 학생운동 지도부에 대한 대대적인 검거령이 내려졌다. 다행히 고대의 경우 조성우, 박계동, 설훈, 신계륜, 신태식, 최규엽 등 핵심 지도부들이 검거되지 않았다. 5월 하순이 되었을 때 설훈이 광주항쟁 현장에서 뿌려졌던 유인물을 구해 가지고 왔다. 조선대 비상총학생회 명의의 유인물이었다. "공수부대들이 여대생 가슴을 자르고 임신부를 어떻게 하고…." 하는 참혹한 내용이었다.

최규엽은 이 유인물을 보자 하늘이 노랗게 보였다. 그는 참담한 마음을 가눌 수 없어 즉시 설훈과 함께 을지로4가 방산시장으로 달려갔다. 그러곤 '가리방'(등사판)을 구입해 금승기 자취방에서 유인물 작업에 돌입했다. 5.18 비상계엄 이후 임시 아지트 역할을 했던 곳은 금승기(78학번)의 제기동 집이었다. 그곳에서 설훈, 최규엽, 신태식, 서원기, 윤종환 등이 모여 비상연락망을 통해 재학생들에게 연락을 취했다. 5.18 검거령에서 피해가 적었던 78, 79, 80학번의 재학생들이 동원되었다.

1980년 당시 4학년이었던 전성(77학번)은 동기 이경재와의 역할분담에 따라 총학생회에 참여하지 않았다, 대신 이경재가 총학생회 총무부장을 맡기로 했다. 전성은 현재의 학생운동 역량으론 파쇼 권력이 다시 들어서는 것을 막을 수 없다는 시국관을 갖고 있었다. 그랬기에 당면 투쟁에 최선을 다하는 것도 중요하지만 학생운동 역량을 키우고 험난한 시기를 이겨내는 준비도 못지않게 중차대한 과제라 여겼다. 그래서 그는 후배들과의 세미나에 공을 들였을 뿐 아니라 후배들과의 대화와 친밀한 관계 형성을 게을리하지 않았다. 그 덕분에 5.18 이후 광주의 진실을 알리는 데 많은 겨레사랑회 후배들을 모을 수 있었다. 두황 역시 겨레사랑회 동기들인 김희근, 박상중, 양창욱 등과 함께 그 작업에 참여하였다.

광주의 진실을 알리기 위한 힘겨운 투쟁

설훈은 74학번 동기였던 서클 동민회 소속의 김세응과 손영호를 만나 후배 동원을 부탁했다. 또 최규엽은 사회과학연구회 소속의 후배들을 동원했다. 그렇게 해서 첫 시위가 영등포 연흥극장 앞에서 벌어졌지만 소수의 인원만 참여한 채 금세 끝나고 말았다. 전성은 독자적으로 광주유인물 작업을 하기도 했다. 겨레사랑회 79학번 김헌, 예종영, 신용균, 이재화 등을 데리고 금호동 산동네에서 광주유인물 작업을 했다. 신용균 자취방에서 가리방 작업을 통해 만든 유인물이었다.

5.18 이후 광주 진상 알리기 시위 및 유인물 작업에서 가장 큰 규모의 활동은 1980년 6월 12일 있었던 성수동 오거리 시위였다. 최규엽은 성수동 공장을 다녔기에 잘 알고 있던 지역이었던 성수동 오거리를 영등포 연흥극장 다음의 시위 장소로 선택했다. 고대가 동원할 수 있는 최대 동원을 끌어모았다. 약 90명 정도가 동원되어 시위를 벌이고 유인물을 배포했다. 전성은 두황을 포함해 겨레사랑회 소속 회원 20명 가량 차출했다. 동민회에서는 지방으로 내려간 회원을 빼고 서울에 있는 74학번부터 79학번까지 10명 정도가 동원되었

다. 성수동 오거리 시위 현장에서 광주의 진실을 알리는 유인물이 1천 매 정도 뿌려졌는데, 이 유인물은 동민회가 상계동에서 하고 있던 야학 청호재건학교에서 등사한 것이었다.

이 시위에 참여한 두황과 동료들은 구호를 외치고 유인물을 뿌린 뒤 재빨리 흩어졌지만 현장에서 동민회 이상백(78학번)이 주민신고로 붙잡혔다. 이상백은 동부서에서 고문을 받고 가택수색을 당했다. 그 과정에서 동민회 주소록이 발견되어 김미해(77학번) 등이 동부서로 연행되었다. 이희경(79학번)도 5.18 비상계엄 이후 신군부가 설치한 수사조직인 합동수사본부의 조사를 받게 되었다. 성수동 오거리 시위 조사와 별도의 합동수사본부 수사 과정에서 고대생들의 아지트 위치가 제기동 금승기 자취방이라는 것이 드러났다. 곧바로 금승기 자취방이 급습을 당했다.

최규엽은 성수동 오거리 시위를 하기 전 금승기에게 자취방을 너무 많이 사용해 위험하니 빨리 철수하라고 경고 메시지를 보냈었다. 그런데 금승기는 그 집에서 가지고 나올 게 있어 마지막으로 자취방을 들렀다가 봉변을 당하게 된다. 이미 합동수사본부 경찰들이 기다리고 있었던 것이다. 이후 실탄을 장전한 권총으로 경찰이 머리를 겨누고 협박하는 상황에서 금승기는 최규엽에게서 걸려온 전화를 받게 되었다. 그리고 청량리역 앞 다방에서 만나자고 할 수밖에 없었다. 그렇게 해서 최규엽이 검거되고 말았다.

이어 신태식, 설훈, 조성우 등이 차례대로 검거되었다. 이들이 체포됨으로써 광주의 진실을 알리는 투쟁과 게릴라 시위를 지휘하는 지도부를 잃게 되었다. 고대의 광주 유인물 배포 활동과 기습시위가 사라지면서 5.18 이후 서울에서의 학생 시위는 완전히 소멸되고 만다. 칠흑 같은 암흑기를 알리는 신호였다. 광주 유인물 시위에 참여하지 않은 박계동만이 카톨릭 신부들의 협조를 받아 도피 생활을 이어나갔다.

계엄령, 휴교령하에서도 지속된 세미나

5.18 광주 유인물 배포 시위와 경찰의 수사 과정에서 이름이 드러나지 않았던 전성은 다행히 경찰 수배를 피했다. 하지만 신군부의 대대적인 학생운동 지도부 검거에 의해 많은 선배와 동료들이 구속된 암울한 상황이었다. 전성은 이런 상황에서 자신이 할 수 있는 일이 신군부와 맞설 수 있는 내부 역량 강화에 매진하는 것이라 판단했다. 훗날 진정한 싸움을 위해 후배들을 잘 키우는 게 4학년으로서 마땅히 짊어져야 할 책임의식이기도 했다. 그는 신군부에 의해 학교가 폐쇄된 휴교 기간 중임에도 후배들 세미나를 계속 이어나갔다. 세미나를 진행하려면 경찰과 정보원들의 눈을 피해 보안을 유지하는 게 필수였다. 학교는 갈 수가 없고 다방이나 중국집 같

은 데서 세미나를 하는 건 계엄령 아래에서 위험천만한 일이었다.

그래서 세미나 운영 방식을 바꿀 수밖에 없었다. 우선 80학번과 79학번의 학습조직을 3개 조로 나누었다. 인원수를 줄이고 기동성을 살려 여러 집을 돌아가면서 진행하는 방식을 택한 것이다. 그렇게 해서 두황은 양창욱, 어미숙과 같은 조에 배치되었다. 또 80학번 이형숙, 박기환, 정충식이 79학번의 김대진, 이재화와 같은 조에 편성되었다. 나머지 한 조는 김희근, 박상중, 정영석, 윤경진이었다.

그렇게 해서 5.18 이후 두황은 용강동의 양창욱 집과 용산의 어미숙 집을 돌며 세미나를 가졌다. 이 시기에는 수로 제3세계에 대한 인식과 식민지 이론에 관한 토론이 이루어졌다. 그리고 혜화동 박민서 집에서 E.H 카의 『역사란 무엇인가?』와 강만길 교수의 『분단시대의 역사인식』을 읽고 세미나를 가졌다. 이어 7월에 한국농업문제를, 8월에는 한국경제와 한국노동운동에 대해 토론했다.

두황은 한국농업문제에 관한 세미나를 진행하면서 도시노동자 저임금 구조를 유지하기 위해 농업 저곡가 정책을 지속할 수밖에 없는 한국 경제구조를 파악하게 되었다. 또 한국 경제와 한국 노동운동에 대한 학습을 진행하면서 일본의 차관이 우리나라에 유입돼 어떤 역할을 하는지 등을 파악했고 마산수출자유지역 리포트를 접했다. 그 리포트를 읽으면서 두황은 두 눈으로 직접 마산수출자유지역의 실태를 보고 싶다는 생각이 들어 즉시 양창욱에게 마산에 같이 가자고 제안했다. 양창욱이 다른 일이 있어 갈 수 없자 그는 혼자서 마산수출자유지역을 둘러보고 왔다. 결정이 빠르고 행동이 빠른 두황다운 마산행이었다.

1980년 9월이 되면서 개강을 하게 되었다. 118일 동안의 휴교 조치가 끝난 것이다. 하지만 서클이 모두 해체되었기에 서클실이 없어진 상태였다. 하는 수 없어 도서관에 모였다. 당시 대학도서관에는 컴퓨터가 없던 시기였기에 책을 찾는 목록실이 따로 있었는데, 이 목록실에 5명 정도 모일 수 있는 원탁이 여러 개 있었다. 이 목록실이 간단한 회의와 세미나를 하는 임시 서클실이 되었다. 이 목록실에 모여서 1학년은 2학기 전체에 걸쳐 경제사에 관한 공부를 하기로 결정했다.

미팅이 계기가 되어 만들어진 학습 동아리, '우리됨'

한편 양창욱은 별도의 학습 동아리(서클) 활동도 병행했다. 미팅이 계기가 되어 만들어진 동아리였다. 1980년 4월 때였다. 겨레사랑회 신입생 동기였던 윤경진이 미팅 한번 해보고 싶다는 말에 양창욱이 자신의 경성고 동창 2명과 초등학교 동창 1명을 불렀다. 그리고 윤경진은 여고 동창이자 서클 동기인 어미숙에다 여고 동창 박은경과 안미라를 끌어들였다. 4:4 미팅이었다. 이 미팅 이후 그들은 인연을 이어나갔다. 7월에 접어들었을 때, 양창욱과 경성고 동창인 연세대 80학번 한석현이 주도해서 미팅 멤버 8명에 3명을 더한 11명으로 사회과학 학습 동아리를 만들었다. 동아리 이름은 '우리됨'이었다. 우리됨이라는 이름은 한완상의 『민중과 지식인』에서 따온 거였다.

  우리됨 활동 초기에는 양창욱이 과외를 하는 집에서 세미나를 진행했다. 과외 집 주인 아주머니가 남는 방 사용을 허락해 거의 매일 우리됨 멤버들이 모여 세미나를 했다. 그런데 1980년 7월 30일 신군부가 교육개혁대책으로 내놓은 과외금지 조치로 인해 졸지에 양창욱 과외 자리가 없어졌다. 세미나 장소가 없어지는 날벼락이었지만 그동안 과외로 저축해놓은 돈으로 세미나 비용을 충당할 수 있었다. 또 다행히 자신과 미팅 상대였던 박은경 집 지하에서 모임을 가질 수 있었다. 박은경 아버지가 군인이었음에도 그런 활동을 허락해 주었던 덕분이다.

  박은경 집에서 거의 매일 모임을 가지던 양창욱은 세미나만 할 게 아니라 좀 더 다른 활동도 해보고 싶었다. 그래서 활로를 찾은 게 농활이었다. 어느 날 양창욱은 한석현과 함께 무턱대고 춘천행 기차를 탔다. 그리고 춘천 YWCA를 찾았다.

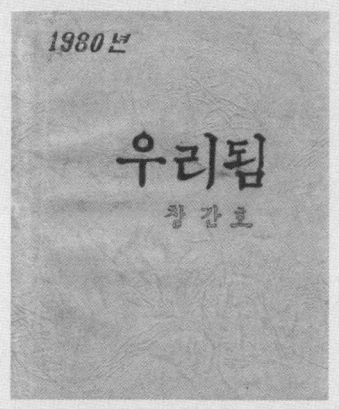

1980년 12월 31일 펴낸 '우리됨' 문집.
우리됨 서클에서 〈우리됨〉 문집을 만들자 결의해
만든 98페이지 분량의 소중한 자료다.
가리방을 사서 박은경의 집에서 각자 자신의 글을
긁어서 펴냈다. 그 문집을 40년이 지나도록
보관하고 있다는 게 신기할 정도다.(출처: 한익희)

1980년 8월 5일부터 일주일간 운수골에 우리됨 서클이 농활 갔을 때의 사진이다.
왼쪽부터 안미라, 윤경진, 문종현 선생, 박은경, 어미숙. 맨 오른쪽에 보이는 건물이
교사 사택으로서 1981년 9월 말 고연전 기간 중 두황과 양창욱이 문종현 선생의 사택에서
하룻밤 기숙하면서 운수골 기금을 어떻게 사용할지 논의했던 곳이다.(출처 : 박은경)

둘은 그곳에서 춘천에서 가장 오지에 있는 농촌을 소개해달라고 했다. 그때 소개받은 곳이 전기도 들어오지 않았던 운수골이었다.

이 운수골에 8월 5일부터 일주일간 8명이 농활을 갔다. 아이들을 가르치고 마을 길과 다리를 보수하는 활동을 했다. 농활 가기 전 중요한 원칙을 정했다. 먹을 것 등의 일체를 준비해 마을 사람들에게 부담을 주지 않겠다는 거였다. 잠은 운수골 초등학교 분교에서 매트리스를 깔고 자는 것으로 했다. 우리됨 자체 농활이 계기가 되어 이듬해에도 운수골 농활이 진행됐다. 1981년 5월 축제 기간 중 겨레사랑회도 운수골로 농활을 가게 된 것이다. 이때 두황도 그 농활에 참여하면서 운수골과 인연을 맺게 된다.

5.18 이후 첫 포문을 연 고려대 10.17 시위

두황은 4달 가까운 휴교 기간에 겨레사랑회 세미나뿐 아니라 제일교회 대학생부 활동에도 열심이었다. 당시의 제일교회 상황은 이대 80학번 최성애의 증언이 잘 전해준다.

저는 제일교회에 학교 서클 선배가 살살 꼬시는 바람에 1학년 말 겨울에 처음 갔어요. 그때 두황이가 이미 있었어요. 두황이는 워낙 기억하기 좋은 존재였어요. 서울대의 한민호와 김선태 그리고 두황, 이 3명이 80학번을 잡고 있었어요. 아우라는 두황이가 단연 독보적이었죠. 처음부터 눈에 띄었고 말하는 것에 자신감이라든가 이미지도 그렇고 투쟁적인 언행 하며… 저 같은 경우는 남자가 한 명도 없는 집안에서 자랐거던요. 엄마, 아버지가 어릴 때 이혼하셨고, 초등학교 4학년 때부터는 남녀 분반한 학교를 다녔어요. 이후 여자중학교, 여자고등학교, 여자대학교를 쭉 다녔어요. 그러다가 동년배 남자 대학생과 어울려 본 것은 제일교회가 처음이었어요. 제일교회에 여자애들이 없지는 않았는데 거의 소수였어요. 제일교회 대학생부 80학번 중 한동안은 여학생 중에 제가 거의 혼자였던 적도 있었어요. 하지만 두황이나 애들이 굉장히 잘 위해 주었어요. 담배도 걔네들한테서 배웠지요 하하. 여태까지 제가 끊지 못하고 있지요. 사실 제가 두황이를 굉장히 좋아했어요. 연애 감정이 아니고요. 두황이뿐만 아니라 80학번 친구들을 다 좋아했어요. 뜨내기처럼 왔다갔다한 친구들도 있었지만 거의 고정적으로 왔던 친구들은 한 십여 명 정도 돼요. 들락날락한 친구들까지 합치면 한 스무 명은 되었던 것 같아요. 고대 윤경진이 서너 번은 나왔던 것 같아요. 그다음부터는 안 나오더라고요. 조금 아쉬웠죠. 그 시절만큼 제 인생에서 행복했던 적이 없다고 요즈음도 말하고 다녀요. 가장 어두운 시절이었지만 그때는 정말 진지했지요. 그때는 죽음을 각오하지 않으면 조그만 일도 하지 못하던 시절이었지요. 사회과학책이 제 생애 복음 같은 것이었죠. 제일교회 대학생부라는 공간이 교회하고는 전혀 무관하였죠. 이대에서 채워주지 못했던 지식이나 사람을 채워주는 공간이었던 것 같아요. 정말 처음에 갈 때는 분위기도 몰랐고, 아무래도 남자애들이 많다 보니 호기심도 있었겠지요. 그런데 거기서 배운 것도 많았고 애들도 너무너무 좋았어요. 일요일마다 거기에 가는 것이 정말 낙이었지요.

5.18 이후 신군부에 저항하는 첫 시위를 준비하다

116일간의 휴교를 끝내고 맞이한 1980년 9월 10일의 개학. 휴교 기간 내내 후일을 도모하기 위한 후배 교육에 집중했던 전성은 다른 결심을 하게 된다. 선배, 동료, 후배들 대부분이 끌려간 상황에서 학교에 계속 있기보다는 자신도 학생운동을 정리하겠다는 생각이었다. 그는 긴급조치 7호 세대 중 5.18 대량 구속 사태에서 살아남은 도천수(73학번)를 만나 10.17 투쟁을 준비했다. 고대가 앞장서 광주학살을 자행하고 들어선 신군부정권에 대해 타격을 가하는 투쟁을 벌이겠다는 각오였다.

전성과 도천수가 의기투합한 후 함께할 사람들을 물색했다. 전성이 여러 곳을 탐문하며 분주히 돌아다녔지만 별 소득이 없었다. 계엄포고령이 해제되지 않은 상황에서 많은 사람들이 몸을 사리던 때였다. 반면 도천수는 오랜 동지인 같은 학번 박구진과 최봉영을 끌어들였다. 또 도천수와 논의를 같이 했던 김관회(74학번)가 겨레사랑회 서클 후배 박민서를 설득했다. 박민서는 당시 2학년이었던 79학번이다.

80년대 정서로 보면 대개 2학년은 시위 주동자로 나서기보다는 보좌하는 역할을 맡는데 긴급조치 세대는 남달랐다. 자신들이 2학년이던 1975년에 스스로가 주동자가 되어 시위를 이끌다 고려대만의 휴교령이 떨어지게 만든 긴급조치 7

호를 겪었을 정도로 유신 정권과 열심히 싸웠던 경험이 있었다. 그 경험이 있던 김관회는 교양체육 수업을 같이 듣던 박민서와 교양체육 수업 2시간 내내 대운동장에 앉아서 시국 이야기를 나누며 적극적으로 시위 참여를 제안했다. 그렇게 해서 10.17 시위의 핵심 주동자 4명이 정해졌다. 전성, 박구진, 최봉영, 박민서였다. 이후 경영대 73학번 박구진이 아카데미 출신의 경영대 79학번 이상현을 합류시켰고, 최봉영은 기독학생회 출신 79학번 남해련을 끌어들였다.

긴급조치 7호 세대는 시위를 준비하는 방식에서 1980년대 학번들과 좀 차이가 났다. 엄격하게 주동자 중심으로 시위를 준비했던 1980년대 학번들과 달리 긴조 7호 세대들은 합법적인 공개투쟁 위주로 조직을 운영했던 경험과 관련이 있었다. 1980년대에 접어들어서는 각종 시위를 준비할 때 주동자가 모든 책임을 지고 다른 조직원들의 피해를 선제적으로 막도록 했다. 시위 현장에서 연행된 뒤 경찰이나 정보기관의 조사나 고문 과정에서 다른 사람들이 연루되지 않도록 유인물도 주동자의 자취방에서 만들었다. 그런데 10.17 시위를 준비할 때에는 75학번 이상진이 노동운동 투신을 위해 구한 구로동 자취방에서 유인물을 만든 것이다. 이 때문에 10.17 시위로 인한 구속자가 예상외로 많이 나오게 되었다.

강렬했던 10.17 시위에서 보디가드 역을 맡아

10.17 시위의 전술은 3곳에서 동시에 진행해 한곳으로 집결하는 계획이었다. 먼저 250명 가량 수강하는 문과대 서관 3-132 강의실의 자연과학개론 시간에 전성과 박민서가 시위를 벌이기로 했다. 다음으로 경영대에서 박구진과 이상현이 학생 대열을 이끌고 서관에 집결하기로 하고, 또 마지막으로는 최봉영과 남해련이 도서관에서 시위를 벌이고 서관 쪽으로 합류하기로 했다.

10월 17일 아침이 되자 전성과 박민서는 겨레사랑회 80학번 김두황, 김희근, 박상중, 양창욱 등을 불러 시위 계획을 알리고 보디가드 역할을 맡겼다. 두황과 동기들은 서관 3-132 강의실에 제시간에 맞춰 들어가 전성과 박민서가 유인물을 뿌리고 연설을 할 때 보디가드 역할을 충실히 수행했다. 박민서는 당시 사학과 2학년 과대표를 맡고 있었기에 사학과 동기들도 함께 보디가드 역할을 하면서 힘을 보태며 10.17 투쟁 분위기를 한껏 끌어올리는 데 일조했다.

박민서가 책상 위에 올라가 1980년 5월 민주화대행진 때 많이 배웠던 노래를 선창했다. 밖에서는 순식간에 전경들이 에워쌌다. 곧이어 김치규 문과대 학장이 들어와 학생들이 이러면 학교가 큰일난다며 학생들을 설득하려 했다. 그러자 최봉영이 나서서 교단을 장악했고 이상진도 뛰어나왔다. 이상진(전기공 75학번)은 그 자리에서 유인물을 들고 신군부의 광주학살 만행을 규탄하는 선언문을 읽었는데, 계획에는 없던 일이었다. 옥신각신하며 1시간 정도의 시위를 하다 일행들은 밖으로 나왔다. 밖으로 나오자마자 전성이 성북서 형사들에게 연행되었다. 반면 박민서는 살아남았다. 당초 앞에 나서지 않기로 했던 김관회는 급박한 현장 상황을 지켜보다 마음이 격해져 시위에 뛰어들었다.

박구진과 이상현은 경영대 수업이 휴강되어 소수 인원을 이끌고 서관에 합류했다. 도서관에서는 남해련이 서관에서 시위가 시작할 시간에 맞추어 도서관 4층 열람실 책상에 올라 "학우여!" 하면서 구호를 외치고 유인물을 세 차례나 뿌렸다. 그러자 짧은 머리의 사복 형사가 남해련을 쫓았다. 현장에 있던 학생들이 형사를 잠시 막아주었다. 도서관 계단을 통해 달아나 1층에 도착한 남해련은 남자화장실로 들어가 카키색 잠바를 입고 있던 남학생과 옷을 바꿔입고 화장실 마지막 칸막이에 들어갔다. 마침 화장실 안쪽에 문이 하나 더 있어 그 문 안쪽 배관으로 완전히 몸을 숨길 수 있었다. 잠시 후 형사들이 남자화장실에 들어와 내부 전체를 조사했지만 다행히 들키지 않았다. 남해련은 시위가 거의 정리되어 가는 시점에 도서관에서 빠져나올 수 있었다.

1980년 10.17 시위 사진. 시위대가 도서관 앞에 있다.
선두에서 플래카드를 들고 구호를 외치고 있는 맨 오른쪽이 시위 주동 박민서(79학번)다.
시위대 둘째 줄 맨 왼쪽에서 장발의 고수머리를 한 학생이 3.7 사건으로
곤욕을 치른 한선모다.(출처: 고대신문사)

5.18 이후 침체된 학생운동에 활력을 불어넣은 선도투쟁

서관에서 나온 시위대는 2~3백 명 정도의 대열이 형성되었다. 서관에서 교양관 쪽으로 행진하다 다시 본관을 지나 도서관 앞으로 나아갔다. 그런 후 다시 본관으로 행진해 본관 앞에서 구호를 외치다 전경들에 의해 완전히 진압되었다. 거기서 주동자 4명이 모두 연행되었다. 드러나지 않기로 했던 이상진과 김관회까지 체포되었다. 이어 도천수도 구속되었다. 이상진은 시위 주동자가 되어 구속되었고, 도천수와 처음부터 시위를 모의하고 박민서를 끌어들인 김관회는 시위 모의 주동자로 찍혀 구속되었다. 구속된 도천수는 조사 과정에서 성북서의 고춧가루 물고문을 심하게 당했다. 이 일로 도천수는 구치소에 가서도 한 달 동안 코피가 나올 정도로 심한 고생을 했다.

한편 이상민(사학과 78학번)은 시위를 지켜보다가 시위 현장을 사진 찍고 있는 성북서 형사를 발견하고는 '저것을 없애면 애들이 덜 다치겠다.'고 생각해 카메라를 빼앗아 누구한테 준 것이 발각되어 구속되었다. 시위가 끝나자 성북서는 정문과 후문에 전경을 모두 배치해 학교를 빠져나오는 학생들을 일일이 조사했다. 유인물을 가지고 있거나 시위 참여한 흔적이 있는 학생 모두를 성북서로 끌고 갔다. 그리고 신군부는 긴급회의를 열어 고려대에 휴업령을 내렸다.

10.17 고려대 시위는 5.18 이후 광주항쟁의 진실을 알리며 신군부에 저항한 최초의 투쟁이었다. 이 10.17 시위 이후 연세대, 동국대 등에서 시위가 이어졌고 전국적으로 신군부에 저항하는 시위가 분출되기 시작했다. 10.17 시위와 관련해 서울대에서 이런 말이 떠돈 적이 있다. "고대는 타이밍 하나 기가 막히게 잡는다." 신군부에 대한 저항 신호탄을 쏘아 올린 10.17 시위는 긴급조치 7호 세대와 긴급조치 9호 세대의 합작 투쟁이었다. 그리고 5.18 이후 침체된 학생운동권에 용기와 활력을 불어넣는 시발탄 역할을 톡톡히 담당한 시위였다.

이 시위에 보디가드 역할을 했던 두황 등의 겨레사랑회 1학년들은 다들 무사했지만 양창욱만 예외였다. 양창욱은 본관 앞에서 전투경찰이 시위대를 덮칠 때 그만 검거되어 성북서 유치장에서 하루 신세를 졌다. 양창욱은 이전 시위 전력이 없었고 성북서가 양창욱의 사회과학 서클 가입에 대한 정보를 갖고 있지 않았다. 그런 상황이 참작이 되어 유치장에서 하루만 지내고 간단한 조서를 작성하고 훈방될 수 있었다.

다정다감하면서도
그 누구보다도 뜨거운 청년

10.17 시위에서 큰 역할을 담당했던 남해련과 이상현은 성북서 체포망에 걸려들지 않았다. 두 사람의 잠행은 10.17 시위 관련 경찰 조사가 정리될 때까지 계속되었다. 그러다가 지도교수의 보증만 있으면 없던 일로 하겠다는 성북서의 연락을 받게 된다. 남해련은 한 달 만에 지도교수를 만나고 다음날 학생회관에서 성북서 형사 유종복을 만났다. 이상현도 청양 장곡사와 대천해수욕장을 등등을 전전하며 도망다니다 한 달 반 정도 후에 경영대 교수를 통해 성북서 형사 반성곤을 만났다. 그런 후 두 사람은 다시 학교에 나오게 되었다. 10.17 시위 직후인 10월 18일 고려대에 휴업령을 내린 신군부는 19일 후인 11월 6일부터 개강을 허용했다. 휴교령으로

늦게 개학한 데다 휴업령까지 당해서 수업일수가 절대적으로 부족했다. 주말까지 수업을 하는 일이 벌어졌고 12월 말까지에도 해결이 안 된 단과대학에서는 해를 넘겨 1월 초에 기말고사를 치러야 했다.

거제도 합숙에서의 일본어 강좌

대학 역사상 휴교령과 휴업령으로 인해 가장 많은 기간 동안 수업을 못 한 학기가 끝났을 때, 겨레사랑회는 신입생들의 합숙을 추진했다. 1981년 1월 초의 거제도 6박 7일 겨울 합숙이었다. 장소는 거제도에 있는 김헌의 고모집이었다. 80학번들은 이때 조용범의 『후진국경제론』을 탐독하고 토론을 벌였다. 재주가 많은 김헌의 지도하에 탈춤도 배우고 연습하는 시간도 가졌다. 거기에 2학년 때 배울 정치경제학 원론 학습에 필요한 일본어 강독을 위한 문법 공부를 했다. 『강독을 위한 일문법』 책을 합숙 기간 동안 집중적으로 배웠다. 일본어는 대개 일주일 정도 문법 공부를 하게 되면 사전 도움을 받아 독해할 수 있어 마르크스 경제학이나 각국 혁명사 자료를 읽는 데 큰 도움이 되었다. 당시 국내에서 출간되지 않는 자료들은 그렇게 일본 책 강독을 통해 해결했다.

거제도 합숙 기간 중 작은 실수 때문에 큰 곤욕을 치를 뻔한 일이 생겼다. 쉬는 시간에 누군가가 불장난을 하다 그만 김헌 고모 집 뒷산을 태워버린 것이다. 불길이 치솟자 합숙 인원 전부가 동원되어 불을 끄느라 한동안 야단법석을 피워야 했다. 김헌 고모님이 지역 유지라서 그 일을 무마하려 나섰고 동네 사람들도 눈 감아 주는 덕에 그냥 넘어갔지만, 만약 큰불이라도 나서 경찰까지 왔다면 큰일이 날 뻔했다. 거제도 합숙을 마치고 두황은 김희근, 박상중과 함께 부산으로 가서 자신보다 앞서 정경대 B반 과대표를 했고 한국학연구회에서 서클 활동을 하던 주재환 집을 방문한 뒤 서울로 올라갔다.

한편 동기들이 전부 거제도 합숙을 간 그날 양창욱은 운동을 계속하느냐 마느냐 하는 문제로 고민이 되어 합숙에 참가하지 못하고 혼자서 부산에 내려가 4박 5일간 헤매고 다녔다. 그렇게 서울에 다시 올라온 며칠 후 두황이로부터 연락을 받았다. 두황은 양창욱을 데리고 도서관 식당으로 가 국밥 한 그릇을 사주며 같이 서클 활동을 계속하자고 간곡히 설득했다. 국밥 한 그릇의 힘은 컸다. 양창욱은 다시 힘을 내서 운동을 계속하기로 마음을 다 잡을 수 있었다. 훗날 양창욱은 이렇게 말했다. "그때 내가 학생운동을 계속 할 수 있었던 것은 두황이가 사준 국밥 한 그릇의 힘 때문이야."

거제도 합숙에서 돌아온 뒤 두황은 김희근, 남영숙, 박상중, 양창욱 등과 함께 일본어 학습을 계속했다. 서클이 없어진 상태였기에 멤버들은 여전히 중앙도서관 목록실 원탁 테이블에서 모여야 했다. 함께 공부할 때 외에도 중간중간 시간이 남으면 도서관 목록실에 모여 각자 독서를 했다. 김희근은 그때 동학농민혁명을 다룬 소설가 유현종의 『들불』, 『러시아혁명사』, 『중국현대사론』, 『중공의 어제와 오늘』을 읽었고 틈나는 대로 창비시선 중 마음에 드는 시인의 작품을 읽었다고 기억했다.

현대철학회로 이름을 바꾼 후 서클 등록

개학을 앞두고 가장 시급한 문제로 대두된 서클 재등록 건에 대한 회의가 열렸다. 3학년이 되어 서클을 이끌어 갈 책임을 맡게 된 김헌과 예종영이 서클 등록을 위한 방안을 강구했다. 도서관 원탁 테이블 회의를 계속하다 2월 말이 되어서는 먼저 서클 이름을 바꾸기로 결정했다. 서클명은 학술적인 느낌이 나는 방향으로 가닥을 잡았다. 운동권 냄새가 별로 나지 않는 중립적인 이름 '현대철학회'로 의견을 모았다. 서클 등록을 위해서는 이름 자체에 색채가 드러나지 않아야 한다는 판단에 따른 것이었다. 그다음 내린 결정은 학교와 성북서에서 문제 삼지 않을 인물을 회장으로 앉힌다는 것이었다. 김헌과 예종영은 성북서에 덜 찍혀 있던 인물인 주은경을 회장으로 추천했다. 이때 사정을 주은경에게서 직접 들어보자.

나는 1, 2학년 때 겨레사랑회를 존재감 없이 다녔어. 선배들은 재가 왜 나오나 하는 시선으로 쳐다봤지. 나는 그만두어야 할 이유를 못 찾아서 못 그만두었어. 1981년 3학년 때 현대철학회 회장을 하는데 명목상 회장이었지. 1981년에 다시 서클 등록을 해야 하는데 김헌이 나를 꼬시기를, 김헌과 예종영은 다 찍혀 가지고 만약 자신들이 회장이 되면 등록이 안 될 것이다, 그러니까 니가 좀 해라 그러는 거야. 그래서 나는 그 말이 맞는 것 같다고 생각했지. 내가 마음이 약해 가지고 누가 막 필요하다고 하면 하는 스타일이야. 그래서 명목상 회장이 되었지. 그래서 바지 사장처럼 바지 회장이었던 거지. 그런 위치여서 서클 회장하기가 더 힘들었던 것 같아.

1981년 새학기를 맞아 신군부 독재정권은 학술서클에 대한 자격조건을 강화하라고 대학 당국을 압박했다. 학술서클은 지도교수를 두고, 회원이 25명 이상 되어야 하고, 회원 25명 연락처를 전부 기입해야 하는 조건을 충족해야 등록할 수 있게 했다. 다른 것을 채워도 지도교수 구하기가 쉬운 문제가 아니었다. 다행히 중립적인 서클 이름에다 1, 2학년 동안 성북서에서 찍힌 일이 별로 없었던 주은경을 회장으로 내세웠던 게 주효했다. 그리고 지도교수를 구하는 문제도 어렵지 않게 해결이 되었다. 요건을 다 채우자 학교 측에서도 서클 등록을 받아주었다. 두황은 세미나가 있을 때는 빠짐없이 서클실에 나타났지만 2학년 때의 활동 중심은 서클 활동보다는 제일교회 대학부 활동에 있었다.

우리 사회의 모든 고민을 짊어지고 있는 뜨거운 청년

1981년 신학기에 맞아 겨레사랑회 79학번들은 5.18 이후 노동운동 현장에 들어갔다가 다시 학교로 복귀한 박용준(78학번)에게 80학번들의 정치경제학 원론 세미나를 부탁했다. 최고 학년 4학년이 된 박용준은 후배들의 도움 요청을 거절할 수 없었다. 교재는 일어로 된 『자본주의 구조와 발전』이었다. 박용준은 정치경제학 세미나를 지도하면서 같은 과 후배이기도 한 두황과 친해졌다. 대학 당국은 사회과학 서클 등록을 받아주면서 학생회관 3층에 사회과학 서클 8개가 한 공간에 들어갈 수 있게 하였다. 파티션으로 8개의 공간을 나누어서 서클마다 하나씩 배당했는데 문을 들어가자마자 오른쪽에 현대철학회가 배정되었다.

주은경은 회장이 되고 나서 81학번 신입생 세미나를 지도했다. 그리고 4월 봄이 되면서 참신한 시도를 한다. 서클 선후배가 교외에 나가 신선한 공기도 마시면서 하루 산행을 하는 프로그램이었다. 요즈음 정서에는 너무나 보편적이고 나아가 온 국민의 취미라 할 수 있지만, 당시 운동권 서클에서는 산행 같은 걸 거의 하지 않았기에 당시로는 다소 엉뚱한 프로그램이었다. 주은경이었기에 가능했던 아이디어였다. 주은경의 말을 직접 들어보자.

나는 학생운동의 중심이 아니었기 때문에 사이드에서 고민하는 후배들에게 눈이 많이 가고 그런 후배들에게 나 자신의 솔직한 고민을 들려주었지. 왜 이런 서클에 참여하고 있는지 내 이야기를 했지. 이론적으로 운동론적으로 폼나게 이야기할 것이 있는 선배는 아니었어. 그래서 지금 생각하면 조금 엉뚱한 일을 한 것인데, 1981년도 4월인가? 우리 한번 등산을 가자고 우리 서클 애들한테 그랬어. 내 생각에는 맨날 머리 박고 세미나만 하지 말고 야외에 나가서 등산을 한번 하자고 그랬어. 그때 분위기에서는 참신한 제안이었지. 나는 누가 나올지도 모르고 나는 우리 할머니 집이 우이동에 있어서 할머니 집에서 1박까지 하고서 우이동 입구 약속 장소에 나갔지. 그 약속 장소에 김두황만 나온 거야. 두황이와는 1년 넘게 서클실에서 보았고 엠티도 같이 가고 했지만, 단둘이 있어 본 것은 그때가 처음이자 마지막이야. 그래서 둘이 별로 할 말도 별로 없었어. 할머니가 싸준 도시락이 있었어. 할머니는 내가 와 가지고 너무 좋아하셨지. 그 도시락을 둘이서 까먹고 묵언수행 하듯이 산행을 서너 시간 하고 내려와서 잘 가라 하고 헤어졌어. 술도 한잔 안 마시고 헤어졌어. 그러곤 나는 집으로 왔지. 그거 말고 두황이에 대한 개인적인 기억이 없어. 내가 그 장면에서 느끼는 것은 나도 그때 고민이 굉장히 많았고 나름대로 이 서클에서 이런 것이 필요하다고 생각해서 나름대로 제안을 한 것인데 거기에 동의해주어서 두황이가 나온 것에 대해 굉장히 고마웠지. 두황이가 안 나왔으면 나 혼자였을 것 아니야. 그러면 얼마나 황당하고 그랬을 거야. 내가 81학번, 80학번, 79학번 다 이야기 했는데 두황이만 나타난 것이지. 신입생 81학번도 한둘이라도 올 수 있었는데 아무도 안 왔지. 하여튼 그 장면이 굉장히 인상적이야. 두황이는 굉장히 뜨거운 애였고, 말을 하면 약간 선동적이고 운동성이 강한 투사형이자 혁명가형이었어. 몸 자체가 우리 사회의 모든 고민을 짊어지고 있는 뜨거운 청년이었지. 내가 기억하는 두황이는 그 이상도 그 이하도 아니야.

치열한 혁명가의 모습과 귀여운 막내의 모습

현대철학회 이종민(81학번)은 1981년 3월 현대철학회에 가입한 지 얼마 되지 않아 두황의 화곡동 집 이사를 도우러 간 적이 있다. 두황은 마포고등학교에 진학하자마자 휘경역(지금의 외대앞역) 근처의 이문동 133-7번지로 이사했다. 그 집에서 고등학교까지 1시간 넘게 버스를 타고 3년 내내 등하교를 했다. 그러다가 정일학원에서 재수를 하던 1979년 7월 말에 다시 화곡동으로 집을 옮긴다. 서클 후배 이종민이 이사를 도우러 간 것은 화곡동 872-8번지에 두황이 살던 시절 이야기다. 부모님하고 같이 살던 큰형이 이사를 나갈 때 두황이 이종민 후배에게 같이 가자고 한 모양이다. 그때 이야기를 이종민은 이렇게 말하고 있다.

두황이 형 집에 이사가 있던 날, 이사를 돕기 위해 두황 형 집에 간 기억이 있어요. 제게는 믿음직스럽고 태산 같았던 선배였지만 집에서는 천생 막내였어요. 선배네 가족들 모두가 선배를 귀여워하는 눈치가 제게는 생경했어요. 특히 "엄마! 엄마!" 하면서 어머니를 찾을 때는 영락없는 귀염둥이 막내 모습이어서 그것을 보는 제 마음이 더 착잡해졌어요. 저 형은 혁명가가 되려고 하고 그 과정에서 어떤 일을 겪게 될지 모르는데, 집에서는 마냥 귀여운 막내구나. 그 두 가지 모습 속에서 벌어지는 간극을 개인적으로 어떻게 이겨내고 있을까 궁금했어요. 당시 운동을 하는 모든 학생들의 가장 근원적인 고민이었겠지만, 혁명가의 모습과 귀여운 막내의 모습을 동시에 보면서 형의 고민과 그 강인한 실천의지를 동시에 볼 수 있었던 거죠.

개그맨처럼 제스처도 크고 재미있는 아이

서클 동기 남영숙은 두황과 집으로 가는 방향이 같아서 고대 앞에서 같은 버스를 타고 갈 때가 많았다. 학교에서 세미나가 있을 때면 하루도 예외 없이 술을 마시고 밤늦게 가기 때문에 둘이서 항상 같은 버스를 탔다. 버스로 1시간 넘게 집으로 가야 하기에 둘은 뒷자리에 앉아서 많은 이야기를 나누었다. 그때 두황과 어울렸던 상황을 남영숙은 이렇게 이야기한다.

상중이, 두황이, 희근이가 서클 활동을 제일 열심히 하는 애들이었어. 걔네들 다 재수해서 들어온 애들이야. 재수해서 들어온 애들은 아무래도 좀 달랐지. 괜히 무게 잡고 그랬지. 두황이는 적극적이고 발랄했어. 말도 잘하고 농담도 즐겨했어. 처음부터 눈에 띄는 아이였지. 두황이는 정경대 1학년 때 B반이었는데 나도 B반이었어. 내가 정경대 번호가 88번이니까 B반이 틀림없어. 두황이가 개그맨처럼 제스처도 크고 재미있었어. 희근이 상중이와는 다른 캐릭터야. 희근이 상중이는 둘 다 무게 잡는 편이었어. 후배들이 볼 때 좀 권위적이다는 느낌을 받았을 거야. 있어 보이는 척을 했지. 두황이는 안 그래. 굉장히 나긋나긋하게 농담하고 웃으면서 막 이야기하고 같이 놀고 그랬지. 나도 같이 놀았어. 서클실에 앉아서 농담 따먹기를 하고 그랬으니까. 캐릭터가 굉장히 독특했지. 그래서 애들이 다 좋아했어. 기분이 좋은 애야. 또 두황이랑 친했던 이유 하나가 동네가 같아서야. 내가 양천구 신정동에 살았고 두황이가 강서구 화곡동에 살았어. 고대에서 술을 마시고 귀가할 때면 같은 버스를 타고 갔어. 그래서 버스 뒤에 앉아서 수다 떨면서 같이 자주 갔어.

가장 인기가 많고
화려한 언변을 자랑했던 청년

 미팅을 계기로 양창우이 주도해 만들어진 서클 '우리됨'에서 운수골에 전기를 넣어주기 위한 일일찻집이 추진되었다. 1981년 4월 무렵이었다. 기획의 책임은 추진력이 출중한 박은경이 담당했다. 그는 연세대 앞 룸살롱 10군데를 혼자 찾아다니며 사장 면담을 요청했다. 신촌역 근처에 있는 150평 정도 되는 상당한 규모의 룸살롱 사장이 면담 요청에 응해주었다. 2학년 여대생 혼자 유흥업소에 찾아오는 게 당돌하면서도 대단하다고 여겼던지 룸살롱 '맥촌'의 사장은 흔쾌히 싼 가격으로 빌려주겠다고 승낙했다. 그렇게 해서 일일찻집이 열렸다. 1981년 5월 2일이었다.
 박은경은 또 우리됨 서클 회원이기도 했던 연세대 공대 출신 그룹사운드 하바별시(윤동주 시인의 〈하늘과 바람과 별과 시〉에서 따온 이름) 리더보컬 김태정을 만나 취지를 설명하고 공연을 부탁했다. 김태정은 취지에 공감한다며 무료공연을 해주겠다고 화답했다. 그룹사운드 공연까지 펼쳐지자 일일찻집은 그야말로 대성황이었다. 맥촌 사장님은 이윤을 하나도 남기지 않고 음료수를 싸게 공급해주었다. 박은경의 적극적 활동으로 꽤 많은 금액이 기금으로 적립되었다.

축제 기간에 운수골로 농활을 가다

맥촌 일일찻집에 참여한 양창욱, 어미숙, 윤경진 등은 다음날 현대철학회 80학번, 81학번 회원들을 데리고 운수골로 향했다. 고대 축제 기간 동안 먹고 마시는 축제에 참여하는 대신 농활을 선택한 것이다. 이 농활에 두황도 따라갔다. 훗날 양창욱은 이 농활에 현대철학회 후배들을 이끌고 참여했던 두황에 대해 무척 고마웠다고 얘기했다. 두황은 동기 양창욱으로부터 운수골 농활에 대한 얘기를 많이 들었지만 이때가 처음 가는 운수골 농활이었다. 2022년 7월 11일 프레스센터 19층 레스토랑에서 열린 현대철학회 출신 81학번 동료 8명과 가졌던 '김두황을 기억하는 모임'에서 김기홍은 그때의 농활을 이렇게 떠올렸다.

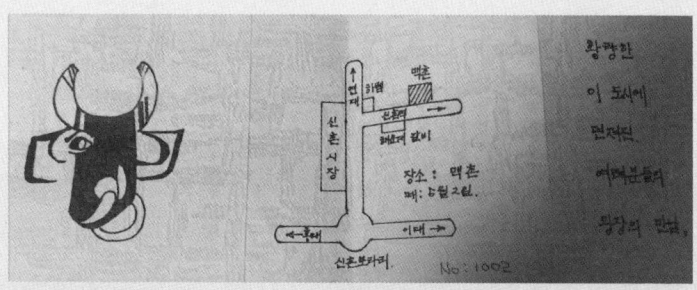

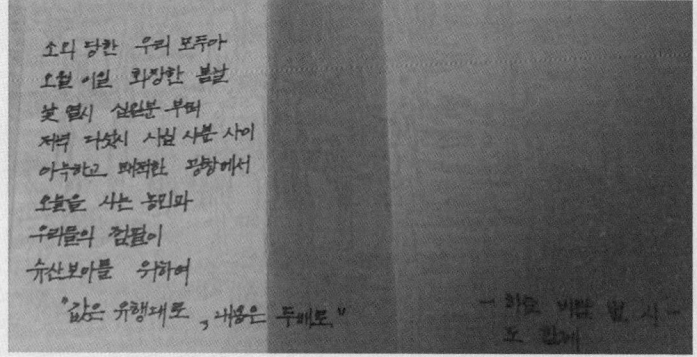

1983년 5월 2일 신촌 '맥촌'에서 열렸던 일일찻집 티켓 앞면과 뒷면.
박은경이 직접 디자인해서 만든 것이다.
40년이 지난 지금까지 보관하고 있는 실제 사용했던 티켓이다. (출처 : 박은경)

밤에 운수골 마을 청년들과 술 먹고 노래 부르는 자리가 끝난 후 마을 청년이 미숙 형에게 반한 모양이에요. 조금 오버하는 행동을 보이자 두황이 형이 재빨리 미숙 형 보호에 나섰는데, 그 모습이 지금도 생각나네요. 그리고 운수골 초등학교 분교에 문종현이란 선생이 있었어요. 그분하고 오랫동안 이야기하면서 농촌에 투신한 삶에 대해 적극적으로 알고 싶어하던 두황이 형 모습도 떠오르네요.

그 자리에서 81학번 박병우도 운수골 농활 때의 에피소드를 덧붙인다. 운수골 마을회관에 모인 김기홍, 이재혁 등 81학번 대여섯이 작당해 80학번 선배들을 밤에 기습적으로 두드려 팼던 이야기다.

우리가 우르르 들어가서 양창욱 형과 두황이 형을 이불로 뒤집어씌우고 좀 줘패고 도망나왔죠. 우리는 나중에 뭔 일이 좀 날 거다 생각하면서 밖에서 한참 시간을 보내다 들어가 봤어요. 그런데 둘 다 그냥 편안하게 자고 있더라고요. 대범하게 그냥 뭐 후배들 장난이니 그럴 수도 있지 하고 생각한 것 같더라고요. 그래서 에이 씨 재미없다 하고 우리도 자고 말았죠. 운수골은 차도 안 들어오고 전기도 안 들어오는 곳이었지요. 산을 하나 넘어서 한참 걸어서 갔던 기억이 나네요.

화려한 액션, 한국의 트로츠키

두황은 2학년 내내 제일교회 활동에 열성을 보였다. 두황의 2학년 때 제일교회 활동에 대해 인상적인 기억을 갖고 있는 이가 있다. 두황과 함께 제일교회 대학생부 활동을 했던 서울대 사회대 80학번 강영진이다. 그는 "한마디로 김두황은 한국의 트로츠키다."라고 말하면서 그것이 자신의 뇌리에 각인되어 있는 기억이라고 한다. 강영진의 말은 매우 상세한 편이다.

제가 제일교회 대학생부에 합류한 것은 1980년 12월이었어요. 학교 선배가 제일교회에 이런 곳이 있는데 가보지 않겠냐 해서 가게 되었지요. 그때 이미 송진휴, 김두황, 최성애가 먼저 와서 중심 멤버로 활약하고 있었지요. 제가 제일교회에 가게 된 것은 서울대 단과대학에서 학생운동의 한계 같은 걸 느꼈기 때문이었어요. 다른 대학 친구들은 뭘 고민하고 있는지 함께할 수 있는 것은 무엇인지 등에 대한 기대가 컸지요. 제일교회에도 야학이 있었지만 우리 대학생부는 야학에는 관여를 하지 않았어요. 대학생부에서는 주로 학생운동의 방향에 대해 고민했지요. 저는 3학년 9월 20일경 관악서 예비검속을 당할 때까지 제일교회 활동을 했지요. 대학 2학년 때 주로 제일교회 친구들하고 보낸 셈이지요. 제일교회 대학생부 80학번이 3학년이 되면서 흩어졌지요. 다른 교회 개척하러 간 친구들도 있었지요. 저는 김선태와 더불어 제일교회에 남는 쪽이었어요. 제일교회 대학생부 1,2학년들을 지도하기 위해서였어요. 그때 2학년 중 한 명이 송영길이었어요. 81학번 핵심 중의 한 명이었지요. 송영길 부인도 제일교회에서 만났지요. 3학년 때 제일교회 세미나팀 외에 학교 일도 병행했어요. 당시 서울대에 각 단과대별로 편집실이 있었는데 그때 저는 사회대학 편집실 편집장을 맡았어요. 1982년이 되면서 지하운동만으로 한계가 있고 오픈 운동도 겸해야 더 파괴력이 있다고 저는 생각했어요. 다른 단과대 편집장들과 같이 만나서 그런 고민을 같이 했지요. 그러다가 관악서 조사를 받게 되었어요. 두황이는 다른 교회에서의 활동 대신 학교 활동을 선택했어요. 제일교회 시절, 두황이는 한국의 트로츠키 같은 인상이었어요. 부리부리한 눈매부터 대중을 휘어잡는 연설도 잘하고, 교회 세미나실에 같이 있을 때나 술집에 갔을 때 탁자에 딱 올라가 허름한 코트 차림으로 러시아 광장에서 트로츠키가 연설하는 것 같은 그런 식의 흉내를 내곤 했어요. 그런 폼을 잡는 걸 곧잘 했지요. 그게 어울렸고요. 오장동에서 자주 가는 술집과 제일교회 5층에 우리가 세미나실로 쓰는 세미나 룸이 있었어요. 그곳에 탁자가 있는데 그곳에 올라가서 트로츠키 흉내를 냈지요. 제일교회 근처 중부시장에서 순대국밥 먹고 오후에 세미나 하고 그랬어요. 그 당시 세미나를 할 때 모두 출신학교도 다르고 그랬는데 두황이가 가장 화려하고 멋있는 액션이 많은 친구였어요. 가장 인기 있는 친구였고요. 한 마디로 멋있는 친구였어요.

2학년 때 걔네 집에 놀러간 적이 있어요. 제일교회 대학생부가 멀리 엠티 가는 게 쉽지 않으니까 걔네 집에서 1박 2일 엠티를 한 거죠. 고대랑 서울대가 분위기가 다르다는 걸 거기에서 많이 느꼈어요. 세미나를 마친 후 술도 한잔 먹고 난 후 두황이가 자신이 보는 도색잡지도 막 꺼내놓는 거예요. 우리 서울대는 그런 것을 도저히 상상할 수도 없었거든요. 그래서 좀 당황스럽고 낯설었어요. 김두황은 저한테 고대의 대표선수 같은 애였지요. 고대는 연고전을 하잖아요. 저희들한테 연고전에서 있었던 이야기도 재미있게 했어요. 명동 학다리 사건이라고 두황이가 이야기를 하더라고요. 연고전 끝나고 처음으로 안암동 촌놈들이 명동으로 진출한 거예요. 명동에 갔더니 미니스커트 입은 예쁜 여자들이 지나가니까 아랫도리가 바짝 서서 허리띠를 바짝 졸라맸는데도 뻗쳐서 할 수 없이 한 다리를 올리고 학다리를 하고서 다녔다는 이야기를 두황이가 했어요. 좀 황당한 이야기지만 40년이 지나도 아직도 잊히지가 않네요. 아무튼 화려하고 재미있는 친구였어요.

현장팀 참여, 모범적인 하월곡동 자취생활

두황은 1981년 5월에 제일교회 활동과 별도로 노동운동을 위한 현장팀에 참여했다. 이 현장팀결성은 박용준(경제학과 78학번)이 추진했다. 박용준은 학생운동을 하면서 노동운동으로의 투신을 위한 현장 이전 시스템을 어떻게 만들 것인지에 대해 많은 고민을 하며 함께할 후배들을 물색했다. 그의 뇌리에 두황이 먼저 떠올랐다. 겨레사랑회 80학번 세미나를 지도하면서 항상 성실히 준비하고 토론에 적극적인 두황을 눈여겨봤던 터였다. 그는 1981년 5월경에 두황에게 제안했다. 현장 이전팀을 만들려고 하는데 같이 하지 않겠냐고. 이에 두황은 흔쾌히 응했다.

박용준은 또 경제학과 선배 송광의(77학번)에게 한 사람을 소개받는다. 송광의는 1978년 6.26 광화문 연합시위 사건으로 구속되었다가 1980년에 복학한 후 아카데미 서클 활동에만 주력하다 다행히 5.18 계엄령 이후 수배를 피했다. 송광의는 현장팀 취지를 설명하며 80학번 한 명을 보내 달라는 박용준에게 서클 후배 하종근을 추천한다. 하종근은 두황과 안면이 있는 사이였다. 정경대 1학년 때 같은 B반이었고, 두황이 1학년 초에 과대표에 출마하고 2학기 과대표를 했기 때문에 잘 아는 사이였다.

두황과 하종근 외에 한 명이 더 현장팀에 합류했는데 손학붕(경제학과 80학번)이었다. 손학봉도 마찬가지로 박용준이 한국학연구회에 현장팀에서 활동할 80학번 한 명을 보내달라는 요청에 따라 추천된 경우였다. 손학붕 역시 두황을 잘 알고 있었다. 이렇게 해서 3명의 현장팀이 구성되었는데, 가장 먼저 한 것은 세미나를 할 수 있는 자취방을 구하는 일이었다. 학교에서 좀 떨어져 남의 이목을 피할 수 있고 방값이 싼 곳을 찾았다. 달동네 가옥이 산꼭대기까지 가득찬 하월곡동이 안성맞춤이었다. 현장팀은 하루 날을 잡아 하월곡동을 뒤진 끝에 꼭대기에 적당한 자취방을 구했다. 두황과 손학붕이 돈이 전혀 없었던 터라 하종근이 학교 앞 제기동 하숙방을 뺐다. 집에서 올라오는 하종근 하숙비를 공동으로 썼다. 박용준도 비밀과외를 통해 생활비를 보탰다. 당시 하월곡동 꼭대기 자취방 생활에 대해 하종근이 생생한 기억을 털어놓은 바 있다.

하월곡동에서 자취할 때 두황이는 굉장히 성실했어. 밥을 아주 잘했어. 나 같은 경우는 그런 게 잘 안 되었는데. 반찬도 잘 만들고 설거지도 잘하고 생활이 굉장히 규칙적이었어. 두황이는 농담하는 것도 좋아했고 말하는 게 굉장히 치열했지. 말을 시작할 때 항상 '말이지' 하면서 원래 큰 눈을 더 크게 뜨고 말할 땐 정말 치열했지. 두황이는 메모 이런 것도 굉장히 잘했던 것 같아. 세미나를 하면 자기 나름대로 요약을 해가지고 와. 나는 읽고 와라 하면 그냥 읽은 뒤 느낀 바를 즉석에서 이야기하는 스타일인 데 반해 두황이는 꼼꼼하게 메모를 하고 세미나 준비를 철저히 했어. 두황이가 김수영 시인의 시집 『거대한 뿌리』를 가지고 다니면서 시 읊기를 좋아했지. 자취방에서도 읊었지.

박용준도 두황의 성실하고 규칙적인 자취생활을 정확히 기억하고 있었다. 하종근의 기억과 다르지 않다.

자취생활을 할 때 두황이가 모범적이었지. 하종근 경우는 사람은 참 좋더라고. 그런데 워낙 과묵하고 도시 적응을 잘 못 하는 것 같더라고. 남해에 계시는 자신을 키워준 할머니에 대한 그리움이 많았지. 다른 사람하고 이야기하고 하는 것에 대해서는 워낙 소극적이더라고. 종근이가 사람을 좀 끌어왔으면 했는데 그런 점에 대해서는 좀 어렵더라고.

같이 있으면 언제나
긍정적인 에너지를 전하는 사람

현장팀의 하월곡동 자취생활이 자리를 잡게 되자 박용준이 여름에 현장실습을 하자고 제안해 구로공단 현장실습이 진행되었다. 하지만 현장실습은 순조롭지 못했다. 구로공단 현장실습에서 큰 성과를 거두지 못했지만 두황은 얼마 동안의 구로공단 경험을 할 수 있었다. 하월곡동 자취방 운영이 4개월 정도 지났을 무렵, 박용준은 여름방학 때 제대로 하지 못한 현장실습을 겨울방학 때는 제대로 하자면서 자취방을 구로공단으로 아예 옮기자고 했다. 구로공단 자취방은 하월곡동보다 허름하고 열악한 환경이었다. 하지만 구로공단 자취방에서도 두황은 규칙적인 일상을 통해 자취생활을 주도적으로 이끌고 갔다.

노동운동에 대한 관심이 많은 낙천주의자

하종근은 그의 특성처럼 과묵하게 따랐지만 손학붕은 현장 자취생활 적응에 좀 어려움을 겪었다. 겨울에 접어들면서 현장팀이 더 이상 유지되기 어렵게 되었고, 이듬해인 1982년 2월에 박용준이 졸업과 함께 방위로 입대하게 되었다. 제일교회 동기인 중앙대 80학번 송진휴는 두황과 마찬가지로 노동 현장에 대한 많은 고민을 하면서 두황과 많은 의견을 주고받았다고 한다.

두황이는 원래 낙천주의자였으니까 어려운 문제에 대해 전혀 두려워하는 것이 없었지요. 저도 그렇고 그 친구도 그렇고 학교 다닐 때 어떻게 정리하고, 현장을 어떻게 갈 것인가를 많이 생각했어요. 노동 현장을 가야겠다는 생각을 많이 했지요. 2학년 여름에 구로에서 두황이가 공활을 갔었지요. 걔도 가고 저도 가고 비슷한 시기에 갔을 거예요. 같이 현장을 가자고 서로 불문율처럼 이야기했지요. 공활 월급 받아가지고 술 퍼먹었던 기억이 있네요. 술 먹고 운동가를 부르면 두황이가 투쟁적으로 부르지 않는다고 다그치고 그랬죠. 그때 고대가 다 두황이처럼 하는 게 일반적이었는지는 모르겠어요. 우리가 부르면 그게 뭐냐고 그러면서 투쟁적으로 불러야 한다고 하면서 목이 터져라 씩씩하게 부르던 기억이 나요.

1981년 2월 겨레사랑회에서 이름을 바꾼 현대철학회가 8월 여름방학 합숙을 떠나게 된다. 천안에서의 6박 7일 일정이었다. 동민회 김세웅(74학번) 고향 뒷산의 폐가가 합숙 장소였다. 설훈의 요청으로 5.18 직후 유인물을 만들고 성수 오거리에서 광주학살 만행을 알리는 시위에 참여했던 김세웅의 천안 고향 뒷산에 고향 선배가 목장을 하다 실패하고 남긴 폐가가 있었다. 그 폐목장에서 동민회가 매년 여름과 겨울 합숙을 했는데, 청년문제연구회를 할 때 한 뿌리였던 현대철학회의 여름 합숙을 거기에서 하게 된 것이다. 이 여름 합숙에서의 커리큘럼은 80학번 2학년의 경우 한국 근현대 경제를 시대별로 나누어 분석하고 종합 정리하는 거였다. 시대 구분은 해방 전, 1945~50년, 1950년대, 1960년대, 1970년대였다. 81학번 1학년은 한국근대사에 집중했다. 동학, 갑신정변, 3.1운동, 임시정부, 일제강점기 독립운동, 4.19혁명에 관한 토론이 주요 미션이었다.

천안 합숙의 유쾌한 기억과 충격

이 합숙에 77학번 이경재도 참여했다. 그는 1980년 총학생회 총무부장을 하다가 군사재판에서 1년 형을 선고받아 복역하던 중 계엄사령관이 형 집행면제를 때리는 통에 1980년 9월 강제징집을 당했던 인물이다. 마침 1981년 8월 합숙 때가 휴가 기간과 겹쳤다. 그래서 현대철학회 후배들의 천안 합숙을 따라갔다. 그런데 현역 군인이라 군대 물이 들어서인지 객기가 넘쳐서인지 후배들에게 소위 '빠따'를 치라는 제안을 했다. 그 제안에 따라 후배들이 선배들 엉덩이를 때리는 일이 벌어졌다. 이경재 증언에 의하면 "그래도 내가 후배를 때리지는 않았어."라면서 선배가 후배를 때리는 일이 없었다고 한다. 하지만 이경재의 기억과 달리 천안 합숙에서의 '빠따' 실상은 올려치는 것만이 아닌 내려치는 일도 벌어졌다. 천안 합숙에서의 유쾌한 기억도 있었다. 남영숙은 그때의 두황을 이렇게 기억한다.

> 그때 두황이가 웃겼어. 화장실에 가는 것을 '혁명하러 간다.'고 말을 붙인 거야. 굉장히 재미있게. 걔는 원래 그러니까. 굉장히 유머감각이 탁월해. 그냥 일반적으로 재미있고 이런 것을 뛰어넘게 재미있어. 특유의 큰 제스처와 유머 그리고 유쾌한 얼굴 표정이 반짝반짝하는 두황이 눈하고 멋지게 어우러졌어. 정말 특별한 재미를 자아내었지. 그리고 걔는 사람들을 따뜻하게 해주는 애였으니까. 건방지거나 권위주의적인 것과는 완전히 거리가 먼 애야.

반면 남영숙에게 천안 합숙은 큰 충격이기도 했다. 남영숙은 현대철학회 풍토에 대해 회의가 들어 서클을 나가겠다는 의사를 표시했다. 그런 남영숙을 두황이 만나러 간 적이 있는데, 그때 나눈 이야기를 남영숙은 또렷하게 기억하고 있다.

> 내가 2학년 때인가 서클을 그만둔다고 그랬던 적이 있어. 나가겠다고 그랬지. 그러니까 두황이가 나를 찾아왔어. 대운동장이 계단처럼 되어 있는데 그 위쪽에 앉아서 얘기했지. 그때 나는 선배들의 작태에 대해 불만이 많았어. 굉장히 권위주의적이라는 점 등 여러 불만이 있었어. 이게 민주주의 한다는 조직이 맞냐 싶었고 더 이상 못 하겠다고 생각했어. 천안 합숙 때 선배들이 빠따를 치는 거야. 거기서 나는 완전 꼭지가 돌았어. 아무 이유 없이 내리치고 올려치고 이런 것을 시킨 거야. 그래서 내 후배들이 아무 이유 없이 맞는 것 아니야, 이게 말이 되냐 하면서 굉장히 반발했어. 내가 후배들을 굉장히 예뻐했거든. 그리고 모든 것이 투명하지 않아. 나도 선배 지시를 받고 후배 동원을 하곤 했지만 이게 전혀 투명하지가 않아, 비밀조직같이. 이유도 모르고 복학생이 나타나서 뒤에서 조종하고 이런 게 나는 너무 싫었어. 그런 전반적인 분위기가 너무 싫었어. 그런 게 쌓여서 내가 나간다고 그랬던 거야. 현대철학회를 뒤에서 조종하려는 선배들이 한둘이 아니었기 때문에 훨씬 복잡했겠지. 내가 보기에 선배들은 공부도 안 해. 술만 먹고 머릿속에 든 게 없으면서 오더만 내려. 나는 우리 아버지가 워낙 책이 많으니까 나름 공부를 하려고 했고 세상을 바꾸려면 뭘 알아야 바꾸지 그랬던 기억이 나. 2학년 때 나는 상중이하

고 도서관에서 맨날 공부만 했어. 도서관에서 자리 맡아서 우리 공부를 해야 한다고 주장했지. 상중이도 매일 새벽에 나와 공부하고 그랬어. 그렇지 않으면 선배한테 조종당하는 꼭두각시밖에 안 된다, 그건 주체로서의 인간이 아니잖아… 이런 생각이 많았던 거야. 고대의 반지성주의에 대한 불만이 많았어. 그래서 내가 나간다고 그랬더니 두황이가 "영숙아! 나가지 마라." 하면서 걔 특유의 귀여움과 애절함을 담아 나를 설득했지. 그래서 내가 눌러앉은 적이 있었어. 두황이를 봐서 그랬지. 그만큼 내가 두황이에 대해 애정이 있었던 거야. 나중에 농담으로 너 때문에 못 나갔다 하고 그랬지. 걔가 그만큼 신뢰를 주었던 친구였어. 같이 있으면 좋고 믿음직하기도 하고 또 재미도 있고 그런 친구였지. 왜 사람이 같이 있으면 긍정적인 에너지가 올라오는 친구가 있잖아. 걔가 좀 그런 애야. 신나고 그러니까 오랜만에 봐도 걔 설득에 넘어간 거지. 나도 완전히 나가겠다고 생각하기보다 좀 푸념을 하고 싶었던 것이겠지. 걔가 와서 "너가 해야지 어떡하냐."라면서 자꾸 그러니까 이 친구 봐서 그래도 참아야지 했던 장면이 기억나.

흑석동 자취방에서의 뭉클한 대화

중앙대 앞 흑석동에 제일교회 동기 송진휴 자취방이 있었다. 이 자취방에 두황이 여러 차례 방문한 적이 있다. 그때의 가슴 뭉클한 추억을 송진휴는 이렇게 얘기한다.

와서 자고도 가고 후배들도 보고 가고 그랬지요. 두황이는 저하고 쿵짝이 잘 맞아서 맨날 제일교회 선배들한테 야단을 많이 맞았어요. 특히 제가 장난치는 거를 좋아했어요. 그 친구가 쾌활하잖아요. 에너지 넘치고. 그래서 둘이 많이 친했는데 제가 2학년 때 제 학교 서클 선배가 강제징집을 당해서 갑자기 군대를 갔어요. 그 선배가 가고 나자 저에게 서클 선배가 아무도 없었어요. 1학년 후배들을 보살피고 저 혼자서 서클을 끌어나갔어야 했는데, 이 서클을 어떻게 꾸려나가야 하는지 알 수가 없는 거예요. 그래서 두황이에게 많이 물어보았지요. 너네 서클에서는 1학년 데리고 엠티 가면 뭐하냐, 커리큘럼을 뭐 어떤 것 하냐? 이런 것 좀 많이 물어봤어요. 그래서 도움을 많이 받았어요. 결국 그렇게 했던 것들이 나중에는 83, 84학번 정도 되니까 우리 서클이 중앙대 체제를 재편하는 주축이 되었지요. 후배들이 열심히 해서 그렇게 되었지요. 저에게 기억이 제일 많이 나는 일이 있어요. 두황이가 하루는 의자에 앉아 저한테 할 말이 있다고 그러는 거예요. 무슨 말을 할 건데 하니까 종이를 구깃구깃 꺼내더니만 그걸 보고서 그간 지켜본 나에 대해서 좋은 점과 안 좋은 점에 대해 이야기하면서 이런이런 점은 안 좋은 것 같으니 좀 고쳐야 할 것 같다고 말하는 거예요. 그렇게 이야기를 하고 나더니 저보고 자기한테도 그렇게 이야기를 해달라고 하는 거예요. 나는 해줄 이야기가 없는데 그랬어요. 그때 제가 두황이에게 느꼈던 것은 사람을 좋아하고 사랑한다는 게 그 사람을 있는 그대로 좋아한다는 것이 아니라 사람을 세세하게 들여다봐야 하는 것이구나 하는 거였어요. 그 사람의 좋은 점과 안 좋은 점에 대해 디테일하게 마음에 담고 있어야 한다는 것을 두황이에게 많이 배웠지요. 그걸 적어 와 6개월 동안 관찰한 것을 이야기했을 때 저는 좀 부끄러워했어요. 저는 두황이가 고쳐야 할 점 이런 것에 대해 생각을 안 했거든요. 저에 대해 생각을 하고 정리를 하고 좀 더 괜찮은 사람이 되기 위해서 자기 나름대로 충고와 지적을 한 것이지요. 친한 놈이 그러니까 더 충격적이었어요. 자기한테 그 얘기를 해달라고 그러는데 나는 말할 것이 없다고 말하고 나니까 내가 이 친구를 너무 피상적으로 봤구나, 좀 더 깊이 들여다봐야되겠다 그런 생각을 하게 되었지요. 사람과 사물에 대해 깊이 있게 들여다보는 것에 대해 그 친구가 많이 가르쳐주었지요. 의자에 앉아서 저한테 이야기하는 게 사진처럼 찍혀 두황이 생각하면 그때 그 생각이 많이 떠올라요.

3장 이제는 학회를 부활하고 대중운동을 준비할 때

서클실과 크리스마스 이브의
특별한 추억

1981년 5월 2일 운수골 전기보급을 위한 기금 마련 일일 찻집에서 꽤 많은 돈이 모였다. 여름이 끝날 무렵 용기백배가 된 우리됨 멤버들은 전기보급 방법을 논의하기 위해 운수골 청년회에 연락을 취했다. 그런데 운수골이 지리적으로 민통선과 가까운 곳이라는 군사적인 문제 때문에 전기보급 사업이 불가능하다는 답변을 들었다. 전기보급이 아닌 대안을 찾기 위해 9월 말 고연전 기간에 두황과 양창욱이 다시 운수골을 찾았다. 거기에 양창욱의 고등학교 동창 장욱이 동행했다. 이들은 운수골 초등학교 분교 문종현 선생 사택에서 지내면서 문 선생과 논의했다. 그 결과, 운수골 청년회가 주체가 되어 동네 어르신들이 원하는 것이 무엇이냐고 물어보고 그 여론을 수렴해 결정하기로 했다. 운수골에 다녀온 후 문 선생의 연락을 받게 되었다. 문 선생의 전언은 어르신들의 서울 구경이 운수골 청년회가 조사한 여론이었다. 운수골 어르신들이 서울 구경을 해본 적이 없어 일평생 소원이 서울 구경을 하는 것이라는 설명을 보탰다.

운수골 어르신들의 서울투어를 추진하며

그렇게 해서 운수골 어르신들의 서울 구경 프로젝트가 진행되었다. 양창욱과 의논한 후 두황이 책임을 맡기로 했다. 우리됨에서도 책임자가 선정되었다. 일일찻집에서 혁혁한 추진력을 발휘한 박은경이었다. 우리됨 회의에서 운수골 어르신 서울 구경 안건을 논의했다. 여러 재미 있는 의견이 나왔는데 책임을 맡았던 박은경의 발언에서 당시 상황을 엿볼 수 있다.

우리됨에서 어르신 서울투어 기획회의를 하는데 여러 이야기가 나왔어요. 매일 한식을 드시는 분들에게 롯데호텔 양식을 제공하면 속이 안 좋을 거다, 롯데호텔은 너무 호화스럽다, 태어나서 서울 구경을 한 번도 못 해본 분들에게 그런 문화적 충격을 주면 안 된다 등등의 문제제기를 했지요. 그것을 제가 설득했지요. 오히려 거꾸로다, 이런 것을 보여주어야 본 것 같고, 제대로 대접을 받았다고 느낄 것이다, 두고두고 잊히지 않을 것이다, 이분들이 서울에 처음 오는 것이기에 더더욱 서울의 가장 번화한 곳을 보여주어야 한다, 서울에 처음 왔는데 새로운 경험을 하게 해주어야 한다, 보지 못하던 것을 보게 하는 게 좋지 않겠냐며 설득했지요. 제가 강경하게 나가니까 얘들도 그래 그래 너 의견대로 해라고 그랬지요. 그래서 농사일이 끝나는 농한기에 20명 어르신을 서울 구경을 시켜드리기로 결론을 내렸지요.

우리됨 기획회의를 끝낸 박은경은 양창욱이 정해준 약속 시간에 나가 두황을 만났다. 장소는 창경궁 앞이었고 이때가 두황과 박은경의 첫 대면이었다. 창경궁을 약속 장소로 잡은 것은 운수골 어르신 서울투어 첫 코스가 창경궁이었기 때문이다. 셋은 창경궁 어느 곳을 둘러보는 게 좋을지를 상의하는 코스짜기 회의를 했다. 창경궁을 둘러본 후에는 남대문시장으로 넘어가 어르신들의 쇼핑 가게를 몇 곳 정했다. 그리고 롯데호텔에 방문해 전망대까지 사전 답사를 마쳤다. 박은경은 10월 말 운수골 어르신들이 추수를 다 마치고 서울나들이 오기 전에 두황과 한 번 더 만나 최종 점검을 했다. 10월 말 서울 투어 첫날, 두황과 박은경이 청량리까지 마중을 나가 운수골 어르신들을 맞았다. 운수골 청년회 3명이 인솔해서 춘천에서 기차를 타고 청량리에 어르신 20분이 도착했다. 그 일행들을 안내하면서 서울투어가 시작되었다. 그날 두황은 주황색 티를 입고 나왔다. 다시 박은경의 이야기를 들어보자.

남대문시장에 가서 어르신들에게 개인별로 쇼핑비용을 드려서 쇼핑을 하게 했어요. 뭔가 사들고 가는 게 또 보람이 있는 거잖아요. 그런 것도 챙겼지요. 그리고 롯데호텔 스카이라운지에서 코스식사를 하는데, 그때 63빌딩이 없던 때라서 을지로 롯데호텔 전망대가 서울 시내가 다 보이는 최고 전망대였어요. 마침 제 사촌오빠가 롯데호텔 매니저였어요. 그 사촌오빠에게 이런저런 좋은 일을 한다고 취지를 설명했지요. 그래서 꽤 많이 디스카운트를 받아 코스식사 대접을 할 수 있었어요. 운수골에서 산을 두 개 넘어야 겨우 오음리에 도착하는데 서울에 올 일이 없는 분들에게 잊지 못할 경험을 시켜준 것이 보람이었지요. 전기도 안 들어오는 동네에서 네온샤인이 번쩍거리는 롯데호텔까지 왔으니 그 어르신들이 놀라기도 했겠지요. 하지만 너무 만족스러워 하셨다고 뒤에 들었어요. 그때 두황이랑 너무 즐겁게 일을 했어요. 두황이랑은 마음도 잘 맞았어요. 제가 하자고 그러면 제 의견을 거의 다 들어주었어요. 키도 자그마하고 귀여운 인상에 되게 착한 친구였어요. 맑고 해맑은 소년 같았어요. 위트도 많고, 농담도 잘하고, 장난끼도 가득하고. 저랑 케미가 잘 맞았어요.

서클실에서 삼바 한 잔

두황이 어미숙을 좋아했다는 소문이 있었다. 두 사람 모두를 잘 알고 양창욱은 이 소문에 대해 빙긋 웃는다.

두황이와 미숙이 그리고 나 세 명이 3층 서클실에서 술을 먹었던 적이 있었어. 2학년 말이었을 거야. 삼바를 나눠마셨지. 삼바는 그 당시 양주 중에 제일 싼 거였어. 그걸 두황이가 한 병 사왔던 거지. 내가 보기에는 두황이보다는 미숙이가 더 두황이한테 호감이 있었다고 보였어. 미숙이하고는 우리됨 서클에서도 2학년 10월까지 같이 했기 때문에 내가 다른 현대철학회 여자 동기보다 더 친하고 잘 아는 사이였지. 매일 보는 가까운 동기인 내가 잘 모르는데 두황이와 미숙이가 사귀었다는 것은 말이 좀 안 된다고 생각해. 미숙이가 두황이에게 애틋하게 해준 것은 있는 것 같아. 1학년 때는 휴교령이 떨어져서 미숙이네 집에도 자주 갔었지. 미숙이 집이 잘사는 편이었어. 두황이가 월곡동에서 자취할 때는 쌀이 떨어져서 두황이와 학붕이가 자전거로 미숙이 집에 쌀 보급하러 갔던 적도 있잖아. 미숙이가 되게 여성스러워서 두황이를 좀 다정다감하게 잘 포용한 것은 있는 것 같아. 강원도 운수골 농활 갔을 때 두황이는 처음에는 오지 않았고 두 번째 왔는데 미숙이, 경진이도 같이 왔거든. 그러니까 그런 농활 같은 것까지 같이 하면서 서로 인간적인 교류 내지 감성적인 교류 이런 게 더 짙어졌다고 할까. 친구 같은 데 좀 더 살가운 관계 정도로 보면 될 것 같아. 두황이가 상당히 감성적이고 좀 애틋한 스타일이니까 그런 소문이 난 것 같고.

크리스마스 이브 날의 잊히지 않는 기억

제일교회 대학생부는 매년 크리스마스 이브 때에 연극 공연을 올렸다. 예종영은 1학년 말인 1979년 겨울방학 때 제일교회에서 연극 공연에 참여했는데, 그 공연 장면 일부를 1980년 5월 도서관 농성 때 재연하기도 했다. 두황은 2학년 말에 공연에 참여했다. 두황과 같이 그 공연을 함께 준비했던 최성애는 그때의 추억을 아주 특별하게 가슴에 담고 있다.

두황이가 너무 일찍 죽어서 측은지심에서 하는 말이 아니에요. 두황이는 너무 멋있고, 너무 따뜻하고, 너무 산적 같고, 너무 빨치산 같은 친구였어요. 또 감성이 용솟음치고 너무너무 배려를 잘했다고 다들 그렇게 이야기해요. 남자든 여자든 정말 그랬던 것 같아요. 걔 생긴 모습이라든가 말투에 비해 굉장히 섬세하고 애들 말 잘 들어주었어요. 제 생일에 유일하게 카드를 보낸 친구가 두황이었어요. 제 생일인 2학년 크리스마스 이브 때의 기억이 생생해요. 당시 제일교회 대학생부가 크리스마스 이브 행사를 담당했어요. 그때 연극도 했어요. 그날 저녁에 행사가 있으니까 낮에 최종 리허설을 했지요. 저는 헌이 형이 두황이와는 질적으로 다른 사람이라는 것을 그때도 직감

하고 있었어요. 저녁에 연극 공연이 잡혀 있어 오전부터 만났어요. 그때는 지금 생각하면 진짜 청춘남녀지요. 얼마나 긴장이 되었겠어요. 연습을 그날도 했어요. 저는 밭을 매고 있는 아낙이었어요. 쪼그리고 앉아서 밭을 매고 있으면 되었던 거예요. 두황이는 빨치산 역할이었어요. 전체 내용은 생각도 안 나고 그 장면만 기억이 나요. 박형규 목사니까 가능했던 연극이었지요. 저는 밭을 매고 있고 두황이가 산에서 내려온 빨치산인데 길을 묻고 내가 대답해주고 하면 끝나는 장면이었어요. 리허설 때에는 잘했는데 본 공연 때가 문제였지요. 제가 밭을 매고 있을 때 두황이가 제 곁으로 다가오는 장면에서 두황의 대사에서 문제가 생긴 거예요. 연습할 때처럼 "여보시오. 어디로 가면 되오?"라고 대사를 해야 하는데, 두황이가 갑자기 "여보!"라고 한 거예요. 저는 갑자기 너무 당황스러워서 대답을 안 하고 밭만 계속 매고 있었어요. 그러자 두황이가 또 "여보! 어디로 가야 하는데 가는 길이 어딥니까?" 하는데 제가 입을 열면 자지러질 것 같아 계속 아무 말도 안 했어요. 그러자 두황이가 애드리브로 "저쪽인가?" 하면서 그냥 걸어갔어요. 그렇게 해서 그 막이 끝났어요. 그 광경이 너무너무 기억이 나요. 그 연극을 하기 전에 두황이 저한테 카드를 주더라고요. 생일 축하한다고 하면서 담배 한 갑과 함께요. 그 당시 제일 비싼 담배인 '거북선'이었어요. 참 '불티나' 라이터도 주었어요. 센스 있는 선물이었어요. 카드를 열어보았는데 길지 않은 네다섯 줄의 편지가 있었어요. 두황이는 굉장히 세심해요. 말도 못 하게 세심해요.

카드에 대략 "혁명의 동지 성애야. 어떻게 어떻게 해서 해방의 그날까지 우리 뭐 어떻게 하자!" 그런 글이 적혀 있었어요. 구호로 시작해서 구호로 끝나더라고요. 축하한다는 말이라도 있었는지 그것도 생각이 나지 않아요. 그걸 어떻게 가지고 있었겠어요, 그 시절에. 일찌감치 그것은 없애버렸지요. 그날 끝나고 누군가의 하숙집에 몰려갔어요. 밤을 세웠는데 그날 물론 담배는 다 없어지고 불티나 라이터도 다 망가지고 그랬던 기억이 있지요. 가장 기억에 많이 남는 친구가 가장 일찍 죽어서 기억에 사무치는 친구가 되어 버린 거지요. 고대 앞에 간 기억도 나네요. 학교에서 농구를 했는데요, 두황이는 체력이 그렇게 강하지는 않았어요. 좀 헥헥대고 그랬어요. 반면 헌이 형은 완전히 날아다녔지요. 뒤풀이로 고대 앞 이모집에서 고갈비 안주에 막걸리 마시던 기억도 나네요. 두황이가 노래를 굉장히 잘 부르잖아요. 걔한테서 배운 노래가 '갈 테면 가라지' 하는 거 있잖아요. 산울림의 '청춘'인가요. 그 노래를 걔가 잘 불렀다는 것을 다들 기억해요. 하필 그렇게 슬픈 노래를. 두황이는 그 노래를 굉장히 잘 불렀어요. 난 그 노래를 굉장히 좋아했어요. 정말 테크놀로지가 더 발달해서 노래를 부르던 그 모습을 영상으로 재생해서 담을 수 있으면 좋겠다는 생각을 해요. 꽤 자주 그 노래를 불렀어요.

지금부터는 학회를 부활하고
대중운동으로 나아가야

2학년이 되면서 정경대 80학번들의 학과가 정해졌다. 정경대에는 경제학과, 정치외교학과, 신문방송학과, 통계학과(82년부터 행정학과 추가)가 있다. 두황과 김희근은 경제학과 학생이 되었고 주재환과 김영중은 정외과를 선택했다. 고인이 된 노회찬도 정외과 79학번이었다. 노회찬은 본래 정외과 77학번 이범과 경기고 동창인데 삼수를 한 탓에 이범보다 두 학번 아래 학과 후배가 되었다. 노회찬은 학내 어떤 서클에도 가입하지 않았다. 그는 경기고 동문회에서 알게 된 정외과 동기 김헌을 한 번씩 찾아 대화를 나누었을 뿐 학내 학생운동에는 관여하지 않았다. 노회찬이 가끔 김헌을 볼 때면 "학생운동에 너무 목매지 마라. 그게 운동의 끝이 아니다. 노동운동을 해야 된다."라고 말하곤 했다. 김헌은 처음 노회찬을 봤을 때 학내 그 어떤 모임과도 관련이 없어 혹시 간첩이 아닐까 하는 생각을 한 적도 있었다고 한다.

노회찬의 스터디 그룹에 참여하며

그런 노회찬이 수업만 조용히 듣고 사라지지는 않았다. 학회 같은 데 관심이 많았다. 1981년 당시 각 과에 학회가 없었다. 5.18 이후 신군부가 대학을 학도호국단 체제로 바꾸면서 과 대표도 임명제로 바꾸어버렸다. 하지만 과 단위에서 벌어지는 학생들의 민주주의 욕구를 다 잠재울 수는 없었다. 정외과의 경우 공식 학회가 구성되지 않았지만 학과 모임을 하게 되면 노회찬과 훗날 한나라당 국회의원이 되는 권오을(76학번)도 발언을 많이 했다. 그러다가 1981년 가을 즈음 노회찬이 스터디그룹을 하나 만들었는데 두황이 그 학습모임에 참여했다. 두황 외에 1학년 때 정경계열 B반 과대표를 했던 주재환과 경제학과 송권수도 가세했다. 커리큘럼은 가장 기초적인 책으로 정했다. 당시 큰 반향을 불러일으키고 있던 파울로 프레이리의 『페다고지』나 통일문제 등에 대한 현안을 토론했고 1981년 고대 문무대 투쟁에 대한 평가도 있었다. 그 스터디그룹 멤버로 참여했던 주재환의 증언이 있다.

2학년 가을 무렵 노회찬 선배가 스터디그룹을 조직했어. 그러다 3학년이 되었을 무렵 노회찬 선배가 홀연히 사라진 뒤 연락이 끊어졌어. 그 이후 학교에 일체 나오지 않았어. 갑자기 노회찬 선배하고 모든 연락이 단절된 것이지. 짐작컨대 그때부터 노동운동에 뛰어든 것으로 보여. 노회찬 선배가 사라지기 전에 두황이에게 당부한 말이 있었어. 두황이에게 한 군데 일에 집중하라는 충고였어. 두황이가 제일교회, 현대철학회, 학회 등 여러 군데에서 활동하며 일을 벌이는 것에 대한 우려 표시라 할 수 있겠지. 또 그만큼 두황에 대한 관심과 애정이 많았었고.

제일교회 활동을 정리하고 학교로

2학년이 된 1981년 내내 두황은 제일교회 세미나에 빠짐없이 참석했다. 일주일에 한두 번 있는 제일교회 세미나는 고려대 김헌과 서울대 김제자(79학번)가 지도했다. 철학개론, 한국근현대사, 마르크스경제학, 각국 혁명사, 세계 공산주의 운동사 등 다양하고 수준이 매우 높은 학습과 토론이 이뤄졌다. 세미나 운영이 체계적이었고 진행도 엄격한 편이었다. 또 주기적으로 정세분석을 했는데, 풍부한 내용을 담고 있었고 현실 인식과 민주화 운동 전반에 대한 날카로운 담론이 망라되었다.

싱대 80학번 김엉수도 제일교회 대학생부 멤버였다. 김영수는 제일교회 세미나에서 배운 정세분석 내용을 토대로 별도의 집필 작업을 했다. 성대 서클 '고전연구회' 후배들을 교육시키기 위해서였다. 김영수는 1981년 11월부터 1982년 2월까지 성대 마크가 찍힌 리포트지 30페이지에 그 내용을 정리했다. '아방과 타방'이라는 유명한 팸플릿이 그렇게 만들어졌다. 김영수는 아방과 타방 1부를 복사해 자신과 같은 곳에서 야학을 하던 형제교회 선배인 연세대 김철기(77학번)에게 주고 원본은 자신의 자취방에 숨겨 두었다. 김영수는 애초 아방과 타방 팸플릿을 유포시킬 생각은 없었다. 그런데 1982년 11월 6일 종로 연합시위에 나갔다가 강제징집된 이후 후배들이 자취방을 정리하면서 찾아낸 아방과 타방 원본이 한 부 두 부 복사되면서 유포되기 시작했다.

김철기가 받은 복사본도 다른 경로로 유포되었다. 성균관대학교 표시가 인쇄된 리포트지 복사본뿐 아니라 누군가가 새롭게 타이핑해 만든 것까지 유포되었다. 아방과 타방이 전국적으로 퍼지자 치안본부가 대책반을 꾸려 아방과 타방 원저자를 찾는 본격 조사에 나설 정도였다. 그만큼 제일교회 정세분석 수준이 상당했던 것이다. 선배와 후배가 함께 토론하는 세미나는 체계를 갖추고 정기적으로 진행되었고 후배 지도 및 관리 역시 세심했다. 다만 제일교회 자체가 투쟁조직이 아니었기에 대학 운동권 서클과는 사뭇 다른 분위기였다. 자발적 참여의지와 자기 책임성을 중시했기에 강제성이 없었고 자유로운 분위기였다.

제일교회 노선은 대체적으로 준비론에 가까웠다. 향후 투쟁이나 조직에 대한 방향성 제시와는 다소 거리가 있었다. 따라서 참여 대학생들은 세미나는 제일교회에서 하고 행동은 각자의 학교에서 실천하는 방식을 취했다. 그렇게 대학생부 학생 대부분이 제일교회에서 학습을 하되 행동 기반은 학교에 두었는데, 김헌은 좀 달랐다. 김헌은 3학년이 되면서 점차 학내 학생운동과 거리를 두면서 제일교회 일과 교회 야학 활동에 비중을 더 두었다. 이 문제와 관련해 두황의 생각은 김헌과 달랐다. 두황은 제일교회에서의 학습을 통해 많은 것을 배웠지만 이후 활동의 중심을 교회가 아닌 학교에 두고 거기서 자신의 비전을 찾고자 했다.

학회 활동에 뜻을 같이하는 동기들과의 즐거운 한때

대학생부 활동과 교육 훈련을 통해 성장한 제일교회 80학번들은 1981년 말이 되자 역할분담 논의에 들어갔다. 그 결과, 강영진과 김선태가 제일교회에 계속 남아 81학번과 82학번의 학습 지도를 맡기로 했다. 나머지 80학번들은 다른 교회 대학생부를 개척하는 '파송'에 나가거나 각자의 학교로 돌아가는 절차를 밟았다. 학교 활동에 전념하겠다고 결심한 두황은 1981년 11월 자신의 의사를 현대철학회 동료들에게 피력했다. 그렇게 해서 김두황, 김희근, 박상중, 양창욱 네 명이 모임을 갖고서 3학년 때의 역할분담을 논의했다. 이 자리에서 정경대 학회는 두황이 문과대 학회는 양창욱이 맡기로 했다. 김희근은 현대철학회 오픈서클 활동을 책임지고, 박상중은 언더 활동을 책임지기로 했다.

학회 활동에 전념하기로 한 두황은 먼저 함께할 동료들과 후배들 물색에 나섰다. 김희근에게 후배 소개를 부탁하고 여러 정경대 80학번 동기들을 만나면서 학회 활동에 본격적으로 뛰어들었다. 그 일환으로 두황은 학회 활성화 방안을 논의하는 MT를 추진했다. 정외과의 주재환과 김영중, 경제학과의 손학붕 등이 참여했다.

1박 2일 일정의 정경대 80학번 MT였고 장소는 강촌이었다. 이 자리에서 1982년 신학기부터 정경대 학회를 부활시키는 문제에 대한 집중 토론이 이루어졌다. 이 강촌 MT가 이후에도 잊히지 않고 널리 회자되었던 것은 김영중의 특별한 재주 때문이었다. 밤 술자리에서 김영중이 전주고 시절 한문 선생에게 배웠다는 소동파의 〈적벽부〉를 유창하게 읊었던 것이다. 김영중의 돌발 개인기(?)에 깜짝 놀란 동기들이 박수를 치며 화답했는데 특히 손학붕의 리액션이 특별했다. 손학붕은 "어떻게 고등학교 때 배운 것을 지금까지 까먹지도 않고 그렇게 기억하고 있다냐?" 하면서 연신 감탄사를 내뱉으며 환호했다고 한다.

어떻게 학생운동역량을 강화할 것인가?

두황이 학내 컴백 후 선배 예종영을 만나 학생운동 역량 강화 방향에 대해 토론한 적이 있다. 그때 그 문제를 두고 의견을 나누며 논쟁했던 예종영의 증언에서 두황의 생각을 엿볼 수 있다.

두황이가 학내로 돌아와서 학회를 준비할 때 79학번들과는 깊이 논의하지는 않았어. 78학번이 79학번 농사는 별로 못 지었는데 79학번이 80학번 농사는 잘 지은 편이야. 1981년 말부터 1982년 고대 학생운동의 구심 역할을 했던 이는 홍순우 선배인데, 나는 홍순우 선배와 이야기를 많이 했지. 당시 소위 HPEP 라인이라고 홍순우(76학번), 박종혁(78학번), 나(79학번), 박상중(80학번)까지 내려가는 라인이었지. 어찌 보면 비밀 라인이었지. 그때 박상중이 일을 많이 했고, 1981년도 말부터 언더조직 활동이 많이 활발해졌지. 당시 학생운동 방향에 대해 학회를 활성화하자는 의견과 언더조직을 튼튼히 세워야 한다는 의견이 대두되었지. 학회 활성화를 강조한 의견은 오픈서클이 포화 상태인 만큼 대중적 기반을 다질 수 있는 학회 부활에 중심을 두었는데, 주로 서울대 쪽에서 제기한 운동방침이었지. 이에 반해 아직도 고대에서는 엄혹한 시기이기 때문에 언더를 더 키워야 한다는 생각이 많았어. 유사시 뿌리가 다 없어질 수 있으니까 언더조직을 튼튼히 해야 한다는 거지. 그때 두황이는 학회를 하겠다고 해서 나랑은 좀 입장이 달랐지. 헌이도 학회 강화 입장이었지. 홍순우 선배는 오픈 활동을 활성화하더라도 정예핵심요원들은 언더에서 키우자는 방향이었지. 당시 두황이를 내가 조용히 만났을 때, 내가 정예요원을 키워야 하지 않느냐고 하니까 두황이는 자기 주장을 굽히지 않더라고. 나는 엄혹한 시기인 만큼 핵심요원들을 계속 키워야 한다면서 학회로 정예들이 빠져나가면 우리 역량이 약화된다는 논리를 내세웠지. 반면 두황이는 학생회나 학회 등의 공개조직을 활성화해 대중화 기반을 강화하고 역량을 키워야 한다는 입장이었지. 그게 두황이와 단둘이 만난 마지막 만남이었지.

경제학과 학회의 시작

두황이 정경대 학회를 책임 맡기 전에 김희근이 시작한 경제학과 학회가 있었다. 그 과정을 잠깐 살펴보면 다음과 같다. 김희근은 2학년이 되면서부터 학회 활동을 생각하고 있었다. 사회과학연구회 출신 김영중도 그 생각을 공유하고 있었다. 자연스럽게 후배들을 주의 깊게 살피게 되었다. 그렇게 학회 활동을 같이할 81학번을 물색하던 김희근의 눈길을 끌었던 인물이 있었는데, 경제학과 81학번 박래군이었다. 박래군은 언더조직이나 서클에 가입한 적이 없던 후배였다. 김희근은 1981년 5월 초 박래군을 만나자마자 학회를 만들어 함께 활동하자고 제안했다. 또 김영중으로부터 사회과학연구회에 다니고 있던 박래군 친구인 최창환을 소개받았다. 이후 박래군과 최창환이 경제학과 81학번 동기들인 진남권, 조경제, 민창호 등을 끌어들였다. 그렇게 해서 1981년 2학기 시작과 함께 경제학과의 학회 세미나팀이 만들어졌다. 김희근이 학습 지도를 맡아 일주일에 한 번씩 사회과학 토론을 진행했다. 기존 오픈서클에서 하던 커리큘럼을 대부분 차용했고 정외과 김영중이 지원사격을 하기도 했다.

81년 11월의
문무대 109인 사건

두황이 제일교회 활동을 정리하고 학교로 복귀해 학회 활동에 전념할 즈음에 81학번이 109명이나 강제징집되는 엄청난 사건이 일어나게 된다. 현대철학회의 경우 핵심으로 활동하고 있던 81학번 중 4명이나 제적과 강제징집을 당했으니 서클이 입은 타격은 말할 수 없이 컸다. 그 사건이 소위 '문무대 사건'이었다. 그 과정을 간략하게 살펴보자.

1981년 11월 9일, 1학년 문무대 1차 입소가 이뤄졌다. 5박 6일의 일정이었다. 입소 대상에 정경대, 문과대, 법대 신입생들이 모두 포함되었다. 당시 단과대 계열별 모집이었기에 과별 모임 같은 건 없었다. 하지만 정경대, 문과대, 법대는 다양한 오픈서클과 언더서클에서 사회과학 공부를 했던 학생들이 집중적으로 모여 있던 단과대였다. 현대철학회의 경우, 문무대 입소 전에 81학번 남학생을 모두 모아놓고 양창욱이 나섰다.

> 문무대를 그냥 가면 안 된다. 대중투쟁의 공간으로 삼아야 한다. 광주학살을 자행하고 집권한 살인마 전두환 정권에 대한 폭로의 장으로 활용해야 한다. 교련교육이란 것 자체가 1971년 대학에 도입될 때부터 정권유지 수단으로 학원을 병영화해서 학생들의 사회에 대한 비판적 사고를 말살하기 위한 것이다. 교련교육의 역사에 대한 짤막한 언급 속에 광주학살 살인마 정권 유지를 위해 우리가 문무대에 가서 5박 6일이나 군사교육을 받아야 하는 자체가 너무 부당한 것이다. 교련 학점을 이수하기 위해 문무대를 가야 하지만 인식을 분명하게 하고 가야 한다. 그래서 문무대를 가기 전에 자신들이 속한 계열별 반에서 모임을 조직하고 문무대 의미에 대해 이야기하고 군가를 개사한 개사곡 한두 개 정도는 배워서 가자고 분위기를 조성하는 게 좋겠다.

문무대 운동장에서 벌어진 81학번들의 집단시위

현대철학회뿐 아니라 이 같은 사전 교육이 각 오픈서클마다 이루어졌다. 그리고 그 교육에 참여한 학생들은 각자 자신이 속한 단과대로 흩어졌다. 자연스레 각 단대별로 신입생

(81학번)들이 방과후 자체 모임을 가지면서 5박 6일 문무대 입소에 대한 토론을 진행했다. 각 반마다 10여 명씩 모여 문무대 역사는 물론 개사곡을 함께 배우고 연습하는 시간을 가졌다. 그렇게 정경대, 문과대, 법대 신입생들이 사전 준비를 마치고 문무대 일정을 기다렸다.

남한산성에 있는 문무대에 법대생을 실은 차가 가장 먼저 도착했다. 문무대 운동장에 도착하자 법대생들이 일제히 '사람 사는 세상이 돌아와' 운동가요를 부르면서 스크럼을 짜고 운동장을 돌기 시작했다. 문무대 책임자 보안사 대장이 이 광경을 보고 불같이 화를 냈다. "이 새끼들, 여기가 어디라고, 건방진 놈들! 여기는 문대 영내라고. 노래를 부르지 말라!"라고 고함을 쳤다. 그러자 법대생 한 명이 "당신이 뭔데 노래도 못 부르게 하냐?"라며 응수하며 항의했다.

분위기가 예사롭지 않게 흘러갔다. 화가 잔뜩 난 보안대장이 항의하는 학생 명찰을 떼려고 하자 옆에 있던 학생들이 보안대장을 막으면서 몸싸움이 벌어졌다. 학생들에게 밀린 보안대장의 모자가 날아가고 권총도 바닥에 떨어졌다. 순식간에 벌어진 일이었다. 권총은 바로 수습되었지만 상황은 더 긴박해졌다. 문과대와 정경대 학생들이 도착한 것이다. 이들 학생들도 차에서 내리자마자 운동가요를 부르며 문무대 운동장을 스크럼 짜고 돌았다. 문과대, 정경대 학생이 도착하는 곳곳에서 그런 일이 벌어졌다. "이런 식이면 학생들을 받을 수 없다."라고 강경한 태도를 보이던 보안대장이 고대생들 기세를 살피고는 한발 물러서는 자세를 취했다. 일이 커져 불상사가 생기는 것에 대한 부담감이 작용했던 것이다.

협상이 진행되었다. 학생대표로 법대 A반 대표였던 김기현이 협상 테이블에 앉았다. 거기에 학생 인솔을 담당했던 김진웅 교수가 중재자로 나섰다. 그 결과, '학생 모두가 집체교육을 제대로 받으면 모든 것을 묻지 않겠다. 대신 집체교육을 받는 동안 이런 식이면 쫓아내겠다.'는 선에서 중재안이 나왔다. 이 중재안에 대해 학생들은 대체로 수긍했고 곧바로 문무대에 입소해 교육을 받게 되었다. 이 소식을 뒤늦게 전해 들은 고대 학생처장이 급히 달려왔다. 문무대 측과 상의를 하면서 사건 무마를 하기 위해서였다. 교육 과정에서도 소소한 마찰이 여기저기서 있었지만, 큰 마찰 없이 문무대 입소교육이 모두 종료되었다. 11월 14일 금요일, 5박 6일 일정을 마친 학생들은 집으로 돌아갔다. 그렇게 해프닝 정도로 끝나는 듯 보였다.

문무대 징계를 규탄하는 서명운동의 열기

그런데 놀라운 일이 준비돼 있었다. 11월 16일 월요일 학교에 등교한 학생들 귀에 믿기 어려운 소문이 돌았다. 문무대 사건을 일으킨 핵심 학생들을 학교에서 징계한다는 거였다. 12명을 처벌한다, 20명을 처벌한다는 등 말이 많았다. 사태가 심상치 않게 돌아가고 있다는 걸 간파한 홍순우가 긴급회의를 소집했다. 겨레사랑회 출신의 76학번으로 1981년 2학기부터 복학한 홍순우는 현대철학회 79학번 김대진, 김헌, 예종영, 주은경을 고대 정문 앞의 유일한 경양식집 '하얀집'으로 불렀다. 그 자리에서 홍순우는 문무대 사건 징계의 부당함을 성토하는 서명운동을 조직하고 79학번 한 명이 책임을 져야 한다고 강변했다. 이에 김헌은 교회 일이 있어 난색을 표했고 김대진은 불문과 일을 책임지고 있어 어렵다고 했다. 예종영 역시 다른 일이 있어 안 된다고 해 결국 서클 회장을 맡고 있던 주은경에게 책임이 떨어졌다.

주은경이 박병우, 길기관 등과 팀을 짜 서명운동을 은밀하게 준비했다. 준비과정에서 박종혁(국문과 78학번)으로부터 구체적 지도와 조언을 받았다. 주은경은 1981년 10월 6일 보궐선거에서 당선된 이근규 학도호국단장 집을 방문했다. 서명운동을 의논하기 위해서였다. 이근규는 국문과 79학번으로 1학년 때 사회과학연구회 활동을 했던 호국단장이었다. 이근규는 주은경 요청을 흔쾌히 받아들여 서명운동을 적극 지원하겠다는 의사를 표했다. 두황은 당시 학내로 완전 복귀한 상태가 아니었기에 노회찬과 함께 하는 세미나팀에서 문무대 사건을 토론하고 서명운동을 측면에서 지원하는 역할을 했다.

서명운동은 활발하게 진행되었다. 며칠 만에 2천 장이 넘는 서명서가 모일 정도로 학내의 분위기가 뜨거웠다. 안팎으로 고대생 동태를 살피던 성북서가 행동을 개시했다. 문무대 징계 건에 대한 학내 열기가 더 확산되는 걸 막기 위함이었다. 성북서는 처음에 서명운동을 학도호국단이 주도한다고 오판해 이근규 호국단장을 비롯한 호국단 임원 전원을 잡아들였다. 그들을 조사하면서 뒤늦게 주은경이 실질적으로 주도하고 있다는 걸 알게 된 성북서가 박병우, 길기관을 연행했다. 둘은 다음날 풀려났지만 성북서 개입으로 서명운동 기세가 한풀 꺾이고 말았다. 주은경도 피신했다가 2주 만에 오빠를 대동해 성북서에 들어가 서약서를 쓰고 나왔다. 성북서에서 나온 주은경은 다음날 집을 나와 몸을 숨겼다.

시위 가담자 109인 전원이 군대로 끌려가는 대참사

고려대는 문교부 압력을 이기지 못해 11월 28일부로 문무대 사건에 적극 가담한 학생 19명을 제적하는 결정을 내렸다. 그리고 단순가담 학생 90명에 대해선 직권휴학 결정을 내렸다. 그런데 학교 당국은 이 엄청난 결정을 비밀에 부쳤다. 학생들의 거센 저항을 피하기 위한 방편이었고 치졸한 꼼수였다. 학교 당국은 모든 단과대가 방학에 접어든 후인

12월 10일에서 15일 사이에 109인 각자의 집으로 제적과 직권휴학을 통보하는 통지문을 보냈다. 각자의 집에서 통지문을 받으며 허를 찔린 학생들은 당황했다. 방학 기간이었기에 전체 차원의 대응책을 마련하지 못하고 1982년 1월 중순까지 신체검사를 받고 109인 전원이 군대로 끌려갔다.

몸을 숨긴 주은경은 같이 서명운동을 주도적으로 벌였던 박병우와 길기관을 가리봉동 오거리 닭장집으로 도피를 시켰다. 서명운동팀을 지도하던 박종혁이 주은경에게 당부했다. "문무대 사건은 징계 문제와 결부된 학내 민주화로 연결시키면서 군사독재의 본질을 폭로할 수 있는 굉장히 중요한 건이다. 그래서 신학기가 시작되는 3월에 시위를 준비하자." 라면서 후일을 도모했다. 문무대 사건으로 인해 현대철학회는 가장 큰 피해를 입었다. 왕성하게 활동하던 박병우, 길기관, 이범재가 모두 제적을 당했다. 또 이재혁은 직권휴학을 당했다. 이 중 박병우와 길기관은 주은경과 함께 서명운동을 계속하면서 봄까지 기다려 시위를 준비하는 일에 동참했다. 한편 현대철학회의 새로운 회장이 된 김희근은 문무대 사건으로 81학번 2명이 도피까지 하고 현대철학회가 성북서로부터 집중적인 감시를 받고 있는 상황을 고려해 겨울 합숙을 포기하는 결정을 내렸다.

대중활동의 구심이 될
핵심일꾼을 키워야

　두황의 학회 활성화 운동의 전략은 정경대 학회 내에 핵심일꾼(코어)을 먼저 세우고 이들을 구심으로 학회 대중화 사업을 강화하는 거였다. 이 전략에 따라 역량이 출중한 후배 양성에 눈을 돌렸다. 후배를 소개해 달라는 두황의 요청을 받는 김희근은 먼저 정외과 81학번 박부용을 추천했다. 그렇게 해서 두황과 처음 만나게 된 박부용은 첫 만남 장면을 이렇게 기억한다.

　처음에 종로2가 YMCA 지하다방에서 만났어요. 두황이 형은 용모도 남다를 뿐 아니라 언변이 화려해요. 얼핏 보기에는 전형적인 관념적 지식인 쁘띠부르주아의 전형 같아 보였어요. 처음 느낌도 그렇더라고요. 말은 살벌한데 화려해요. 두황이 형은 언어가 여타의 80학번 선배들과 달랐어요. 희근 형, 영중이 형, 하종근 형하고도 세미나를 해봤는데 그 형들과 언어가 달랐어요. 하여튼 두황이 형 말의 요지가 소수정예로 팀을 짜서 깊이 있게 공부를 하면서 대중조직을 건설해 보자는 거였어요. 희근이 형한테서 그 전에 그 얘기를 듣고 깊이 있게 고민해 봤었는데 좋은 길인 것 같다, 서클 활동으로는 아무 일도 못 할 것 같다고 제 생각을 얘기했죠. 왜냐면 서클은 일을 한다고 하면서 끼리끼리 우르르 몰려다니는데 그것도 천차만별이고, 다 노출되어 있고, 무슨 일을 꾸미거나 수행하는 게 어렵더라고요. 서클운동의 한계라는 게 말 그대로 고립분산성이잖아요. 대중성도 없고 그런 서클주의적인 한계, 그런 고립성, 분산성, 비체계성, 비조직성, 비통일성 이런 것들을 극복하고 대중과의 연계를 강화시켜 나가자는 형의 말에 동의했어요. 그러고 나서 두황이 형과 모택동이 말한 물과 물고기 관계에 대해 이야기를 했어요. 물과 물고기처럼 대중에 튼튼히 뿌리박은 조직을 만들어보자고 서로 말했죠. 그 부분에서 처음 만났지만 완전 의기투합이 됐어요. 처음부터 전면적으로 만났어요. 간보기 이런 것이 없었어요. 두황이 형은 솔직하고, 거침없고, 직설적이었어요. 이것저것 재지 않고 바로 치고 들어오는 것, 그게 진짜 마음에 들었어요. 처음 만났을 때 한 2시간 넘게 이야기를 한 것 같아요. 거침없이 이야기하는 것이 아주 멋있게 보였어요.

굉장히 철저하고 엄한 선배, 모범적인 전사

두황은 박부용과 1대1 세미나를 여러 차례 진행했다. 이후 김희근의 소개로 신방과 81학번 이재권이 합류했다. 정경대 내 핵심일꾼을 양성하기 위한 과정이었다. 그때 합류한 이재권의 기억은 이렇다.

> 저희들을 두황이 형에게 소개한 사람이 희근이 형이었어요. 부용이하고 저하고는 1학년 때 스피치 서클에 같이 있었죠. 희근이 형은 현대철학회에 있었지만 학생회관 서클실을 오가며 알게 되어 술도 자주 먹었어요. 어느 날 희근이 형이 저를 용문산인가 어디로 데려가더라고요. 그때 두황이 형을 소개해 주었어요. 그게 1학년 말이었죠.

뒤이어 역시 김희근의 소개로 박래군과 최창환이 합류했다. 박래군은 부산에서 새벽 기차로 올라와 아침 7시에 두황과 서울역에서 처음 만났다. 최창환은 1학년 때 사회과학연구회 활동을 하다가 김영중 소개로 김희근을 만나 경제학과 학회 활동을 하고 있었다. 그리고 다시 김희근 추천에 따라 두황을 만나고 4명의 코어(핵심일꾼) 모임에 참여하게 된 것이다. 최창환이 4인 코어 모임에 결합한 것과 관련해, 훗날 78학번 김영진은 김영중을 호되게 비판하게 된다. 선배들과 상의도 없이 일방적으로 결정해 결국 사회과학연구회 후배를 겨레사랑회(현대철학회) 조직에 넘겼다는 게 비판의 골자였다.

하지만 이 비판은 뒤에 일어난 일이었다. 1981년 말 분위기는 어느 서클 구분 없이 학회를 활성화시켜야 한다는 공동대의가 뜨거웠다. 그 시기와 맞물려 두황이 주도한 정경대 코어 4명구성이 마무리되었다. 정외과의 박부용, 신방과의 이재권 그리고 경제학과의 박래군, 최창환이었다. 두황은 이들 4명을 인솔해 겨울방학 내내 하드 트레이닝을 시켰다.

정경대 4인 코어 모임의 세미나는 학교에서 할 수 없었다. 이재권과 박부용의 자취방과 박래군 집을 전전했다. 세미나 장소를 빈번하게 옮기는 게 아무래도 불안정하다고 여겨 얼마 후에는 이재권과 박부영의 자취방을 합치게 되었다. 두 자취방을 정리한 뒤 하월곡동에 새로운 자취방을 구한 것이다. 이전보다 좀 더 나은 환경이었다. 그렇게 이재권과 박부용의 공동 자취생활은 이후 7개월 남짓 이어졌다. 두황은 정경대 4인 코어 모임 지도에 심혈을 기울였다. 그 모임에 참여했던 박부용의 증언에서도 잘 드러난다.

우리 내부에서 그때 코어라고 불렀어요. 코어 세미나는 내가 아는 범위 내에서는 고대에서 가장 강도 깊게 했어요. 우리는 단 한 번도 세미나를 거르거나 유야무야한 적이 없어요. 정확하게 그대로 잡아놓은 스케줄 그대로 진행할 정도로 강한 트레이닝을 했어요. 거의 직업적으로 하다시피 했지요. 함께 참여한 모두가 다 작심하고 하는 놈들이었어요.

어느 모임에서도 볼 수 없었던 하드 트레이닝을 통해 성장한 정경대 코어 4명은 학회 활동 등의 대중공간에서 왕성한 활동력을 보였고 같은 학번 세미나를 리더했다. 나아가 1982년 신학기 때부터는 82학번 세미나팀을 두세 개씩 맡아 후배들을 키우기 시작했다. 박래군과 최창환은 경제학과의 후배 지도에 집중했고 박부용은 정외과 외 다른 과 후배 학습지도에도 관여했다. 이재권은 신방과를 맡아 같은 과 후배들을 지도했다. 정경대 4명 코어 세미나를 지도하던 두황의 모습에 대해 박래군의 말을 들어보자.

김두황 선배는 엄청난 발제량으로 세미나를 진행하였으며, 치밀하고 치열하게 학생운동과 삶에 대해 고민하고 실천하는 모습을 보여 학생운동에 참여하던 후배들에게는 좋은 본보기가 되는 선배였습니다. 평소 활달하고 언변이 좋아 세미나를 주도하면서 후배들에게 엄격함과 또 한편으로는 따뜻한 인간적 신뢰를 느끼게 하는 모습으로 기억됩니다.

이재권도 두황의 세미나 지도에 대한 기억을 보탠다.

두황이 형은 굉장히 철저하고 엄한 선배였어요. 모범적인 전사 같았어요. 세미나를 열심히 했지요. 일본 책도 많이 보고. 두황이 형과의 관계는 3.7 사건이 일어나기 전까지 이어졌어요.

두황은 본인이 제일교회에서 철저하게 세미나를 받았던 것처럼 후배들 지도에 최선을 다했고 솔선수범하는 모습을 보였다. 코어 모임에 참여했던 4명 모두가 세미나를 참으로 많이 했다고 한다. 더불어 다른 학습팀과 비교할 수 없을 정도로 두황의 치밀한 지도가 특별하고 인상적이었다고 기억한다.

정경대에 이어 문과대 핵심일꾼을 키우기 위해

1982년 초 박용준, 하종근, 손학붕과 진행하던 현장팀이 해체되었을 때, 두황은 하종근에게 후배 3명을 소개하면서 학습지도를 부탁했다. 그 당시 상황에 대한 하종근의 기억은 이렇다.

현장팀이 흩어지면서 두황이가 후배 몇 명을 소개할 테니 공부를 시켜라 이렇게 되었어. 소개받은 후배가 경제학과 한 명, 독문과 한 명

그리고 법대 황인철 이렇게 세 명이었어. 그 세 명을 공부시켰지. 군대 간다고 휴학을 한 뒤 삼청공원 옆에 하숙집을 구했어. 거기에서 하숙을 했는데 그 친구들이 거기까지 공부하러 왔었다고. 골목에서 축구도 하고 『서양경제사』, 『자본주의 구조와 발전』 같은 책을 읽었지. 세미나를 몇 개월 하다가 나는 군대를 갔지. 그때 두황이가 삼청동에 한 번씩 놀러 왔어. 한번은 하숙집으로 두황이 전화가 왔어. 급한 목소리로 너 오늘 치고 나간다며 하면서 학교 앞에 형사들이 깔렸다는 거야. 그리고 두황이가 급히 삼청동에 오기까지 했어. 잘못 전해졌던 거지. 두황이가 삼청동에 와서 둘이 삼청공원 매점에서 맥주를 사서 먹으며 누가 그런 황당한 이야기를 전해줬지 하며 웃던 기억도 나네.

정경대 4명 코어를 묶어 세미나 모임을 조직한 이후 두황은 자신이 속한 정경대 외에 문과대 코어 구성에까지 관심을 가졌다. 그 일환으로 두황은 양창욱으로부터 김창현을 소개받았다. 당시 두황을 처음 만난 사회학과 81학번 김창현의 이야기를 들어보자.

1982년 초 겨울방학 때 두황이 형이 불렀어요. 두황이 형이 대중조직 학회 이야기를 좌악 설명하고 나서 학회를 활성화시키기 위해 자기하고 세미나를 하자고 하더라고요. 그래서 좋다고 그랬지요. 두황이 형하고 세미나 할 때 별도의 자료를 받아 학습을 한 뒤 토론하고 그랬지요. 두황이 형이 저를 문과대에서 핵심으로 기르고 싶어 했던 것 같아요. 팀은 없었고요. 저만 혼자 했어요. 그렇게 개인적으로 만나서 공부를 하다가 문과대 학회 활성화를 위한 계획을 두황이 형하고 같이 세웠던 기억이 나요. 문과대 문화패를 만들어야 한다는 생각으로 선덕이 형을 만났던 기억도 나고요. 문과대에서 다른 선배에게는 조금 미안했지만 이런 것이 학교 전체를 위해서는 필요하다고 생각했어요. 두황이 형하고는 일대일로 만났어요. 아마 두황이 형이 조직적 명칭을 가지고 만난 것은 문과대에서 저밖에 없을 거예요. 겨사(겨레사랑회)라는 조직적 명칭을 가지고 제안받은 것은 문과대에서 저밖에 없을 거예요. 그 당시에 두황이 형이 이야기했어요. 문과대에 따로 묶지 않고 너밖에 없다고 그랬어요. 저와 만나는 장소가 다양했어요. 언더 활동이니까 숨어서 만나야 되었지요. 1년 남짓 두황이 형을 만났어요. 저한테는 두황이 형이 엄격함보다는 자상하고 재미있는 선배였어요. 굉장히 유머러스하면서도 해박하고 때로는 아주 열정적인 모습도 있었고요. 공부는 굉장히 잘 시켜주었어요. 그래서 기초가 튼튼해졌지요. 고대 풍토에서는 드문 케이스였어요. 후배들 공부시키는 데는 굉장히 철저했지요. 그래서 정이 많이 가는 선배였지요. 개인적으로 만나면 아는 척도 하지 말라고 해서 내놓고 좋아하는 티도 낼 수 없다고 내가 투덜거리기도 하고 억울해하기도 하고 그랬지요. 참 정을 많이 주는 선배였어요.

두황은 문과대 코어를 염두에 두고 김창현과 신수현을 거의 동시에 만났던 것 같다. 애초 문과대를 팀으로 묶으려는 생각이 있었던 것 같은데 방향을 선회해 김창현과 단독으로 만나는 것으로 결정한 것 같다. 신수현의 증언이 있다.

두황이 형하고는 일어책 『대중조직론』으로 두 번 세미나를 했어요. 그 책을 두황이 형이 제게 주었지요. 그런데 세 번째 약속을 했는데, 다음에 한 번 더 보자던 두황이 형이 나오지 않았어요. 그 뒤로 두황이 형을 학교에서 보지 못했어요. 시기적으로는 제가 사회학과 학회 활동을 시작하기 전인 1982년 초로 기억하고 있어요. 이후로는 학회에서 창욱이 형을 주로 보았지요. 두황이 형과 제일교회에서 같이 공부하던 서울대 80학번 김선태가 제 고등학교 동기였어요. 고등학교 다닐 때 이영희의 『우상과 이성』을 읽고 세미나를 했던 친구였지요. 1980년에 저는 종로학원에서 재수를 했는데, 제 하숙집에 김선태가 창비 영인본을 갖다 놓고 저를 의식화시키려고 그랬어요. 1981년 고대 입학을 하고서 저는 인문학연구회에 다녔어요. 또 교회는 1981년도에 경동교회, 1982년도에 종로에 있는 연동교회를 다녔어요. 그때는 교회가 목적이 아니었죠. 1981년이 지난 시점에 선태한테서 연락을 받았지요. 저도 오픈서클 인문학연구회 다니다 1학년 마치고 사회학과 학회를 하려고 했어요. 그때 두황이 형을 만났어요. 두황이 형 쪽에서 먼저 연락이 왔지요. 아마 김선태가 두황이 형에게 저를 소개하고 만나 보라고 했던 모양이에요. 창욱이 형을 만나기 전에 두황이 형을 먼저 만났어요. 창욱이 형이 전면에 나서면서 창현이와 제가 만나게 되고 그랬거든요. 본관 맨 꼭대기층에 사학과, 법학과, 행정학과, 사회학과 학회실이 있었어요. 김선태 그 친구는 제가 고대 입학한 1981년 이후에 연락을 하면서 서울대 앞에서 보기도 하고 그랬지요. 노출이 두려워서 자주 보지는 못했어요.

성북서에서 두황의 학회 활동을 주시하기 시작

두황은 정경대에서 경제학과와 더불어 정외과가 중요하다고 판단했던 것으로 보인다. 정외과 소속으로 4명 코어 모임에 빅부용이 있었지만 학회 작업을 원활하게 하기 위해서 한 명이 더 붙어야 한다고 판단했던 모양이다. 그렇게 정외과 81학번을 물색하던 중 두황의 레이다망에 걸린 후배가 김현배였다. 김현배는 1학년 때 동민회(82년부터 경제철학회로 이름이 바뀜)에서 서클 활동을 하다 1학년 말부터 정외과 학회에 더 관심을 갖게 되었다. 김현배도 두황을 만나 일대일 레슨을 받은 케이스다.

세미나를 집단적으로 하지 않았고 개별적으로 했어요. 일대일 세미나를 한 거죠. 대중운동과 관련한 세미나를 했는데, 일서를 저한테 주고 읽고 오라 하고선 둘이 만나 읽은 소감이 어떠냐 하며 세미나를 했지요. 몇 개월을 했어요. 동민회 때에도 일본어 공부를 해서 도움이 되었지요. 일대일로 세미나만 했고 다른 동기들과 함께 세미나를 한 적은 없었어요. 한동안 계속되다가 두황이 형이 3.7 사건으로 잡혀가면서 관두게 되지요. 저는 정외과 학회만 한 게 아니라 정경대 내부의 다른 학회 활동도 했어요..부용이 등과 더불어 정경대 차원의 학회를 시작했지요. 두황이 형이 씨를 뿌린 것이지요. 대중운동을 어떻게 해야 하는가? 대중노선을 어떻게 가져야 하는가? 등을 주로 논의했었지요. 책 제목 이런 것은 기억이 안 나네요. 복사물 받아서 공부하고 그랬지요. 술도 좀 먹고 그랬지요. 세미나 끝나면 가서 술도 먹고 그랬지요. 주로 둘이서만 먹었어요. 철저히 맨투맨으로 했어요. 두황이 형이 엄격한 것은 제가 잘 모르겠고 좀 치밀했지요. 저하고 세미나를 할 때 타이트하게 한 편이에요. 재미있으니까, 또 의미도 있다고 생각했으니까. 때때로 끝나고 술도 한잔 하고 그런 기억은 있지요. 두황이 형이 술은 많이는 못 먹었어요. 술 먹으면 얼굴이 빨개지잖아요. 저보다 훨씬 못 먹었어요. 저는 뭐 술꾼에 가까운 사람이고요. 두황이 형은 사람이 굉장히 따뜻했어요. 세미나를 하고 나면 다른 운동권 선배처럼 권위적으로 하는 것은 전혀 없고. 사려 깊게 배려를 하는 편이었지요. 정외과 81학번에서는 부용이 빼고 저만 만난 것 같아요. 다른 누굴 만나는지 저한테 이야기한 적이 없었지요. 두황이 형이 가고 나서는 부용이, 재권이하고 같이 논의도 하고 후배들 선발해서 엠티도 가고 정경대 학회를 만드는 과정을 같이 했지요.

저는 상중이 형을 따로 본 적은 없었어요. 개인적으로는 두황이 형하고 깊은 관계였다고 생각해요.

두황의 학회 활동 초기부터 성북서에서는 두황의 학회 활동에 대한 정보를 수집하고 있었다. 학회 활동 초반, 두황은 81학번 경제학과 대표 조경제를 학회 쪽으로 끌어들이기 위해 심혈을 기울였다. 학회 활동에 대한 전반적인 구상을 하기 시작했던 1981년 말부터 두황은 조경제를 관심 있게 살피면서 그를 학습시키기 위해 노력했다. 그렇게 두 사람이 만나게 되었고 조경제는 학회 활동에 뛰어들게 되었다. 이후 두황에게서 커리큘럼을 받은 조경제는 도서관에서 살다시피 하면서 학습에 매진했다. 그러던 2학년 초(82년 초)에 버스 정류장에서 성북서 형사를 만나게 되었다. 버스를 기다리고 있는 조경제에게 성북서 형사가 이름을 부르면서 성북서에 좀 가자고 했던 것이다. 당시 그렇게 성북서에 끌려간 조경제의 증언은 이렇다.

제가 일학년 때 처음 들어간 곳은 영자신문사였어요. 영자신문사에서 기자 생활을 열심히 하고 있는데, 학회 쪽 활동으로 저를 끌어들인 게 두황이 형이었어요. 일학년 때 저의 집이 수유리였어요. 두황이 형은 화곡동 쪽이었고요. 정반대 방향이니까 마주칠 일이 별로 없었죠. 그런데 두황이 형이 빙 돌아서 몇 번 저를 우연히 만나는 것처럼 했어요. 제가 1학년 때 과대표를 했어요. 두황이 형이 저한테 3페이지 정도 되는 책 목록을 주었어요. 너가 꼭 보고 이제 1학년 애들이 들어오는데 너는 두세 개 그룹을 지도해야 한다 그랬어요. 그래 가지고 저는 도서관에서 살다시피 했어요. 책 목록에는 도서관에 없는 책도 있었어요. 두황이 형이 커리큘럼을 많이 가지고 있었어요. 매일 도서관에서 살다시피 하는 날들의 연속이었는데 2학년 초에 어느 날 제가 집에 가는 버스를 타려고 버스정류장에 서 있었는데 성북서 형사가 "야, 조경제!" 하면서 제 이름을 부르더니 차에 태워 성북서로 데리고 갔어요. 성북서에 들어갔는데 형사들이 두황이 형에 대해 요구한 것은 두황이 형과 어떤 일을 했는지? 두황이 형이 누구를 만나는지, 두황이 형에 대한 조직도 같은 것을 물어보면서 너는 조직도 속에 어디에 속해 있냐? 이런 것을 물었어요. 저는 그런 걸 왜 저한테 물어요? 저는 그냥 공부하는 사람이에요, 그 형이 와서 제 공부하는 데 도움을 좀 주었을 뿐이에요 그랬지요. 그랬더니 성북서 형사가 "너 학점 몇이야?"하고 물어보더라구요. 그래서 "저 학점 4.0인데요." 하니까 그냥 내보내 주었어요.

본격 행보, 성북서 짭새 쫓아내고 학회실 확보

문무대 사건 이후 징계의 부당성을 규탄하는 서명운동을 주도했던 주은경은 박병우와 길기관을 가리봉동 닭장집에 도피시켜 놓고 1982년 봄까지 4개월 동안 관리를 했다. 두 사람이 1학년을 채 마치지도 않은 채 도피를 해야 했기 때문에 부족한 학습도 보충시켜야 했다. 오랫동안 준비하고 벼르고 있던 봄 데모도 준비해야 했다.

긴 시간 시위를 준비하면서 생기는 갖가지 복잡한 문제를 박종혁과 계속 연락을 취하며 상의를 했다. 박병우와 길기관을 위한 학습 세미나 계획도 박종혁 도움을 받았다. 당시 박종혁은 시위를 한 뒤 경찰 등에 잡히게 되면 알리바이가 반드시 문제가 되기 때문에 다른 사람과 일체의 관계를 끊어버리라고 주은경에게 요구했다. 길기관과 박병우에게도 절대 다른 사람을 만나지 못하게 단속해야 된다고 거듭 주의를 주었다. 매우 불편하고 외롭더라고 참고 견뎌야 한다면서. 알리바이를 깨끗이 하기 위해서는 이 방법밖에 없다고 연신 당부했던 것이다.

단시간에 진압된 3.24 도서관 시위

마침내 D데이가 1982년 3월 24일로 잡혔다. 주은경은 3.24 시위 준비를 총지휘했던 박종혁에게 동원문제과 관련해 예종영과 상의하라는 지시를 받았다. 주은경과 동원 계획을 상의한 예종영은 고민에 빠졌다. 동원 문제와 관련한 박종혁의 당부 때문이었다.

'현철(현대철학회)에서는 최소한으로 동원해라. 현철이 대거 동원하면 성북서에서 가만두지 않을 것이다. 박병우, 길기관을 도피시켜 성북서 신경을 4개월간 계속 건드려 왔는데 대거 동원을 하게 되면 반드시 보복할 것이다. 그러니 현철은 최소한으로 해라.'

박종혁의 이 같은 특별 당부를 염두에 두고 3.24 시위 동원 인력을 점검했지만 문제 해결이 쉽지 않았다. 사회과학연구회 회장 김영중을 만나 그 문제를 의논했지만 긍정적인 답변을 얻지 못했다. 사회과학연구회 사정도 마찬가지였다.

1981년 10월 시위 때의 주동자 두 명 모두 사회과학연구회 소속이었기에 큰 타격을 받았던 터라 조직 보호가 절실했던 때였다. 예종영이 다른 79학번 동기들을 가능한 선에서 다 만났지만 그 역시 별 소득이 없었다. 그러다 홍순우와 상의를 하게 되었다. 홍순우는 박종혁과 달리 상황이 상황인 만큼 현대철학회도 동원하자는 의견이었다. 예종영은 결국 현대철학회가 할 수 있는 최대 인원을 동원했다.

우여곡절 끝에 시위 당일이 되었다. 도서관 앞에서 시위가 시작됐다. 주은경이 핸드마이크를 들고 뛰어나가 선동했다. 동시에 횃불을 든 박병우와 길기관이 유인물을 뿌렸다. 오랜 기다림 끝에 벌인 개학 첫 시위였지만, 3월 24일 도서관 앞 시위는 단시간 내에 진압되고 말았다. 박병우와 길기관이 든 횃불이 꺼지자마자 성북서 형사들이 득달같이 달려들었다. 스크럼을 짠 인원이 채 20명이 될까 말까 한 수준에서 시위가 끝나버리고 말았다. 스크럼 대열 제일 앞에 섰던 현대철학회 81학번 김종혁과 박정태는 사진에 너무 또렷하게 나온 증거 탓에 성북서에 연행된 후 곧바로 강제징집되었다. 성북서는 박병우와 길기관이 3월 중에 학내에 들어올 것을 예측하고 계속 비상을 걸고 있었던 상황이라 더더욱 빨리 진압된 것이다.

시위가 빨리 진압된 게 결과적으로는 아이로니컬하게도

82년 3.24 시위가 경찰들에 의해 5분 만에 진압되고 주동자들이 연행된 뒤의 도서관 앞의 광경이다. 사진 중앙에서 약간 우측에 오른손으로 책을 껴안고 있는 학생이 1982년 5.14 시위의 주역 중 한 명인 이희경(79학번)이다. 이희경 왼쪽에 왼손을 입 근처까지 올리고 있는 여학생은 경제철학회 소속 강난희(80학번)다. (출처: 고대신문사)

현대철학회 피해를 줄이는 데 도움이 되었다. 그리고 예종영 아버지가 전 공화당 사무총장 출신이라는 배경도 현대철학회 피해를 최소화하는 데 도움이 된 것으로 보인다. 현대철학회는 현장에서 검거된 81학번 두 명과 시위 동원을 책임진 예종영만 강제징집되는 선에서 피해를 최소화할 수 있었다. 두황은 3.24시위와 관련해서는 관여를 하지 않았다. 경찰 조사 과정에서도 김두황 이름 석자는 일체 나오지 않은 채 넘어갈 수 있었다.

진달래꽃 피어오른 봄날의 정취, 함께하지 못한 아쉬움

한편 제일교회 80학번 세미나 팀은 1982년 1월쯤에 정리 절차를 밟았다. 후배 학습지도를 맡을 2명만 남고 각자 다른 교회 활동이나 학내 활동을 위해 흩어졌다. 그렇지만 모두가 제일교회와의 끈은 계속 유지하고 있었다. 정보유통이 교회가 가장 빨랐고 정세 파악이나 변혁운동의 방향을 정리한 팸플릿 같은 문건을 가장 빠르게 구입할 수 있는 곳도 교회였다. 이런 이유로 매주 세미나에서 만나는 사이는 아니지만 서로 연락을 취하고 제일교회 등에서 만나곤 했다. 또 만나고 싶으면 언제든 만날 수 있었다.

두황은 제일교회 80학번 세미나 팀 해체 이후에 최성애를 만난 적이 있다. 최성애 개인적으로는 오랫동안 잊지 못하는 만남이었다. 1982년 3월 말이었다. 고대 안암 캠퍼스 곳곳에 진달래 가 흐드러지게 피어올라 봄날의 정취가 무르익을 때였다. 이때의 만남을 최성애는 무척 아쉬워한다.

개인적으로 너무너무 후회되는 게 있어요. 3학년 때였어요. 두황이를 한번 개인적으로 만났어요. 데이트는 아니고. 무교동에 준다방이라고 있었어요. 무교동 낙지골목 근처에 있었어요. 거기서 두황이와 개인적인 일이 있어 만났는데, 그때 고대 캠퍼스에 진달래가 예쁘게 피었다면서 학교에 같이 가자고 그러더라고요. 진달래꽃 보러 같이 가자고. 그때 제가 다른 약속이 있어 거절했어요. 그래서 진달래를 보러 함께 가지 못했어요. 그게 너무 후회되고 아쉬워요. 이후로도 오랫동안 그 생각이 그렇게 나더라고요. 두황이 걔가 또 굉장히 낭만적이잖아요. 전후로 제가 만난 사람 중 두황이처럼 감수성이 뛰어난 친구는 만나보지 못한 것 같아요. 당시 워낙 어릴 때여서 그 기억이 강하게 남을 수도 있지만. 그때 같이 갔으면 두황이와 더 많은 추억을 남길 수 있었을 텐데… 그런 아쉬움이 강하게 들더라고요. 3학년 때니까 1982년도 봄이었어요. 3월 말쯤 될 거예요. 그때 두황이는 베이지색 잠바를 입고 약간 초췌해진 모습으로 나타났어요. 제가 진달래 노래를 무척 좋아했었는데 두황이가 그렇게 되고 난 뒤에는 두황이를 생각하는 노래가 되었지요.

학회 활동의 거점, 학회실을 확보하자!

1982년 1학기 때 경제학과 학회 활동에 매진하던 두황의 모습을 가장 잘 기억하는 이는 손학붕이다. 손학붕은 당시 경제학과 학회장을 맡아 수업은 빼먹어도 학회실 출근은 한 번도 빼먹지 않았던 두황의 동기다.

두황이가 8중대본부에서 '나의 성장기'를 쓸 때 자신이 경제학과 학회 총무를 했다고 하는데, 사실 경제학과 학회 총무는 공식적으로 존재하지는 않았어. 비공식적 직함이라고 할 수 있지. 아마 보안대의 엄격한 감시하에 글을 쓰는 과정에서 진술의 편리를 위해 두황이가 만들어낸 직함일 수도 있어. 당시 학회는 이원화되어 있었지. 밖에 대놓고 하는 공식적인 학회와 우리끼리 비밀리에 진행하는 반언더 비공식적 학회가 있었지. 공개된 학회는 선거를 통해 학회장을 선출했는데 내가 1982년 3월에 학회장이 되었어. 경제학과 학회 세미나는 80학번 여러 명이 함께 했던 것 같아. 81학번, 82학번 후배들이 굉장히 많았기 때문에 세미나도 그룹을 나누어서 했어. 1982년 3월에 서관 7층에 학회실을 만들었어. 학생운동을 대중화하는 데는 서클보다 학회가 훨씬 파급력이 있다고 생각했어. 두황이와 나는 그 점에서 생각이 일치했지. 학회 후배들하고 거의 매일 술을 마셨던 것 같아. 오픈서클도 마찬가지지만 학회도 매일 술을 마시며 후배들과 깊은 얘기를 나누는 게 중요한 활동이었지. 그때 두황이가 마오(모택동)를 굉장히 좋아했어. 마오의 시도 어디서 하나 들고 왔어. 마오의 시가 기백이 넘친다며 술 먹고 외우고 그랬지. 마오의 대장정 얘기를 다룬 책도 하나 들고 왔는데 책 제목이 잘 기억 안 나네. 두황이하고는 그때 마오의 '모순론'과 '실천론'을 같이 읽고 토론했었지. 두황이는 거의 매일 학회실에 나온 것으로 기억해. 수업은 안 들어가도 학회실은 나왔지. 1982년에는 정경대 건물이 없었어(현재의 정경대 건물은 1984년 8월 24일 준공). 서관 건물을 정경대, 문과대가 같이 썼어. 1982년 3월에 학회장 선거와 정경대 단대장 선거도 같이 했어. 정경대 단대장으로 이동석이가 나갔어. 동석이는 서클 출신이 아니라 학회 준비모임 성격의 경제학과 스터디 그룹에서 큰 친구야. 동석이 선거할 때도 두황이하고 매일 같이 상의했지. 1981년까지는 학회, 단대장도 전부 학교에서 임명했잖아. 그러다가 1982년 3월에는 학회장은 물론이고 단대장 선거까지 직선제를 쟁취한 셈이지. 학교에서 공식적으로 인정하지는 않았지만.

같은 시기 문과대에서 사회학과 학회실을 마련하기 위해 동분서주하던 양창욱도 두황의 당시 근황을 자세히 알고 있다.

당시 선도적으로 학회실을 만든 사람이 두황이야. 서관 시계탑 7층에서 경제학과 학회실을 만들 때 그냥 책상 뺏어다가 공간을 확보한 게 두황이야. 당시 대학 당국은 공식적으로 학회실을 주지 않았어.

그래서 우리는 학내의 빈 공간을 여기저기 찾아다니며 공간만 있으면 밀고 들어갔지. 두황이하고 학붕이가 서관 시계탑 7층을 먼저 차지하는 바람에 문과대 학회실을 본관 법대 학회실 옆에 마련할 수밖에 없었지. 우리가 한발 늦었던 거지. 경제학과, 정외과, 통계학과 학회실이 시계탑 7층을 차지하고 간판을 거니까 그 옆에 있던 성북서 짭새방이 더 이상 발붙이지 못하게 되었지. 징글징글한 성북서 짭새들을 쫓아버린 셈이지. 그때 서관 7층 경제학과 학회실이 널찍하고 좋았어.

허무하게 끝난
5.14 시위의 충격과 반성

 1981년 고대 학생운동의 컨트롤 타워 역할을 담당했던 인물은 박종혁(국문과 78학번)이다. 그는 2학년 때인 1979년 9월 18일 경찰의 강제 진압에 의해 여성 노동자 김경숙이 사망하는 등 큰 반향을 일으켰던 YH사건 직후 선도적인 시위를 조직했다. 그는 대학가에서도 YH무역 여성노동자들의 외로운 투쟁을 지원하는 뭔가를 해야 하지 않겠냐는 의분 하나로 한국학연구회 동기였던 유재욱(사학과 78학번)과 함께 구국선언문을 발표하고 교내시위를 주도했다. 한국학연구회에 가입한 지 한 달도 되지 않을 때였다. 그 시위로 박종혁은 구속되었다.

투쟁지도부와 조직지도부의 이원화 체제

긴급조치 7호 시대의 막내라 할 수 있는 박종혁은 80년 서울의 봄 때에도 학내 시위에 주도적으로 참여했다. 당시 서클연합회 활동을 하고 있던 그는 1980년 5월 2일 오전에 "지금은 축제를 할 때가 아니고 정치투쟁에 나설 때다."라는 내용의 시국선언문을 작성해 학내 분위기를 전환시키는 데 큰 역할을 했다.

5.18 이후에는 경찰 검거령을 피해 피신 생활을 하다 6월 10일 이대 앞에서 불심검문에 걸려 성북서로 이첩되었다. 거기서 조사를 받은 후 20일 정도 구류를 살고 나왔다. 이후 박종혁은 5.18 계엄확대와 대대적인 학생운동 지도부 검거령에 따라 침체에 빠진 고대 학생운동 조직을 재건하는 일에 나섰다. 78학번의 유이한 '빵잡이'이고 서울의 봄 때도 앞장서 투쟁했던 박종혁은 78학번이 4학년이 된 1981년 고대 학생운동의 구심점 역할을 감당했고, 동료와 선후배로부터 그 역할과 리더십을 인정받았다.

1981년 5.20 시위와 10.29 시위의 조직동원을 책임졌던 박종혁은 성공적으로 시위를 조직해냈다. 겨울방학 동안 1982년을 준비하면서 박종혁의 가장 큰 고민은 다음해 4학년 최고학번이 되는 79학번의 지도부를 어떻게 형성하는가 하는 문제였다. 박종혁의 복안은 투쟁지도부와 조직지도부로 지도부를 이원화하는 것이었다. 1981년도 한 해 동안 자신이 투쟁지도부와 조직지도부를 동시에 해본 결과 나온 복안이었다. 이 두 개의 기능을 동시에 수행할 때 개인이나 팀이 항상 위험해지고 적들에 의해 공격이 들어왔을 때 타격도 크고 지도부가 불안정해지기 때문에 고대 학생운동권을 효율적으로 지도하기 어렵다는 결론에 도달했다. 박종혁이 구상한 투쟁지도부는 단순히 1회 시위에 주동으로 먼저 나서는 것이 아니라 시위 동원 작업, 지하유인물 작업, 투쟁조직 재생산 작업, 필요할 때 시위 주동으로 나서는 작업을 망라하는 것이었다.

1982년도의 투쟁지도부 구성과 관련해 박종혁이 우선 고려한 인물은 79학번 양동주였다. 박종혁은 양동주를 만나 투쟁지도부 구성의 의미를 설명하면서 여러 차례 설득 작업을 했고 결국 양동주의 동의를 얻어냈다. 한 명만으로 부족하고 최소한 두 명은 되어야 한다고 판단하고 적임자를 찾고 있을 무렵, 홍순우의 제안을 받게 되었다. 현대철학회 선배로서 고대 학생운동 내부에 영향력을 미치고 있던 홍순우의 제안은 김헌을 투쟁지도부로 키웠으면 좋겠다는 내용이었다. 그렇게 해서 양동주, 김헌 두 사람을 투쟁지도부를 이끌 책임자로 내정한 박종혁은 겨울방학에 동국대 등 타 캠퍼스를 돌며 투쟁지도부 구성과 운영방안, 향후 계획 등에 대한 집중적인 토론을 했다.

82년의 중임을 맡을 79학번의 책임자 물색

조직지도부 구성을 위한 인물 물색도 병행했다. 그 과정에서 박종혁이 가장 먼저 염두에 둔 인물은 두 명이었다. 오픈서클에서는 기독학생회 79학번 김덕균, 지하서클에서는 한국학연구회 79학번 이창구였다. 거기에 한 명 더 보강하는 게 좋을 것 같다고 판단했지만 마땅한 인물을 선별하지는 못했다. 조직지도부 구성과 관련해, 박종혁의 심중에는 김덕균에 대한 기대감이 높았다. 1982년 한 해 동안 고대 학생운동의 조직관리를 책임질 적임자로서 후배 김덕균의 자질과 품성을 높게 평가한 거였다. 박종혁 판단에 따르면, 김덕균은 79학번 중에서 학생운동에 임하는 열정과 자세가 출중하고 이론적인 학습에서도 부족함이 없는 후배였다. 또 김덕균은 기독학생회를 잘 이끌며 리더십을 발휘했고 기독학생회에서 독립한 언더조직도 운영하는 등 활동력이 높았을 뿐 아니라 정보에도 밝고 의리도 좋은 후배였다. 김덕균의 모든 면을 긍정적으로 판단했던 박종혁은 그를 1982년의 중임을 맡을 적임자로 선택했지만 김덕균의 약점도 감안하지 않을 수 없었다.

박종혁이 파악한 김덕균의 약점은 79학번 동기들 사이에서의 영향력이 약한 점이었다. 투쟁 경력에서 박종혁처럼 자타가 공인하는 긴급조치 세대의 막내 '빵잡이' 같은 경력도 없었고, 또한 같은 학번 내의 수평적 영향력에서도 박종혁과 비교가 되지 않았다. 78학번 내에서 박종혁의 리더십에 이의를 제기하는 사람이 없었던 반면 김덕균은 79학번 내에서 영향력이 별로 없었다. 말하자면 김덕균은 학교 내에서 알려지지 않은 숨은 인재였다. 게다가 김덕균의 소속 서클 기독학생회가 4층에 떨어져 있어 3층 서클들과 수평적 연대나 교류 활동이 없었던 것도 영향을 미쳤다. 대체적으로 고대 이념서클들은 대부분 학생회관 3층에 다 모여 있었기 때문이다.

이런 김덕균의 약점을 메워줄 수 있는 사람은 김헌이었다. 박종혁이 구상한 대로 투쟁지도부에 김헌이 앞장서고 조직지도부에 김덕균이 활약하는 전략이 제대로 작동했다면 1982년 한 해 동안 79학번들의 지도력이 계속 유지·발휘되었을 것이다. 그리고 현대철학회 경제학과 80학번 3인을 위시한 80학번들과 79학번들의 관계가 정상적으로 유지되면서 지도력 이행이 가능했을 것이다.

갑작스런 박종혁의 피검, 헝클어진 지도부 이양작업

79학번 지도부 구성이 원활하게 진행되지 못한 결정적인 계기는 박종혁의 구속이었다. 박종혁은 79학번 지도부 구성 과제를 1982년 초 겨울방학 동안에 마무리하지 못한 채 4월 중순에 경찰에 붙잡히고 만다. 신변을 정리하기 위해 집 안에 있는 문건을 후배집으로 옮기기 위해 후배와 레스토랑에서 만날 약속을 했는데 후배가 약속 시간에 제때 나오지 않는 바람에 불심검문에 걸리고 말았다.

성북서에 구금된 박종혁은 혹독한 고문을 받고 구속된 후 징역 10개월 실형을 받았다. 78학번에서 79학번으로의 지도부 이양작업이 박종혁 구속으로 인해 모든 것이 헝클어져 버렸다. 김헌은 제일교회 후배 양성에 몰두하면서 학교와 더 멀어져 버렸고, 양동주도 오픈서클 80학번 세미나를 7차례 주도한 뒤 1982년 여름에 방위로 복무하면서 학교를 떠났다. 홀로 남은 김덕균이 1982년 2학기 투쟁을 활발하게 주도하지 못하게 되자 후배들의 비판이 더욱 거세졌다. 그렇지만 기회주의자라는 혹독한 비판까지 받아야 했던 김덕균도 사실 싸우고 나가겠다는 의견을 박종혁에게 여러 차례 피력했다. 그때마다 박종혁은 김덕균에게 그것만이 능사가 아니라면서 그를 만류했다. 당시 이 사실을 아는 사람은 고대에 없었다. 김덕균이 발설하지 않았기 때문이다.

3월부터 움직이기 시작한 5월 시위 준비팀

1982년의 3.24 시위와 별도로 4학년인 79학번 내에서 5월 시위를 준비하는 팀이 3월 초부터 움직였다. 기독학생회 박윤길(국문과 79학번)이 동민회(경제철학회) 이희경(79학번)에게 제안한 것이 시발점이었다. 박윤길은 문학연구회 서클 활동에도 참여하고 있었는데, 문학연구회 1년 후배인 80학번 성철준을 5월 시위 준비팀에 합류시켰다. 한편 이희경은 동민회 활동과 함께 80년 서울의 봄 시기에 출범한 여성문제연구회 멤버들과의 세미나에도 꾸준히 참여하고 있었다. 여성문제연구회는 일종의 고대 여성운동가들의 공동서클 개념이었다. 이희경은 여성문제연구회에서 같이 세미나를 하는 동기 김혜영, 장미희와 함께 4학년이 되면 여자들만의 시위팀을 조직해 독자적인 시위를 벌이겠다는 계획까지 갖고 있었다. 세 사람이 5월 시위 준비를 위한 토론을 한 결과, 김혜영이 시위 준비팀에 합류하기로 했다. 반면 장미희는 바로 현장으로 이전하기로 했다.

그렇게 해서 박윤길, 이희경, 김혜영, 성철준이 5월 시위를 책임지고 준비하는 멤버가 되었다. 그들은 2개월 가량 논의를 계속하면서 시위 준비에 돌입했다. 유인물은 두 가지로 내는 것으로 정하고 D데이는 5월 14일로 정했다. 또 시위 장소는 학생들이 많이 모이는 학생회관으로 잡았다. 먼저 학생들이 북적이는 학생회관 지하식당에서 점심시간에 맞춰 시위를 시작해 학생대오를 이끌고 민주광장 쪽으로 나오면, 학생회관 4층에서 다시 유인물을 뿌리며 호응하는 방식으로 시위 전술을 짰다.

당시 '야학비판', '아방과 타방', '전망' 같은 팸플릿이 유행하면서 각 대학의 학생운동권에 유포되고 있었다. 이에 5.14 시위 준비팀은 학생운동의 전략에 대한 선전 유인물을 준비했다. '이 시점에서 이런 싸움은 필요하다. 우리가 그런 걸 당연히 해야 하고, 그것만이 운동과 역사를 진보시키는 거다.'는 내용으로 김혜영이 직접 작성해 시위를 일주일 앞둔 5월 7일에 학생회관 3, 4층의 서클실은 물론 각 단과대의 학회실 전체에 일제히 뿌렸다. 성북서에 아직 필체가 알려지지 않은 성철준의 글씨로 쓰인 유인물이었고, 성철준이 직접 배포했다. 이 유인물이 당연히 성북서에도 들어가겠지만 학내의 투쟁의지를 고취시키고 사전 분위기를 띄우는 데 도움이 되기에 실보다 득이 많다고 판단했다.

유인물이 학내 전역에 배포되고 난 뒤 송재석(수학과 79학번)이 뒤늦게 5.14 시위 준비팀에 합류했다. 소위 '복덕방'이라는 닉네임으로 불리던 고대 학생운동 정보통 홍순우를 통해서였다. 송재석이 들어왔을 때는 이미 5.14 당일 뿌려질 선동 유인물이 준비되어 있었고, 이희경이 작성한 문안을 등사로 밀기 직전이었다. 송재석은 특별한 의견을 보태지 않았고 유인물을 한번 읽어보고는 곧바로 OK 사인을 보냈다.

5.14 시위팀은 D데이를 목전에 두고 다른 79학번들과 이후

역할에 대한 토의를 거쳤다. 박윤길은 조직지도부 역할을 하고 있던 김덕균과 미팅을 하고, 이희경은 김헌과 양동주를 만나 상의를 했다. 그 결과, 언더는 양동주가 맡고 학회는 김덕균이가 책임을 지는 정도의 잠정적인 합의를 도출했다.

5분 만에 끝나버린 5.14 시위의 충격

한편 성북서도 고대의 시위 계획에 촉각을 세우고 있었다. 5월 7일 고대 학내에 뿌려진 유인물을 접한 성북서는 조만간 시위가 있을 것으로 대충 짐작하고 3.24 시위 때와 비슷하게 특별경계령을 발동하며 대기하고 있는 상태였다. 시위 날이 가까워지면서 시위 준비팀의 행보가 빨라졌고, 김덕균은 동원 책임을 맡아 시위 전반을 점검했다. 늦게 준비팀에 합류한 송재석은 공대 산업문제연구회 81학번들을 동원했다.

5월 14일이 되었다. 학생회관 지하식당에서 약속한 시간에 맞춰 김혜영이 식당 테이블 위로 올라갔다. 시위가 시작된 것이다. 김혜영이 비장하고 카랑카랑한 목소리로 선언문을 낭독하자 박윤길과 송재석은 동원된 멤버들과 스크럼을 짜고 구호를 외치며 호응했다. 하지만 스크럼 대열의 인원이 적었고 지하식당에 모여 있던 학생들이 그 대열에 합류할 수 있는 시간적 여유가 없었다. 시위 계획을 미리 파악한 듯 성북서 경찰과 '짭새'들이 득달같이 달려들었기 때문이다. 훗

82년의 5.14 시위 현장 모습.
성북경찰서에 사진을 찍히지 않기 위해 얼굴을 가리고 있는 시위대의 모습 속에서
엄혹한 시기의 처절함과 절실함이 읽힌다. 구호를 외치고 있는 여학생은 학생회관 앞에서
다시 '동'을 뜨기로 한 이희경(79학번)으로 추정된다. (출처: 고대신문사)

날 박윤길은 이날의 시위에 대해 땅을 치고 후회했다고 한다. 박윤길은 당시 식당 테이블로 출입구를 막아 바리케이트를 치지 못한 게 치명적인 패착이었다고 지적하면서, 당시 짭새 진입을 최대한 저지하면서 선동을 했다면 지하식당에 있던 학생대중의 참여 시간을 확보할 수 있었고 그랬더라면 결과는 달랐을 거라며 아쉬워했다.

많은 준비에도 불구하고 5.14 시위는 허무하게 종료되었다. 경찰 진입을 막는 데 실패했고 곧장 스크럼이 경찰들에게 진압되고 말았다. 주동들이 줄줄이 끌려가는 속에 이희경도 2차로 밖에서 선동했지만 곧바로 진압되어 버렸다. 79학번에서 시위 주동으로 4명이나 대거 나선 시위가 단 5분도 버티지 못한 채 끝나버린 5.14 시위는 고대 학생운동조직에 큰 충격을 주었다. 박종혁이 시위동원 책임을 졌던 3.24 시위와 김덕균이 동원을 지휘했던 5.14 시위 모두 5분 시위로 끝나버린 것이다. 두 시위의 참담한 실패를 겪으면서 고대 학생운동 내부에서 시위 동원이나 투쟁 방식, 전술 운영 등에 대한 근본적 변화가 필요하다는 자성의 목소리가 나오기 시작했다. 5.14 시위의 처참한 실패를 목격했던 임선수는 그날 술자리에서 분통을 참지 못하고 선배에게 대들었다고 한다. 그 선배가 바로 두황이었다.

4장   한 치의 물러섬도 없던
     그때 그 자리 그 사람들

바보 같은 사람이
학생운동을 하는 거야

경제학과 81학번 임선수는 두황을 경제학과 학회 활동을 하면서 알게 되었다. 임선수는 1학년 때 사회과학연구회에 가입해 서클 활동을 하다 2학년이 되면서부터 학회 활동에 뛰어든 케이스다. 임선수는 2학년이던 1982년의 5.14 시위가 5명의 주동자가 떴는데도 5분도 되지 않아 진압되는 광경을 직접 지켜보면서 울분을 참을 수 없었다. 그날 술자리에서 임선수는 5.14 시위 얘기를 꺼내면서 흥분을 이기지 못하고 두황에게 대들었다. 그때 광경에 대한 임선수의 기억이다.

제가 1982년 5.14 시위에서 5분 데모도 못 하는 광경을 보면서 "공부하면 뭐합니까? 무기를 만들든 뭐든 해서 적의 물리력에 대항할 수 있는 무엇이 있어야 하지 않겠습니까?" 하면서 저 나름대로 불만을 이야기했다가 두황이 형에게 뒈지게 혼이 났지요. 제가 지금도 기억나는 두황이 형의 말은 "공부를 해라. 해방운동이 됐던, 혁명운동이 됐던 평생 할 수도 있을 텐데. 이론적 무장을 하지 않으면 평생 할 수가 없다."라고 하면서 2학년 1학기가 끝날 무렵 팀을 하나 만들어주더라고요. 학습팀이었지요. 경제학과에는 제가, 정외과에서는 김원수, 신방과에서는 김현민 이렇게 3명이 한 팀이 되었지요. 현민이는 1983년도에 이동석 형 후임으로 정경대 학생회장을 하지요. 3명의 학습팀이 처음에는 김희근 형하고 공부를 했고, 희근이 형 다음으로 동석이 형하고 같이 했지요. 두황이 형이 81학번을 몇 개 팀으로 나누었던 것 같아요. 두황이 형은 우리하고 같이 잘 놀았지요. 80학번 다른 선배가 뭐라 하면 빵에도 안 가면서 뭐 하느냐고 대들고 그랬지만 두황이 형이 뭐라 하면 잘 알아들었지요. 사석에서는 후배들하고 잘 놀고 그랬지만 세미나를 하거나 토론을 할 때는 엄격하고 그랬지요.

정경대 학습팀과 현대철학회 81학번들의 기억

정경대 학습팀에 대한 김현민(신방과 81학번)의 기억은 또 다른 측면을 알려주고 있다. 즉 두황이 학회 활동에 전념한 후에도 김희근이 오픈서클 활동을 하면서도 정경대 학회 활동에 지속적으로 지원했다는 것이다. 김현민의 증언을 들어보자.

저는 두황이 형하고 구체적으로 같이 일한 적은 없어요. 저는 김희근 형하고는 대화를 많이 했어요. 정경대 편집국은 단일과의 학회만이 아니라 모든 과가 참여했어요. 경제학과도 오고, 정외과도 오고, 신방과도 오고 해서 단대 차원의 모임이 되었지요. 경제학과 김종일이도 정경대 편집국 팀이었어요. 그 정경대 편집국을 김희근 형과 이동석 형이 상의를 해서 만들었어요. 3학년 2학기에 총학생회로 저를 보낸 것도 정경대 편집국의 결정사항이었어요. 두황이 형은 다른 일이 바쁜지 거의 학내에서는 보지 못했어요. 2학년 초에는 몇 번 얼굴 보고 막걸리도 한잔 하고 그랬죠. 오히려 학회 쪽 일은 김희근 형이 컨트롤을 했어요. 김두황 형에 대한 기억은 유쾌한 선배라는 것만 기억하지요. 뭐 찌든 이런 게 하나도 없었어요. 학생운동을 하면 스트레스도 많이 받고 그러는데 항상 쾌활했지요. 김희근 형은 정경대 학생회가 안정될 때까지 계속 관여를 했지요. 저는 이동석 형하고도 친했어요. 집에도 자주 갔었고. 이동석 형이 일본에 간 이후에도 한국에 올 때면 만나고 그랬지요. 정경대 학회 초기에는 김두황 형과 김희근 형이 거의 붙어다녔거든요. 그 당시 정경대 후배들을 지도하는 80학번 선배들 중에서 경제학과 역량이 제일 강했어요. 경제학과 다음으로는 정외과였는데 그 외 다른 과는 운동권 80학번들이 없었어요. 그래서 경제학과 80학번 주도로 학회와 정경대 학생회 이런 것을 다 만들었어요. 학회 활성화를 통해 운동 저변을 넓혀야 한다고 생각한 두 주역이 김두황과 김희근입니다.

자신이 3학년 때인 1983년 현대철학회 회장을 맡은 김기홍(81학번)은 두황과 있었던 재미난 에피소드를 기억하고 있다. 두황의 쾌활한 성격과 익살스런 면모를 엿볼 수 있다.

두황이 형이 서클실에만 오면 저한테 그래요. 형이 주머니에서 뒤적거리다 청자 담배를 꺼내놓고는 "담배 좀 없냐?" 그래요. 그래서 제가 한산도를 꺼내놓으면 앉은 자리에서 연속으로 한산도를 다 피워요. 그 당시 한산도가 청자보다 고급이었죠. 그러고는 자신은 약속이 있어 나가봐야겠다고 하면서 청자 담배를 가리키며 저한테 물어봐요. "이거 안 피냐?" 하면서 저를 한번 힐끗 보더니 다시 가져가 버려요. 서클실에 한번 오면 한산도 담배 한 갑을 다 작살을 내고 갔어요. 그냥 줄담배를 피우고 갔지요. 내 참 어이가 없어서…ㅎㅎ. 지금도 두황이 형의 그 넉살스러운 모습이 잊히질 않네요.

또 다른 81학번 박종현은 두황이 술 먹기 전에 흰 가루약을 먹었다고 증언한다.

두황이 형이 술을 먹기 전에 위장약을 먹는 것을 보았어요. 약국에서 조제해준 약이었죠. 하얀 가루약이었어요. 그때는 약국에서 약을 그냥 지어주었을 때였으니까. 위장은 양보해도 술은 양보 못 한다는 의지가 그 흰 가루약에 들어 있었던 것 같아요.

1981년 11월 말 문무대 109인 사건으로 제적된 박병우는 1학년 때밖에 두황을 만나지 못했다. 박병우가 새내기 시절 때 보았던 2학년 시절의 두황 모습은 어땠을까?

두황이 형도 실제 활동무대는 현대철학회가 아닌 다른 곳이었던 것이고 현철은 고향 같은 곳이라 할 수 있지요. 그래서 한 번씩 들러서 81학번 후배들하고 정서적으로 교류하고 그랬던 것 같아요. 하지만 제가 보기에 두황이 형이 우리 81학번들하고는 접촉면을 많이 가지려고 하지는 않았던 것 같은 생각이 들어요. 저는 두황이 형하고 깊숙한 이야기를 나눈 적이 한 번도 없어요. 상중이 형하고는 한 번인가 깊숙한 이야기를 나눈 적이 있어요. 앞으로 학생운동 전체적인 방향에 대해서였던 것 같은데. 그런데 두황이 형하고는 그런 적이 없어요. 우리하고 접촉면을 의도적으로 적게 한 게 아닌가 하는 생각도 들어요.

박병우와 같이 문무대 109인 사건으로 제적되고 강제징집 되었던 이범재는 "두황이 형이 술자리에서 노래를 가르쳐 주었어요. 갈숲 지나서로 시작하는 '가뭄'이라는 그 노래도 두황이 형이 가르쳐 주었어요."라고 얘기하면서 두황의 옛 모습을 떠올린다. 노래 이야기가 나오자 박종현도 "두황이 형이 전투적으로 목소리가 컸지요. 그리고 노래를 부를 때 눈을 부라리면서 부르니까 임팩트가 아주 강했어요." 라면서 두황 얘기를 덧붙인다. 이 말에 양창욱도 "두황이가 술을 먹으면 얼굴이 빨개 가지고 씩씩거리면서 돌아다니기를 잘했지. 두황이가 노래를 시끄럽게 잘 불렀던 건 사실이야."라고 거든다. 박병우 역시 한마디 하는데, 두황의 술자리 모습에 관한 얘기다. "두황이 형이 술 먹으면 얼굴이 빨개져서 씩씩거리며 팔자걸음 걷던 것도 생각나네."

이날 김두황을 기억하는 현대철학회 81학번 모임에서 두황의 유일한 여자 후배인 김미숙(사회학과 81학번)은 두황의 인간적 매력과 학생운동에 대한 열정을 엿볼 수 있는 에피소드를 얘기했다.

> 제가 1학년 말 때였어요. 어느 날 술집에서 두황이 형하고 제가 이야기를 한 뒤 두황이 형이 먼저 갔어요. 그때 부용이가 옆에 있다가 저한테 묻는 거예요. 두황이 형이 어떤 사람이냐고. 저는 말했죠. "두황이 형은 운동에 대해 엄청 진심이면서 열성적이고 또 인간적으로 엄청 따뜻한 선배야. 후배들이 어려운 일이 있으면 잘 우는 편이고, 눈물도 많아. 그리고 두황이 형은 인간을 위해서 운동을 한다."라고 대답을 해주었죠. 부용이가 상중이 형에 대해서도 물었어요. 그래서 저는 "그 형은 운동을 위해서 운동을 하는 것 같다."라고 대답했지요. 제 이야기가 어떻게 전달되었는지 모르지만 두황이 형이 스터디를

하자고 해도 빼던 후배들도 갑자기 태도가 바뀌어 두황이 형한테 몰려들었나 봐요. 두황이 형이 다음에 저한테 와서는 "너 덕분에 내가 요즈음 장사가 잘된다."라고 그랬어요. 그때부터 저를 굉장히 이쁘게 보았지요. 대신 그 말 하고 나서 제가 상중이 형에게 불려가서는 얼마나 야단을 맞았는지 몰라요. "너가 뭘 알아서 그런 이야기를 하고 돌아다니냐?"라면서 엄청 야단을 맞았지요. 그래도 그 이후로 상중 형하고도 사이좋게 지냈어요.

김미숙은 또 다른 것도 생각난다며 두황과 있었던 얘기를 잇는데 아쉬움과 북받치는 감정이 역력하다.

저는 1학년 말 우리가 하는 운동이 비전이 있는가 하는 생각이 들었어요. 이걸 두황이 형한테 물어본 적이 있어요. 저는 두황이 형이 "우리가 하는 운동은 비전이 있고, 희망이 있고, 우리는 승리할 것이다."라고 이야기할 줄 알았는데 그렇지 않았어요.. 두황이 형은 "착한 사람이 운동을 하는 것이다. 바보 같은 사람이 운동을 하는 것이다. 착하지 않고 똑똑한 사람 그런 사람이 운동을 하겠느냐. 우리는 뜨거운 가슴으로 운동을 하면서 역사의 물줄기에 보태는 물방울 하나가 되어도 좋다는 것이지 꼭 비전이 있어서 운동을 하고 그런 것은 아니다."라고 이야기를 했어요. 저는 그 말을 듣고 정말 바보가 운동을 하는 것이구나 하고 생각을 했지요. 그 뒤 형 죽음과 관련해서 생각해

대학 시절의 유일한 명함판 김두황 사진.
김두황 관련 자료에는 모두 이 사진이
실려 있다.(출처: 김두원)

조카를 안고 있는 김두황.
(출처: 김두원)

보면서 형이 조금만 약아빠지고 했으면 정통으로 죽음을 맞이하지는 않지 않았을까 하는 생각, 좀 져주는 척도 하고 그랬으면 살 수도 있지 않았을까 하는 생각, 형이 너무나 순수하고 뜨겁기 때문에 그 무슨 어떤 것을 정통으로 맞았다고 하는 생각이 지워지질 않았어요. 형을 생각할 때면 형이 저한테 해준 말이 생각나요. 조금만 더 현실적이었으면 하는 그런 아쉬움이 항상 남아 있었지요.

82학번들 오래된 기억 속의 유쾌한 선배

82학번 이완규는 제일교회 대학생부에 다니던 서울대 80학번 이백규의 동생이다. 이백규는 친동생이 고려대 82학번이 된 후 두황에게 물었다, "동생이 고대에 입학했는데 어느 서클에 가면 좋으냐?" 이에 두황은 "현대철학회로 가라고 그래."라고 대답했다. 이런 인연으로 현대철학회에 가입한 이완규의 얘기를 들어보자.

대학 들어오기 전에 친형의 영향으로 『해방전후사의 인식』 정도는 보고 들어왔어요. 형이 아는 지인을 통해 알아보니까 현대철학회가 좋다고 하니까 거기로 가라고 소개를 했어요. 처음엔 친형이 '아는 지인'이라고 말한 사람이 누군지 몰랐어요. 현대철학회를 찾기 위해 입학하고 한 10일을 서클룸을 돌아다녔어요. 학생회관 3층에 있는 것을 마지막에 찾았어요. 나중에 친형한테 그때 소개한 사람이 누구냐고 물어보니까 두황이 형이라고 하더라고요. 제가 서클에 들어오게 된 계기가 두황이 형이었는데, 막상 들어오고 나서는 두황이 형을 몇 번 보지 못했어요. 희근이 형과 상중이 형은 서클룸에서 자주 보았는데, 두황이 형은 서클룸에서 거의 보지를 못 했어요. 가끔 왔어요. 농구할 때 오곤 했죠.

현재 고등학교 교장을 하고 있는 82학번 한상현도 이완규과 비슷한 케이스다. 친형이 성균관대에서 학생운동을 하던 한상철인데, 한상철도 짧은 기간 제일교회 대학생부에서 세미나를 하면서 두황과 친분을 쌓은 적이 있었다. <u>한상철도 친동생이</u> 1982년도에 고려대에 입학하자 두황에게 어느 서클이 좋은지 물어보았다. 두황은 한상철에게 "동생 보고 몇 날 몇 시에 고대 정문 앞 석탑다방이라고 있는데 그 석탑다방으로 오라고 그래. 내가 기다리고 있을 테니까."라고 대답했다. 한상철은 집에 돌아와 동생에게 두황과의 약속을 알려주었다. 한상현의 기억이다.

저는 수학교육학과 82학번이에요. 친형이 성대에서 학생운동을 했는데 두황이 형을 알았어요. 친형이 제가 입학하고 얼마 안 되어 석탑다방에 몇 시에 가면 누가 올 거라 했어요. 그래서 혼자 가려고 하니 좀 뻘쭘해서 마침 제 고등학교 동창 중에 수교과에 같이 들어온

홍윤표라고 하는 친구가 있었어요. 홍윤표한테 어떤 선배를 석탑다방에서 보기로 했는데 같이 가자고 그랬어요. 홍윤표의 친형이 홍갑표 형이라고 성대 80학번으로 성대에서 유명한 학생운동가예요. 저의 친형도 성대80이니 윤표하고 저는 완전 닮았죠. 그렇게 해서 윤표하고 같이 석탑다방에 갔는데 두황이 형이 먼저 와 있었어요. 저를 보자마자 "너가 상현이구나." 딱 이러는 거예요. 그게 두황이 형이었어요. 다른 이야기도 안 하고 "나랑 같이 갈 데가 있어." 하면서 바로 학생회관 3층으로 우리 둘을 끌고 가는 거예요. 그렇게 두황이 형이 저하고 윤표를 악의 구렁텅이(?)로 빠트렸던 거지요. 그때 서클실에 아마 상중이 형하고 영숙이 형이 있었던 것으로 기억해요. 그래 가지고 이야기를 하는데 상중이 형도 "너가 상현이고 너가 윤표구나." 하면서 거의 다 아는 듯이 이야기를 하더라고요. 저는 속으로 이 사람들 도대체 뭐지 그런 생각이 들었어요. 그런데 현대철학회 들어오고 나서는 두황이 형을 만난 적이 거의 없어요. 이야기도 거의 나누지 못했지요. 그래서 두황이 형과 특별히 남는 기억은 없어요.

1984년 1월에 군에 입대해 두황이 소속되어 있는 22사단 55연대 2대대 군수과에서 군대 생활을 한 박범관(82학번)은 두황의 섬세한 감수성과 폭넓은 네트워크에 대해 얘기한다.

두황이 형은 자신의 시집 노트가 있었어요. 두황이 형이 감수성이 풍부했잖아요. 자기가 좋아하는 시를 쓴 노트를 서클실에 가져와 펼쳐 들고는 후배들에게 읽어주고 그랬지요. 그에 반해 상중이 형은 〈오적〉 같은 시를 복사한 것을 바지 주머니에서 꺼내서 저희들한테 읽어보라고 주고 그랬지요. 저희들 눈에 성의 같은 게 차이가 나는구나 하고 인식되었지요. 80학번 형들 중에서 서울대나 연대나 성대 등 대학 간 연결 핵심고리는 두황이 형이었던 것 같아요. 대학 네트워크 상의 고대 연결고리는 두황이 형이지 않을까 그런 생각을 했어요.

현재 영화평론가로 유명한 오동진(82학번)의 오랜 기억에서도 두황의 존재는 명랑하고 유쾌한 선배였다.

제가 두황이 형을 처음 볼 때부터 언더라고 생각했어요. 그 당시 제가 방배동에 살았어요. 부자 동네 산다고 애들한테 저는 왕따였어요. 마마집 같은 데 우리가 술을 마시고 있으면 두황이 형이 어느새 옆에 앉아 있어요. 역시 언더다웠어요. 두황이 형에 대한 저의 기억에는 보통 선배들처럼 거대담론 이야기를 잘 안 하는 선배였어요. 그냥 놀다 갔어요. 우리하고 농담하고 노래 부르고 갔어요. 저는 두황이 형을 생각하면 항상 명랑하고, 유쾌하고, 재미있는 사람으로 기억하고 있어요. 두황이 형이 눈썹도 짙고 굵게 생겼잖아요. 약간 아랍 형이잖아요. 형이랑 술을 같이 먹을 때면 신나게 이야기하다가도 어느새 사라지곤 했어요. 역시 언더였어요. 두황이 형은 저한테 심각한 사람이 아니고 우리랑 잘 놀다간 사람이었어요. 81학번 김종혁 이런 형이 우리한테 심각한 이야기를 하면 "하지 마! 하지 마! 술 마셔! 술 마셔!" 그랬어요. 저는 두황이 형을 서너 번 주로 술자리에서 만났지요. 그 형은 서클실에서 활동하는 형이 아니었어요.

학도호국단장 선거와
80학번 세미나 팀

80년 서울의 봄 당시 전국 각 대학에서 직선제로 총학생회장을 뽑았다. 하지만 5.18 쿠데타로 집권한 전두환 신군부 독재정권이 들어서자 학생회장 직선제를 폐지시켰다. 대신 대학 당국이 임명하는 학도호국단 체제로 바뀌었다. 하지만 완전 임명제는 너무 명분이 서지 않아 1981년 6월 고대의 학도호국단장 선거에서는 80명 정도의 운영위원이 호국단장을 뽑는 간선제로 바뀌었다. 1981년 6월 간선제에서 무투표로 당선된 호국단 집행부가 학생들이 내는 호국단비 예산안 처리 회의 때 비공개를 주장하면서 공개회의를 주장하는 단대장들하고 마찰을 빚기 시작했다. 그러다가 1981년 9월 중순에 학도호국단 집행부 내부에서 폭력사태가 일어나면서 집행부가 전원 사퇴하는 일이 벌어졌다. 1981년 9월의 호국단의 일괄사퇴로 1981년 10월 6일에 보궐선거를 실시했는데 박종혁을 비롯한 학생운동권에서 적극 대응해 이근규를 학도호국단장으로 당선시켰다. 그렇게 해서 5.18 이후 처음으로 운동권에 우호적인 호국단이 출범하게 되었다.

총력전으로 준비한 1982년 학도호국단장 선거

이근규는 국문과 79학번으로 사회과학연구회에서 활동한 경력을 가진 호국단장이었다. 이근규 호국단장이 당선되고 한 달 만인 11월 4일에는 임원진이 구성되었다. 총무부장에 강경호(생물학과 79학번)가 임명되었다. 이근규 체제 호국단은 문무대 사건 서명운동이 벌어졌을 때도 적극적으로 참여하는 등 학생운동권에 우호적인 정책을 펼쳐 나갔다.

해가 바뀌어 1982년 5월에 되었을 때 학도호국단이 축제 거부운동에 나섰다. 학생회관 3, 4층에 포진한 각 이념서클들은 3학년인 80학번들이 회장을 맡고 있었고, 이들이 오픈서클 회장단 모임을 구성해 서클 활동과 관련한 각종 학내 일들을 공동으로 대처하고 있었다. 오픈서클 회장단 모임 간사 역할은 현대철학회 회장 김희근이 맡았다. 80학번들의 회장단 모임은 학도호국단 총무부장 강경호와 여러 차례 회의를 거치며 소비적이고 향락적인 축제가 시기적으로 맞지 않다고 결론을 내리고 축제 거부를 결정했다. 그렇게 해서 1982년 5월 축제는 호국단 주최로 이루어지지 않았다.

이근규 호국단 체제에서 마지막으로 한 사업은 1982년 6월의 호국단 선거를 앞두고 대의원 숫자를 늘리는 작업이었다. 이 작업을 위해 당시 경제학과 학회장 손학붕, 국문과 학회장 안선덕, 정외과 학회장 주재환 등이 이근규 집에서 모이는 등 여러 차례 회의를 거치며 대의원 숫자를 대폭 늘렸다. 학생들의 숫자에 비례해 각 학과 대의원 숫자를 정했다. 학도호국단 선거가 임박하자 학생운동권 내부에서도 이에 대한 대응체계를 준비했다. 그런데 당시 학도호국단장에 출마하려면 학점이 3.0 이상이어야 입후보 자격이 있었다. 80학번 중 학점이 되는 자격자 찾기에 돌입해 결국 진창원이 추천되었다. 진창원은 법대 단과대 서클인 법률행정연구회 출신이며 법대에서 학회 활동을 주도하고 있던 인물이었다. 진창원이 학도호국단 입후보자로 결정된 뒤 선거운동을 진행하는 데 있어 경험 있는 사람이 필요했다.

겨레사랑회 출신이지만 스피치연구회 활동도 했던 김현식(법대 76학번)이 80학번들의 요청을 받아 학도호국단 선거 사령탑을 맡았다. 김현식은 고등학교 때 웅변대회에 나갈 정도로 그 방면에 일가견이 있어 진창원의 스피치 훈련을 맡았다. 진창원과 맞설 상대편 후보는 장현(수학교육과 77학번)이었다. 장현은 광주일고 출신으로 1980년 신계륜 총학생회장 선거 때 찬조연설을 하기도 했던, 웅변을 매우 잘하는 후보였다. 선거 연설에서 너무 밀리면 부동표가 장현 쪽으로 몰릴 수 있다고 생각한 김현식은 자신이 직접 찬조연설자로 나서 진창원의 스피치 부분에서의 열세를 최소화하려 했다. 이를 위해 김현식은 이근규 학도호국단에 자신이 찬조연설을 할 수 있도록 정식으로 요청했고 그것이 받아들여졌다.

성북서 개입으로 다 잡았던 승리를 도둑맞았지만

선거 당일이 되어 학도호국단 대의원들이 강당에 모였다. 찬조연설자 연설, 후보자 연설이 차례로 벌어졌다. 찬조연설에서는 김현식의 연설로 분위기를 장악했지만 후보 연설에서는 진창원이 장현에게 너무 밀렸다. 연설이 끝나고 선거인단들의 투표가 진행되었다. 1차 투표 결과 과반 득표의 후보자가 나오지 않았다. 그런데 2차 투표에 돌입하기 전 장현 후보 쪽 대의원 일부가 투표장을 빠져나가 이탈하는 일이 생겼다. 이들은 1차 투표가 끝나고 길어지는 투표시간을 견디지 못해 나가 버린 것이다. 그렇게 되자 2차 투표는 진창원의 손쉬운 승리로 끝나게 되었다. 조직표가 강한 진창원 후보가 50프로를 넘겨 당선된 것이다. 그런데 성북서가 가만있지 않았다. 운동권에서 호국단을 장악하면 골치 아프다고 판단한 성북서가 선거에 개입했다.

　성북서는 은밀하게 정보를 전하며 장현 후보 쪽을 부추겼다. 진창원 후보를 지지한 대의원 중에서 자격 미달인 사람이 있다는 게 성북서가 건넨 정보였다. 이에 장현 측은 진창원의 당선이 무효라 주장하며 이의를 제기했다. 진창원을 지지한 학회장들의 학점에 문제가 있는데 이들 학회장들이 추천한 대의원들 역시 자격이 없다는 논리였다. 선거관리위원회는 장현 측 이의 제기를 받아들였다. 경제학과와 정외과 학회장 학점이 3.0 미만이기에 학회장 자격이 없다고 판단했고 또 이들 학회장이 추천한 경제학과와 정외과 대의원들도 결격사유에 해당한다고 결론을 내린 것이다. 결국 선거는 무효화됐고, 학교 당국은 방학 전 재선거 실시를 요구했다.

　학교 당국의 재선거 요구를 접한 김현식은 시기적으로 방학 전 재선거가 불합리하고 일방적이라 판단했다. 무엇보다 1학기 기말고사가 코앞인 시점이라 학생들의 관심과 참여가 현저히 떨어질 게 자명했기 때문이다. 이런 점을 고려해 2학기 9월 초에 재선거를 하는 게 좋겠다고 장현 후보 측에게 제안해 그렇게 합의를 했다. 학교 당국이 정한 마감 시간까지 양쪽 후보가 같이 있으면서 입후보를 하지 않기로 한 것이다. 그런데 장현 후보 측에서 마감 시간 임박해 화장실을 갔다 온다고 하면서 몰래 입후보 등록을 해버렸다. 이에 학교 당국은 장현 후보 단독 출마에 의한 무투표 당선을 선언했다. 장현 진영의 기습적인 반칙 행위에 당황하고 분노했지만 진창원 진영에서는 문제를 이슈화할 시간적 여유가 없었다. 기말고사에 이어 곧바로 여름방학에 들어가는 시점이었기 때문이다.

결국 장현 후보에게 사기를 당하고 말았지만 호국단장 대의원 선거는 그동안 성장해오던 학회 활동의 위력이 처음 드러난 사건으로 고대 학생운동사에 이름을 남기게 되었다. 두황도 대의원 등록을 독려하며 열심히 뛰어다녔지만 만족할 만한 결과를 얻지 못해 아쉬워했다. 하지만 학회 성장을 지켜보면서 희망을 마음속 깊게 가질 수 있게 되었다.

83년을 준비하기 위한 80학번들의 세미나 모임

5.14 시위팀 멤버들이 시위 주동과 함께 학생운동을 정리하기 전, 학내에 남아 있던 79학번들과의 역할분담의 대략적 결론은 '양동주가 언더를 맡고 김덕균이 학회를 책임진다.'는 거였다. 이에 따라 언더 활동을 책임지게 된 양동주는 6월 말 여름방학에 접어들자 오픈서클에서 활동하는 80학번들을 차출했다. 현대철학회는 김헌을 통해서 차출했다. 김헌은 양동주의 80 세미나 모임에 두황과 남영숙을 내보냈다. 사회과학연구에서는 유용화가 인문학연구회에서는 이

재현이 합류했다. 또 여성문제연구회에서는 임현주, 경제철학회에서는 홍기원, 기독학생회에서는 강재형이 나왔다.

이 80세미나 모임에서 7차례에 걸쳐 세미나가 진행되었다. 양동주는 당시 최장집 교수가 소개하고 있던 기예르모 오도넬의 이론 등을 커리큘럼에 포함시켰다. 오도넬 이론은 자본주의 강대국에 종속된 관료주의적 권위주의 체제에 놓여 있는 당시 남미 국가를 모델로 한 정치학 이론이다. 세미나 교재가 영어 원서로 30페이지가 넘었다. 교재를 다 읽어오기도 벅찼고 명징한 결론을 얻어내기도 쉽게 않았던 내용으로 대학원 세미나에 어울릴 법한 텍스트였다. 7차례의 세미나를 통해 통일적인 투쟁노선과 조직노선에 대한 방향성을 이끌어내는 데 도움이 되는 텍스트와는 다소 거리가 있었다. 남미의 정치적 상황과 사례를 통해 한국의 민주주의 과제를 이해하고 살피는 데 유용한 정보를 제공하는 측면이 있었지만 함께 고민해 보자는 수준에서 토론이 제한되었다. 그럼에도 두황은 세미나 준비에 누구보다 진지하게 임했고 준비 또한 열심이었다. 아쉽게도 이 모임은 7번의 세미나 진행 후 한 차례의 강촌 엠티를 끝으로 더 이상 이어지지 않았다. 그리고 이 모임이 79학번의 80학번을 위한 마지막 수업이 되었다.

3인 회의 체제 출범과
통합조직을 향한 발걸음

두황이 81학번 핵심 멤버들을 지극 정성으로 지도하고 함께 학회 활동 개척에 나서고 있을 때다. 두황은 개별 학과마다 학회를 만들고 동시에 단과대 차원의 편집부와 문화패를 두는 전략을 실행에 옮기고자 했다. 문과대의 경우, 학회 활동을 이끌 81학번 핵심 멤버로 김창현을 선택한 두황은 문과대 문화패를 책임질 적임자로 국문과 안선덕(80학번)을 염두에 두었다. 이 문화패 결성을 위해 두황은 안석덕의 국문과 동기 윤경진에게 부탁을 했다. 윤경진을 통해 '사귀자'라는 말을 안선덕에게 전했다. 그렇게 해서 두황을 만나게 된 안선덕의 얘기를 들어보자.

윤경진이 어느 날 내게 오더니 두황이가 너하고 사귀자고 한다고 알려 왔어. 그러고는 경진이가 "선덕이 너가 덩치가 커서 두황이가 너 옆에 서면 고목나무에 매달린 매미 같겠다."라고 하면서 한참 웃었어. 그런 후 얼마 있다 두황이를 만나게 되었어. 두황이가 내게 물었어. "너 경진이가 전하는 말 들었어?" "응 들었어." "어떻게 생각해?" "난 별 관심 없어." 그렇게 농담을 주고받으면서 얘기를 나눈 게 기억나. 그리고 이것도 생각나네. 1982년 3학년 때 내가 국문과 학회장을 할 때 일이 있어 경제학과 학회실을 올라간 적이 있었어. 경제학과 학회실 문을 열었는데 그때 마침 두황이가 콘돔을 엄지손가락에 끼고 후배들에게 콘돔 사용법에 대해 설명하고 있는 중이었던 모양이야. 내가 갑자기 문을 열어서 그 장면을 목격한 것인데, 두황이 얼굴이 한참 동안 새빨개졌던 것이 기억이 나네. 3학년 학회장을 할 때 81학번 김창현이가 어느 날 와서 자기가 앞으로 문과대 학회를 책임질 것 같은데 누님이 문과대 문화패를 책임져주면 좋겠다는 말을 했어. 그 말을 듣고 생각해 보니 창현이의 제안 뒤에 두황의 문과대 학회 전반에 대한 계획이 있다는 걸 알게 되었어. 조금은 싸해지는 기분이 들었어. 잡놈 기질이 있었던 것 같긴 하지만 정말 맑고 유쾌한 친구였는데….

편지에 적어 보낸 김지하의 시 한 편이 유서로 둔갑

남영숙은 두황과 서클실에 둘이 있을 때면 시집을 꺼내놓고 시 읽기를 하곤 했다. 두 사람 모두 김지하의 시집 『타는 목마름으로』(창작과비평사, 1982)를 특히 좋아했다. 두황이 갑작스레 강제징집을 당한 후 남영숙은 두황에게 편지를 썼다. 그 편지에 김지하의 시 〈끝〉을 적어 보냈다. 자주 같이 낭독하던 시였다. 당시 김지하의 시는 거듭되는 투쟁과 투옥 속에서 만들어진, 민주화를 애타게 염원했던 이들의 가슴속 비원의 열망이었고 가장 강력한 정치적 메시지였다. 질식할 것 같은 시대의 목마름과 현실 인식을 비극적 서정성으로 형상화한 김지하의 시 〈끝〉을 두황은 좋아했고 낭독을 하곤 했다. 그만큼 두황이 감수성이 섬세했고 시적 응전에 대한 치열한 정서와 혁명적 낭만성이 풍부한 청년이었다. 그런 두황을 잘 이해하고 함께 그 정서를 나누었던 남영숙의 편지는 분명 가장 뜨거운 위로의 마음이었다.

그런 마음을 담은 남영숙의 편지가 두황의 유서로 둔갑하는 일이 벌어졌다. 청천벽력이었다. 두황이 죽고 난 후 군 헌병대는 조서를 통해 두황이 자살했다고 발표했고 그 근거로 남영숙에게 받은 편지에 적혀 있던 김지하의 시 〈끝〉을 들었다. 그 일로 인해 남영숙은 엄청난 충격을 받았다. 이후 남영숙은 김지하의 시를 읽을 수 없었고 절대 읽지 않았다고 한다. 남영숙의 말을 들어보자.

그때 두황이 군대 주소는 서클실에 있어서 누구나 주소를 다 알았어. 그래서 나도 편지하고 김숙이도 편지하고 그랬던 거지. 나는 좋아하는 친구니까 또 불쌍하니까 보낸 거고. 김숙이는 존경하는 선배니까 또 보낸 거고. 나도 뭔 맘으로 김지하의 〈끝〉이라는 시를 보냈는지 나도 잘 몰라. 두황이하고 서클실에서 자주 시를 읽었어. 김지하, 김수영, 신경림 등 그 당시 운동권이 많이 읽었던 시를 읽었어. 나는 항상 가방에 시집을 넣고 다녔어. 두황이도 그랬어. 둘이서 서클실에서 노닥노닥거리다가 시도 같이 읽고 그랬어. 그러니까 같이 읽었던 시 중에서 보낸 게 우연히 '끝'이란 시였던 거야. 그렇게 끌려갔으니까 애틋해서 그런 시를 보낸 게 충분히 개연성이 있잖아. 두황이는 후배에게도 애정을 갖게 만드는 캐릭터였어. 그런 면에서 다른 애들보다 눈에 띄는 애였어. 외모나 뭐나 믿게 만들고 의지하게 만들고 사랑스럽게 만드는 캐릭터였지. 내가 정말 그런 친구로서 좋아한 거지. 두황이에 대한 생각과 희근이나 상중이에 대한 생각이 완전히 달라.

정보기관 압력으로 보직교수가 가정방문에 동원

두황이 경제학과 학회 총무 역할을 맡게 되면서 성북서가 두황을 주시하게 되었다. 당시 학생회관 2층이 있던 장학과에 성북서 형사, 보안사 담당, 치안본부와 안기부 요원들이 매일 찾아와 고대 학생운동 정보를 요구했다. 이에 장학과에서는 새로 들어온 정보를 매일 아침 리포트 형식으로 각 부처에서 나온 정보요원들에게 제공했다. 두황이 경제학과 학회 총무를 맡아 세미나를 주도하고 서관 시계탑 7층에 학회실을 만든 정보들이 성북서에 들어간 이후, 성북서가 장학과에 압력을 넣어 가정방문을 요구했던 것으로 보인다.

문제 학생들에 대한 대책을 마련하겠다는 명분으로 회의를 열어 그 자리에서 명단이 작성되면, 장학과가 주도해 해당 학생의 집을 방문하는 방식이었다. 이를 위해 장학과는 각 학과의 보직 교수들을 동원해 가정방문 형식으로 해당 학생들의 집을 방문하게 했다. 주로 여름방학을 이용해 이뤄진 이 가정방문은 학생들의 부모에게 겁을 줌으로써 자녀들의 행동을 단속해 보겠다는 치졸한 학생운동 탄압이 그 목적이었다. 보직 교수들이 학생들의 집에 찾아가 "당신 아이가 학교에서 공부는 안 하고 데모만 하고 다니는 문제아인데, 이를 그냥 두면 큰 문제가 발생하니 좀 집에서 잘 지도를 해주면 좋겠다."라고 말하는 식이었다.

당시 오픈서클 경제철학회 회장을 맡고 있던 홍기원 집에도 학교 측의 가정방문이 있었다. 1982년 여름방학 때 보직 교수가 수박 한 덩이를 들고 홍기원 집을 방문해서는 밭에서 일하다 급히 불려온 부모에게 "당신 아들이 공부는 안 하고 사회과학 서클 회장직을 맡고 있다. 보통 공대생은 공부하기 바빠서 그런 것 꿈도 못 꾸는데 당신 아들은 엉뚱한 짓을 하고 있다. 당신 아들을 그냥 두면 크게 문제가 될 것 같으니 집에서 잘 지도했으면 좋겠다."라고 얘기했다. 경남 진해에 있던 홍기원의 집까지 보직교수가 찾아간 것을 보면, 학교 당국에 대한 정보기관의 압력이 얼마만큼 거세었던지를 잘 알 수 있다. 또한 고대 학생운동에 대한 정보기관들의 치밀한 감시 활동이 대단히 조직적으로 행해졌음을 알 수 있는 대목이기도 하다.

가정방문으로 인해 집안이 뒤집어지고 결국 가출까지

대학의 교수가 느닷없이 집을 찾아와 문제아 운운하게 되면 집안이 발칵 뒤집어지고 부모 마음에는 큰 근심거리가 생기기 마련이다. 두황의 집에서도 같은 일이 벌어졌다. 두원의 기억이다.

학교에서 말썽부린다고 교수가 가정방문을 한번 왔지. 두황이 3학년 때 온 것 같아. 그래서 집에서 난리가 났지. 우리 집도 줄줄이 대학생들이 많은데 대학에서 가정방문을 온 것은 처음이었지. 아니 무슨 일이 있었길래 가정방문이야 그랬지. 당시 어릴 때부터 한집에서 살았던 이모님과 이모부가 계셨는데, 한 가족처럼 지냈고 이종사촌 누님하고도 친했지. 그래서 자연 그 매형하고도 잘 알았는데, 그 매형이 치안본부에 근무하고 있었거든. 교수가 집에 찾아온 이야기를 하며 매형한테 뭔 일이냐 물어보았지. 학교에서 왜 가정방문을 하며 두황이가 블랙리스트에 올랐는지 확인 좀 해 달라 그랬지. 그런데 매형이 알아보고 와서는 블랙리스트에 오르지는 않았다고 그러대. 그러면서 되도록 빨리 군대 보내는 것이 좋겠다고 이야기하더라고. 애를 운동권하고 분리시켜 줘야 한다고 그러더라고. 그래서 그 말을 듣고 등록금을 안 줬는데, 두황이가 출판사에서 번역거리를 구해다 등록금을 마련해 학교에 다닌 거지. 뒤에 두황이를 만나서 두들겨 패지는 않았지만 어머니, 아버지를 생각해서 걱정 안 하시도록 처신을 잘했으면 좋겠다고 그랬지. 등록금을 안 주니까 집에 안 들어와서 두황이를 찾으러 8시간 길에서 잠복도 하고 그랬지. 두황이를 잡으러 갔는데 두황이를 보지는 못했어. 누구네 집에 있다고 해서 거기를 찾아간 거지. 어디 산동네였던 것 같아. 군대를 보내려 했지만 뜻대로 되지는 않았고, 얼마 있다가 두황이가 집에 들어왔던 것 같아. 그리고 다음 학기 때는 집에서 등록을 해주었는데 그런 일이 생겨버린 거지.

두원이 두황을 찾아 고려 캠퍼스를 헤매고 있을 때, 두황의 화곡동 집 이사를 도우러 갔던 이종민이 두원의 모습을 보았다. 그 광경에 대한 이종민의 기억이다.

어느 날, 서관에서 민주광장 쪽으로 내려오다가 근심 가득한 표정의 두황 선배의 둘째 형을 보았어요. 이사를 도우러 갔을 때 본 적이 있는 두원 형에게 인사했어요. "안녕하세요? 전에 이사하던 날 뵈었던 두황 형의 후배, 이종민입니다." "아? 그래요? 맞아요. 날 알아보시네. 다행이다. 여기 아는 사람이 없어서 헤매는 중이었는데." "여긴 웬일이세요?" "두황이가 며칠째 집에 안 들어와서 걱정이 되어서 왔어요." "저도 서클을 그만둔 지 한참 된 상태라 최근에 두황 형 소식을 들은 적이 없어 잘 모릅니다. 학생회관 3층 현대철학회 서클로 가보시면 알 수 있을 거예요." 이사를 도우러 두황이 형 집에 갔던 날에 느꼈던 나의 복잡한 심경과 예측이 현실에서 보게 되는 순간이었어요.

뜨거운 열기로 진행된 일본 역사교과서 왜곡 규탄 시위

여름방학이 한창이던 1982년 7월 21일부터 동아일보, 조선일보 등 일간지에 일본 제국주의의 침략을 미화하는 일본 역사교과서 왜곡문제가 일제히 보도되었다. 전두환 정부도 즉각 일본에 진상규명을 공식 요구하고 대응책 마련에 나서며 일본의 교과서 왜곡 시정을 강력 촉구했다. 일본 스즈키 내각은 8월 26일 일본 정부의 공식 견해를 한국 정부에 통보했다. 1985년부터 시정해 앞으로의 검정 땐 과거사에 대한 반성을 반영하겠다고 했다. 일본 측 입장을 확인한 전두환 정권은 국민 여론이 반영된 결과로 간주했고, 8월 28일에는 독립기념관을 1983년에 착공해서 87년까지 완공하겠다고 발표했다. 아울러 독립기념관 건립을 위한 범국민성금운동을 벌이겠다면서 '극일의 길'로 가자는 대대적인 홍보전을 벌였다. 일간지들은 일제히 각계각층의 국민 모금 상황을 8월 31일부터 보도하기 시작했다.

9월이 되어 개학하자마자 일본 교과서 왜곡에 대한 학생들의 목소리가 높아졌다. 7월 하순부터 8월 한 달 내내 일간지 일면을 장식한 일본 교과서 왜곡에 대한 전두환 군사독재정권의 대응이 미온적이라 비판했다. 학내의 여론이 들끓기 시작하자 장현 학도호국단에서도 일본 교과서 왜곡 문제에 대해 반응을 보일 수밖에 없었다. 그 일환으로 9월 8일 중앙도서관 4층 회의실에서 학도호국단 학술부 주최로 '한일관계의 재인식'이란 주제의 교양강좌를 준비했다. 학생운동권 입장에서 매우 좋은 기회였다. 일본 교과서 왜곡 사건 관련 교양강좌에 적극적으로 참여하기로 하고 최대한 많은 학생들이 참여하도록 계획을 세웠다.

긴급하게 오픈서클 80회장단 모임이 소집되어 최대한 동원하기로 뜻을 모았다. 두황은 유용화, 남영숙 등과 학교 앞 다방에서 사전모임을 갖고 학회에서의 동원 문제를 논의했다. 그리고 양창욱과 대중강좌 당일의 대응방안을 논의했다. 학도호국난 교양강좌가 끝나는 시점에 문과대 학생회장 성정한이 성명서를 발표하는 것과 정외과 학회장 주재환이 학도호국단에 요구하는 발언 등의 계획을 논의했다. 이에 따라 양창욱은 '일본 역사교과서 왜곡 사건'에 대한 항의 성명서를 진창원, 손학붕, 성정한, 이동석, 박종길 등과 준비했다.

9월 8일 대중강좌에 1천여 명의 학생들이 운집해 북새통을 이뤘고 열기는 뜨거웠다. 학생운동권 내부에서 적극적으로 동원한 결과였다. 대중강좌가 끝나자 계획한 대로 문과대 학생회장 성정한(철학과 80학번)이 발언 기회를 요구해 성명서를 발표했다. 성명서 내용에는 '일본 교과서의 역사 왜곡 대책을 위한 학도호국단의 운영위원회 소집'을 요구하는 내용이 포함돼 있었다. 이어 정외과 학회장 주재환이 나섰다. 주재환은 장현 학도호국단의 6월 선거 과정에 대해 "진창원 후보가 대의원 선거에서 정당하게 당선되었음에도 불구하고 장현 측의 부당한 이의제기로 투표가 무효화되었다. 또한 9월 초에 재선거를 하자고 합의해놓고 어떻게 뒷구멍으로 등록해서 무투표 당선이 될 수 있느냐? 무투표 당선이란 있을 수 없다."라면서 장현 호국단의 불신임을 주장해 학생들의 큰 박수를 받았다.

대중강좌가 끝나고 도서관 1층에 집결한 학생들은 도서관 입구에서 스크럼을 짜고 "역사왜곡은 군국주의 부활이다!", "일본은 제2의 침략을 획책하고 있다!" 등의 구호를 외치며 경영대와 박물관 앞을 거쳐 본관과 홍보관 앞까지 행진했다.

1982년 7월 21일 자 동아일보 1면.
이때부터 일본 교과서 왜곡에 대한
중앙일간지의 보도가 8월 말까지 이어졌다.
당시 일본 교과서 왜곡 사건이 연일
주요 일간지들의 헤드라인을 장식했다.
(출처: 동아일보사)

1982년 9월 8일 일본 역사교과서 왜곡 반대 시위 모습.
도서관에서 일본 교과서 왜곡에 관한 강연회가 끝나고 자연스레 시위로
이어졌다. 1,000여 명의 시위대가 도서관 앞에서 스크럼을 짜고
격렬하게 구호를 외치면서 돌고 있다. (출처: 고대신문사)

교내 곳곳에서 시위를 벌어지자 교직원들이 동원되어 저지했지만 이를 뚫고 2시간 가까이 시위를 계속했다. 이 시위에서 "미온적 대일관계는 정부의 무능력이다!"라고 외치며 정부에 대한 성토 목소리도 높였다.

미진했던 후속 대응과 79학번의 일선 후퇴

학도호국단의 교양강좌라는 절호의 무대를 이용해 시위를 이끌 79학번의 주동 문제는 결국 해결되지 못하고 일본 교과서 왜곡 항의시위는 힘없이 끝나고 말았다. 일본 교과서 왜곡 문제 시위를 기점으로 79학번은 고대 학생운동에서 발언권이 거의 없어지는 단계로 넘어가고 말았다. 79학번이 4학년으로서 책임을 지고 나가야 할 때 책임을 못 져준 것이다. 이때부터 남아 있는 79학번에 대한 '기회주의자' 비판이 80학번에서 거세게 일어났다.

한편 학도호국단 교양강좌가 끝나고 성명서 발표를 주도한 성정한은 양창욱, 손학붕과 함께 잠시 '도발이'를 쳤다. 양창욱은 이때 나이트클럽을 처음 경험하게 된다. 부천에 있는 나이트클럽이었다. 이 나이트클럽에 이건탁이란 인물이 있어 도피 장소를 구할 수 있었는데, 손학붕이 이건탁과 잘 아는 사이였다. 이건탁 사촌이 고대 경제학과 80학번이었고, 이를 계기로 손학붕과 이건탁이 친해졌다. 이건탁은 손학붕과 친해진 후 세상 이야기도 많이 나누었던 80학번 또래였다. 이건탁은 사회생활을 하는 사람이라 직업도 다종다양했고 도발이를 칠 때 다양한 장소를 제공할 수 있었다. 훗날 이건탁은 노회찬이 인천에서 노동운동을 하며 인민노련 활동을 할 때 경동산업에 취업해 파업을 주도하는 노동운동가로 변신한다.

일본 교과서 왜곡을 규탄하는 학내 시위 준비과정에서 지도력을 발휘하지 못한 79학번이 이 시점을 계기로 학생운동 지도권을 80학번에게 물려주게 된다. 일본 교과서 왜곡 사건 이후 두황도 제일교회에 치중하는 김헌과 결별하고 주전론으로 자신의 입장을 정리한다. 그때의 상황은 김헌의 증언에서 잘 드러난다.

1982년 가을경부터 두황이가 주전론적인 입장으로 전환해 활동했고, 저는 제일교회의 입장을 알리고 이를 학내에 관철하려는 선배로 비쳤을 겁니다.

새로운 구심, 김두황·김희근·박상중의 3인 회의체계

79학번들의 일선 후퇴 이후 고대 학생운동의 전개는 김두황, 김희근, 박상중 3인의 회의 체제가 주도적인 역할을 하는 양상으로 바뀌었다. 3인 회의 체제가 최우선적인 과제로 설정한 것은 고대 학생운동 역량 강화를 위한 통합조직 구성이었다. 이들 3인이 통합조직 건설을 위한 활동에 매진할 때 겨레사랑회 선배 그룹들이 적극적인 지원을 아끼지 않았다. 결과적으로 겨레사랑회 80학번 3인이 선두에 서고 이를 겨레사랑회 선배들이 뒷받침하는 형태로 고대 학생운동의 중심적 활동이 전개되는 양상이었다. 1982년 9월 이전에는 '복덕방' 홍순우가 그 선배 역할을 맡았고, 그 이후에는 이승환이 그 역할을 이어받았다.

이승환은 5.18 이후 학교를 떠났다가 다시 복학한 경제학과 76학번이다. 이승환은 선배의 권유나 소개 없이 자신의 발로 직접 겨레사랑회의 전신이었던 고전연구회를 찾았던 사람이었다. 그는 1학년 때부터 고대 내에서 배운 학습 세미나가 부족했던지 발길을 넓혀 교외서클과 종로 5가 연동교회 활동을 병행했다. 교외서클에서는 서울대 이범영 등의 농법회 사람들과 어울려 세미나를 가졌고, 연동교회에서는 서울대 무림그룹의 이론가 77학번 김명인 등과 심도 깊은 학습에 매진했다. 그러다가 1978년 6.26 광화문 연합시위 때 구속되어 1979년 7.17 제헌절 특사로 나올 때까지 1년 넘게 '빵살이'를 하고 나왔다. 이후 병역대책위원회에서 활약하다가 80년 서울의 봄 시기에 복학생대책위 간사 역을 맡았다. 이승환은 1979년 12.12 쿠데타로 집권한 신군부의 출현을 지켜보면서 다시 군인들이 지배하는 군부독재 시기가 올 거라는 정국 인식하에 후배 양성에 힘을 기울였다. 이때 쌓은 현대철학회(겨레사랑회) 80학번들과의 친밀성이 훗날 80학번들과의 활동 재개 때 소통의 자산이 되었다.

이승환은 5.18 이후 2개월 도피생활을 하다가 성북서에 자수를 한 뒤 조사를 받고 나왔을 때 무기정학 처분을 받았다. 그렇게 되자 노동운동에 투신하기 위해 구로와 주안 하인천 현장생활을 하게 되었는데, 그 시기 전민노련 사건이 터졌다. 하지만 전민노련과 아무 관련이 없음에도 수배가 되어 다시 도피생활에 들어갔다. 제법 긴 도피생활 끝에 1981년 10월 치안본부 대공분실에서 조사를 받고 박선오와 함께 훈방되어 나오게 된다. 현장생활이 본의 아니게 중단되면서 다시 학생운동에 관심을 갖게 되었고, 1982년 9월에 복학이 가능해지자 학교로 돌아와 학내활동을 재개했다.

80년 5월 이후
처음으로 사과탄이 터진 11.5 시위

이승환은 복학과 함께 예전부터 알고 있었던 80학번 3인과 고대 학생운동 주요 이슈들을 논의하며 본격적인 활동에 나섰다. 그의 가세는 80학번 3인에게 이론적으로나 경험적으로 큰 힘이 되었다. 뿐만 아니라 이승환의 폭넓은 인적 네트워크도 실질적인 도움이 되었다. 대학 1학년 때부터 활동했던 교외서클과 연동교회 그룹 그리고 빵에서 만났던 타 대학 사람들, 병역대책위원회 활동 때 교류를 했던 타 대학의 주요 인물들 등 이승환의 인적 네트워크는 매우 다양했고 탄탄했다.

이승환은 복학 후 대학 간 연대조직 결성에 큰 관심을 두었다. 자신의 인적 네트워크에서 알게 된 타 대학의 많은 학생운동 인물들과 계속 교류하면서 이 문제의식을 고대 내부에 공유하려 했다. 그는 개별 대학 차원의 분산적인 활동이나 시위로는 공안권력의 공세나 탄압을 당해낼 수 없다고 지적하면서 대학 간 연대투쟁의 중요성을 강조했다.

고대 학생운동권 통합조직 결성 움직임 본격화

이승환의 복학은 여러 측면에서 경제학과 3인이 온 힘을 기울이고 있는 통합조직 결성에 힘이 되어 주었다. 김두황, 김희근, 박상중 3인은 같은 현대철학회 소속이고 또 같은 경제학과인 데다 모두 재수생 출신이어서 서로가 소통하는 데 방해되는 요소가 별로 없었다. 또 고대 학생운동권 전체 분위기도 통합조직 형성에 호조건이었다. 3.24 시위와 5.14 시위가 5분 만에 끝나면서 통합조직을 구성해야 한다는 고대 학생운동권 내부의 열망도 어느 때보다 높았다. 경제학과 3인에 의해 이루어지는 통합조직 노력이 겨레사랑회 선배그룹만의 지원이 아니라 78학번 컨트롤 타워였던 박종혁도 일익을 담당했다면 고대 학생운동의 통합조직이 좀더 다른 색을 수용할 수 있는 포용력 있는 방향으로 가지 않았을까? 경제학과 80학번 3인과 겨레사랑회 선배 그룹의 고대 통합조직 결성 방향이 겨레사랑회 단색이었다는 단점이 있었다. 그것이 나중에 고대 통합조직의 경색화를 초래하는 계기가 된 것은 아닐까? 하여튼 김두황, 김희근, 박상중은 고대 통합조직 구성을 위해 한 형제처럼 수시로 만나서 작은 문제도 같이 토의하면서 각자 맡은 바 역할을 충실하게 추진해 나갔다.

언더서클 민맥을 이끌었던 최광범의 기억

1980년 5.18 비상계엄 확대조치 이후 고대의 학생운동 서클들이 모두 해체되었다. 그러다가 이듬해인 1981년에 공식적인 서클 등록이 허용되었다. 학교 당국이 제시하는 조건에 부합해야 등록을 할 수 있는 상황이었다. 이때 대다수 서클들이 등록 절차를 밟았는데 3곳의 서클이 이에 응하지 않고 언더조직으로 남았다. 민맥, 아카데미, 한국학연구회였다. 이후 아카데미는 1982년에 오픈서클에 등록했고 한국학연구회는 신입생 등의 후배 가입이 제대로 이뤄지지 않아 서클 존재감이 약화되었다.

언더서클 기반을 단단히 다지며 왕성한 활동력을 유지한 건 민맥밖에 없었다. 민맥을 내실 있게 키우고 조직 기반을 다진 것은 전적으로 최광범(국어교육학과 80학번)의 공이었다. 최광범이 2학년 때부터 2년 이상 전력투구해 활동력이 뛰어난 81학번, 82학번 후배들을 키웠던 것이다. 최광범이 4학년으로 올라가려는 시점인 1982년 하반기에 두황을 두 번 만났다. 그 당시의 최광범 얘기를 들어보자.

내가 4학년 올라가는 시점에 81학번들에게 이제 더 이상 나에게 배울 게 없으니 이제 다 학회로 들어가라고 그랬지. 2학년 때부터 학회에 적을 두고 있어라 그랬지. 왜냐면 싸움을 하거나 잡히면 학회 핑계를 대면 되니까. 그리고 또 하나는 앞으로 모든 운동을 학회 중심으로 펼쳐나가야 될 것 같더라고. 민맥에서 정경대로 81학번 두 명을 보냈어. 윤석암이 신방과였고 김종일이 경제학과였어. 이 두 친구한테 잘 되고 있느냐 하고 물어보니까 김두황이 총괄하고 있는데 만나보라는 거야. 내가 3학년 때부터 두황이를 계속 주목하고 있었어. 이 친구가 학회를 맡게 되겠구나, 이 친구가 핵심이다, 하는 생각을 했지. 후배들이 가지고 오는 정보를 통해서 내가 알고 있었지. 3학년 때는 내가 정리가 덜 돼서 못 만났지. 4학년 올라가는 시점에 정리가 되어서야 만난 거지. 두황이는 원래부터 이야기를 많이 듣고 있었기 때문에 만나자마자 이야기가 잘 되었지. 처음에 정경대 뒤쪽 어디에서 만난 것 같아. 두황이를 만나 이것저것 이야기를 했어. 우리는 싸울 준비가 다 되어 있다고 얘기했어. 그리고 나중에 도서관 2층 로비에서 한 번 더 만났지. 우리가 후배 재생산이 잘 되어서 이제 싸움에 투입하려 한다고 이야기했지. 두황이가 그런 이야기라면 일단 희근이를 만나라 해서 희근이를 만났지. 그랬더니 희근이가 이 문제는 자신이 관장할 사안이 아니니 상중에게 상의하라고 했어. 그래서 그때부터 상중이를 만났어. 상중이와 일주일에 두세 번씩 계속 만났지. 두황이하고의 인연은 그렇게 두 번 만난 것밖에 없어. 처음에는 개구쟁이 같았어. 그런데 딱 이야기를 하게 되면 아주 진지해지더라고. 두황이하고 인연은 그것밖에 없어.

최후의 만찬이 되어 버린 제기동 술자리

　79학번들의 마지막 프로젝트가 되었던 오픈서클 80학번 지도부 형성 세미나에 두황과 함께 참여한 홍기원은 3학년 2학기(82년)에 학생운동을 정리하겠다는 입장이었다. 자신이 시위 주동자가 되어 치고 나가겠다는 계획을 품었던 홍기원은 그 의지를 적극적으로 내비치며 79학번들을 만나러 다니는 한편, 함께 그 계획을 도모할 전투적인 80학번 동기들을 만나 시위 계획을 제안했다. 거기에 두황이 들어 있었다. 홍기원은 두황이 학내에서 맡고 있었던 많은 역할에 대한 정보가 전혀 없었기에 그런 제안을 했던 것이다. 두황은 자신이 그 계획에 함께할 수 없는 것에 대해 굉장히 미안해했다. 그 이유 때문이었는 알 수 없지만 두황이 홍기원과 이별주를 마시는 자리를 마련한 적이 있다. 시위 준비를 위해 홍기원이 잠수를 타기 직전이었다. 홍기원의 기억으로는 그것이 최후의 만찬이었던 셈이다. 홍기원의 그때 기억은 다음과 같다.

　1학년 말부터 학생회관 3층 서클실에서 살았기 때문에 두황이 얼굴을 여러 번 보았을 텐데도 구체적으로 기억에 남는 인연은 양동주

선배하고 세미나를 했던 1982년 여름부터다. 얼핏 스친 기억이 뇌리 속에 뚜렷한 화상으로 남지는 않았던 모양이다. 1982년 여름의 일곱 차례 정도 진행했던 세미나에서 남는 기억은 별 튀지는 않았던 것 같고, 세미나 자세가 진지했던 것 같다. 동주 형이 남미 권위주의 체제를 연구한 오도넬의 영어로 된 30페이지 넘는 세미나 자료를 주었을 때도 처음에 기겁을 했지만 나름대로 열심히 읽고 세미나에 임했던 것 같다. 강촌역 근처 북한강가에 야유회를 간 다음날로 기억한다. 새벽 텐트를 걷어 서울을 향해 출발하면서 용화, 두황이, 재현이, 영숙이, 현주 등 다 어깨를 걸고 운동가요를 부르면서 새벽 안개 낀 아스팔트 위를 활기차게 걸어가던 기억이 생생하다. 나는 1982년 2학기에 D(시위 주동)를 칠 생각을 굳히면서 79학번 형들을 여럿 만나고 다녔다. "형이 먼저 선두에 서시지요?" 하고 얘기하면 돌아오는 대답은 모두 "준비하는 일이 있어서…."였다. 그게 실망스러워서 동기들과 만날 때면 79학번 형들을 비판하곤 했다. 그럴 때 전투적으로 보였던 두황이한테도 두어 차례 같이 하자고 꼬신 적이 있다. 그때마다 두황이는 미안해서 죽겠다는 표정으로 지금은 못 나간다고 했다. 그때 중요한 일을 맡고 있다고 자신이 하는 일을 두황이 얘기했으면 그런 말도 안 했을 텐데. 두황이 역할에 대해 정보 제로이던 나의 무모한 도발이었다. 1982년 9월 말이나 10월 초였던 것 같다. 내가 D를 치러 잠수하려 했을 때 두황이하고 술자리를 가졌다. 그게 두황이와의 마지막 이별주였다. 제기동 닭발집에서 만났는데 80학번 동기 이재형도 함께 있었다. 이재형은 두황이와 함께 활동한 적이 없는 사이지만 워낙 호탕한 친구였는데, 두황이가 나를 만나러 나오면서 우연히 만나 데리고 나온 거였다. 그 술자리에서 내가 먼저 자리를 떴다. 잘갔다 오라며 악수하고 헤어질 때 눈물 글썽이던 두황이 그 눈빛은 지금도 내 가슴에 맴돌고 있다.

세 명으로 구성된 11월 시위 준비팀

일본 교과서 왜곡 사건을 규탄하는 시위에서 79학번이 책임지고 치고 나가지 못하면서 80학번 주도로 시위팀을 준비하는 모양새가 되었다. 재료공학과 80학번 홍기원이 그 시위팀에 시동을 걸었다. 1982년 2학기에 들어서면서 치고 나갈 생각을 일찍이 굳혔던 홍기원은 남아 있는 79학번과 80학번 동기들을 만나며 그 뜻을 밝혔지만 좀처럼 같이 치고 나갈 사람이 구해지지 않았다. 이 문제를 해결해준 사람은 역시 고대의 복덕방 홍순우였다. 홍순우는 홍기원과 진해고 동문인 2년 선배 김광경을 소개했다.

김광경은 1978년 고대 사회학과에 입학하고 나서 바로 방위로 군대에 입대했다가 1979년 2학기 때 복학했다. 그는 서울대 운동권에서 활동하고 있던 어릴 때 단짝친구의 소개로 신촌교회에서 야학을 하게 되었다. 신촌교회 야학팀은 서울대, 고대, 연대, 이대 등의 학생들이 참여했던 연합서클이었다. 여기에서 『전환시대의 논리』, 『페다고지』 등의 기초적인 책으로 세미나를 시작해 점차 심도 높은 사회과학 학습을 이어나갔고, 이 활동은 80년 서울의 봄 시기까지 계속되었다. 김광경은 1981년도에 접어들어서 학생회관 3층에 집결해 있는 이념서클 중 하나인 헤겔연구회에도 가입해 고대 학내 활동에 뛰어들었다. 김광경은 헤겔연구회에서 세미나 학습을 하며 활동을 이어가던 중 헤겔연구회 서클 최고 선배격인 이상율(75학번)을 통해 홍순우를 알게 되었다.

1982년 2학기에 벌일 시위 주동자를 물색 중이었던 홍순우는 김광경을 만난 자리에서 시국에 대한 의견을 나누며 학생운동에 대한 의지를 물었다. 김광경이 치고 나갈 뜻을 분명히 하자 홍순우는 즉시 홍기원과의 만남을 추진했다. 여기에 한 사람이 더 합류했다. 두황과 친분이 두터운 어미숙이었다. 어미숙은 1학년 때부터 두황과 함께 겨레사랑회 활동을 했던 사학과 80학번인데, 당시 보수적인 집안 분위기에서 벗어나기 위해서라도 집을 떠나 시위 주동을 하겠다는 의지를 보였다. 그렇게 해서 홍순우를 통해 어미숙이 합세하면서 3명으로 구성된 D팀(시위 주동 모임)이 조직되었다.

D팀을 구성한 뒤 홍기원과 어미숙이 집을 나오게 되면서 성북서 수배 리스트에 오르게 되었고, 이로 인해 학내로 드나들 수 없게 되었다. 그래서 두 사람은 학내와의 소통을 김

광경을 통해서만 하게 되었다. 홍기원과 어미숙은 마장동 소재의 제일 싸구려 월셋집을 계약해 시위준비에 돌입했다. 준비 과정에서 을지로4가 방산시장에 가면 유인물을 만들 가리방을 살 수 있다는 정보는 얻었으나 가리방을 사게 되면 경찰 추적을 받을 수 있다는 소문을 듣고서 구입을 포기했다. 결국 가리방의 각 부품을 개별로 사서 월세방에서 셋이 모여서 직접 조립해 만들었다. 이 때문에 안타깝게도 11월 4일에 뿌려진 유인물의 인쇄 상태가 좋지 못해 읽기가 어려웠다.

11월 4일 대강당에서의 기습시위

그 무렵 고대 학내에서는 5월 축제를 거부한 것에 대한 비판이 있었다. 소비적인 축제가 문제라면 이를 대신할 생산적인 축제를 만들어 학생 대중과 함께하는 장을 만드는 게 현명한 방법이었다는 문제제기였다. 즉 학생 대중과 만남 자체를 거부해서는 안 된다는 내부비판이었다.

이 비판이 설득력을 가지며 전격적으로 수용되었다. 이를 위해 정경대 학생회와 문과대 학생회가 나섰다. 각각 '호안제'와 '녹두제'라는 이름을 걸고 학술강연과 문화행사 등의 다채로운 프로그램을 만들어 단대 축제를 준비했다. 11월 3일 학생의 날을 기념해 11월 4일과 5일에 축제를 개최하기로 대학 당국과 협의를 끝냈다.

　D팀은 11월 4일을 디데이를 삼고 대강당에서 벌어지는 강연회를 적극 활용하기로 결정했다. 강당에서 김광경과 어미숙이 선동해 시위대를 끌고 나오면 홍기원이 합류해 2차 시위를 벌인다는 계획이었다. 11월 4일, 디데이가 되었다. 계획대로 대강당에서 대기하고 있던 김광경과 어미숙이 시간에 맞춰 기습시위를 단행했다. 하지만 이미 눈치를 채고 대기하고 있는 경찰 병력에 의해 곧바로 진압되고 말았다. 순식간에 아수라장이 된 상황에서 어미숙은 동기 양창욱 등의 육탄 방어 도움을 받으며 그 현장을 빠져나가는 데 성공한다.

　학생회관 뒤쪽 담을 넘어 고대로 잠입했던 홍기원은 대강당에서의 기습시위가 실패로 끝났다는 것을 알고 즉시 학교를 벗어났다. 그리고 다음날 아침 학내 상황을 파악하며 연락을 시도해 택시를 타고 교내로 들어오라는 전술 지침을 받았다. 홍기원은 미리 정한 시간에 맞춰 택시를 타고 학교에 들어오는 데 성공했다. 경찰들의 허를 찌른 과감한 시도였다. 홍기원이 학생회관 앞에서 택시에 내리자마자 그의 눈앞에 박상중이 보였다. 박상중이 곧바로 홍기원에게 손짓으로 신호를 보냈다. 지금은 없어진 홍보관 뒤 서관운동장 쪽을 가리킨 것이다. 이에 홍기원이 재빨리 걸음을 옮겨 서관운동장 쪽에서 나오고 있는 시위대에 합류했다.

학회 활동 성과를 확인한 11월 5일의 성공적 시위

전날인 11월 4일의 기습시위에 놀란 학교 당국이 11월 5일에 예정된 호안제와 녹두제를 금지시킨 상태였다. 학교의 갑작스러운 결정에 고대 학생들이 가만있을 리 없었다. 각 단과대와 학과의 학회를 위시해 오픈서클과 언더조직 구성원들이 총망라되어 항의시위 준비에 돌입했다. 11월 5일이 되자 고대 학생운동 조직 전체가 동원된 침묵시위가 시작되었다. 장소는 원래 민속학연구회에서 공연을 하기로 한 서관농구장이었다. 학교 측의 축제 금지 조치에 항의하는 그 시위대열에 급히 합류한 홍기원은 곧바로 대열 앞에 나서며 "교문 앞으로 나가자!"라고 소리를 높였다. 그렇게 해서 스크럼 대열을 짜고 교문 진출을 시도하는 시위가 전개되었다.

11월 5일의 시위는 1980년 5월 이후 처음으로 사과탄이 터진 날로 당시 현장에 있던 학생들이 기뻐했다. 김두황, 김희근, 박상중 3인은 11월 4, 5일 시위를 평가하면서 축제로 학생대중들이 대거 참가할 수 있는 장이 마련되고 그 마련된 장을 주동이 나서서 시위를 통해 정치적으로 메시지를 전달하면서 마무리하는 성공적인 모델이 만들어졌다고 평가했다. 다음해에도 이 모델을 더욱 발전시키자고 결의를 모았다. 그리고 6월 진창원 학도호국단 선거, 9월 일본교과서왜곡사건 시위, 11월 4,5일 시위에서 학회의 동원력이 점점 힘

1982년 11월 5일 단과대 가을축제를 일방적으로 금지한 대학 당국에 대한
항의시위를 하고 있는 모습. 시위대가 서관농구장에서 홍보관 방향으로 스크럼을 짜고
내려가고 있다. 이날 시위대는 스크럼 대열을 짜고 교문 진출을 시도했고,
이 시위에서 1980년 5월 이후 처음으로 사과탄이 터졌다. (출처 : 고대신문사)

을 더해가고 있음을 구체적으로 눈으로 확인하게 되었다고 자평했다. 1년 넘게 학회 조직화를 위해 진력을 다했던 두황 역시 눈으로 보이는 학회 발전 모습을 지켜보면서 속에서 뭔가 벅차오름을 느꼈다.

학회장 연합모임을
주도하며

　두황은 정경대 81학번 코어 모임 조직이 제법 진척되자 82학번 코어도 빠르게 준비해야겠다는 판단을 했다. 그 작업을 하면서 만나게 된 후배가 허인회였다. 박상중의 소개로 만난 허인회는 정외과 82학번이다. 1985년 고대 총학생회장에 선출된 후 전국학생총연합(전학련) 산하의 상설 투쟁조직인 민족통일민주쟁취민중해방투쟁위원회(약칭 삼민투)를 이끌었던 허인회는 투쟁 경력 못지않게 전국 대학생들이 알아주는 최고의 입담으로 명성이 자자했다. 게다가 40년 전 기억도 세세한 부분까지 끄집어낼 정도로 대단한 기억력을 가지고 있었다. 그의 얘기를 들어보자.

두황이 형을 처음 본 것은 제가 입학하고 1982년 5월이 지나갈 때쯤이었어요. 제가 82학번인데 학과 수업시간에 김원수, 박부용, 김현배 등이 수업시간에 들어왔어요. 그때 김원수 형이 "내가 학회장이다. 모두 학회 활동을 해야 한다. 방과후에 모두 모이자."라고 해서 종종 왔다갔다 했지요. 1학년 1학기 때는 제가 학생운동을 하거나 이런 것은 아니고 그런 흐름이 있다는 것 정도만 알았지요. 어쨌거나 제가 순진했기 때문에 모이라면 모여야 되는 줄 알았지요. 학회 활동, 서클 활동 같은 것은 안 하다가 1982년 여름방학 때 김원수 선배랑 정외과 선배들이 과 학생들은 농활을 의무적으로 해야 한다는 이야기를 했어요. 밀양의 김원수 형 동네에서 농활을 했는데, 그 농활에 합류를 했지요. 갔더니 저는 과 친구들이 다 온 줄 알았는데 10명밖에 오지 않았어요. 78명 중에 10명이 왔던 거지요. 어쨌거나 갔으니까 농촌봉사활동을 하면서 낮에는 일하고 밤에는 세미나를 했어요. 그때 한국의 노동문제, 농민문제에 대한 고민을 하면서 새로운 인식을 갖게 되었어요. 그리고 농활 마지막 날 선배들이 광주항쟁을 기록한 '찢어진 깃폭'이라는 광주항쟁일지를 쭉 읽어 주었어요. 저는 고향이 부여인데, 그 일지 내용을 들으며 그날 밤에 밤새 울었어요. 왜냐하면 저는 어릴 때부터 기독교 신앙생활을 했고 사실 고등학교 때 신학대학을 가려고 오랫동안 준비를 하다가 부모님의 반대로 일반 대학에 오게 된 겁니다. 그때까지 계속 종교단체 활동을 하고 대학 1년 때 CCC(Campus Crusade for Christ, 기독교대학생선교회) 활동을 했어요. 고등학생 선교단체에서 간사로 활동을 하고… 어쨌거나 성경을 늘 읽고 생활하고 그러다가 광주항쟁을 보면서 뭐랄까… 성경책에 나오는 강도 만난 이웃 이야기에서 선한 사마리아 사람이 나오는데, 예수님이 사랑에 대해 이야기하면서 "강도 만나서 피 흘리고 있는 사람을 그 당시 사회 고위층인 제사장이나 레위가 다 외면하는데, 그 사회의 천민계층이라고 할 수 있는 사마리아 사람이 강도 만난 이웃을 구원했다. 너희도 이와 같이 하라."라고 했던 장면이 떠올랐어요. 그 당시에 저는 전두환이 강도다 이런 생각을 했고, 광주사람들이 강도 만나 피 흘리고 있는 이웃이라고 생각을 했어요. 그래서 예수님의 가르침대로 선한 사마리아 사람이 되어야지 하면서 학생운동을 내가 앞장은 서지 못하더라도 뒤에서 열심히 응원은 해야겠다는 결심을 밤새 울면서 하게 됩니다. 그리고 개학이 되어서 학생회 주변을 얼쩡거리기 시작했지요. 소위 데모하는 현장의 정보를 얻게 되고 데모하는 그룹들을 뒤따르기 시작했어요. 실제로 데모대가 형성되면 맨 뒤에서 박수쳐 주고 하는 활동을 1학년 2학기 때부터 시작했지요. 나름 열심히 했습니다. 가을 첫 데모가 빨간 티를 입고 바지 한쪽을 걷어 올린 데모주동자가 있었어요. 그때 교양관 앞에서 나름 격렬하게 투쟁이 일어나고 그해 처음으로 사과탄이 터졌지요. 학회에서 9월부터 진행하는 다양한 세미나 뒤풀이와 데모에 한 번도 빠지지 않고 참석을 했지요. 그때만 해도 맨 뒤쪽에 있었어요. 그러다가 열심히 학회 활동을 하고 있던 10월 말이었어요. 평소 학회실에서 종종 보이던 박상중 선배가 따로 밖에서 좀 만나자고 하더라고요. 안암로터리 근처에 있던 다방에서 박상중 선배를 만났더니 "어떤 사람을 소개해 줄 터이니 그 사람과 활동을 해라. 그리고 이 사실은 절대보안이다."라고 하더라고요. 그렇게 해서 11월 초에 인촌묘소에 정해준 시간에 갔더니 김두황 선배가 거기서 기다리고 있더라고요. 김두황 선배는 학회에서 알고는 지냈지만 그렇게 만난 것은 그때 11월 초가 최초입니다. 일종의 면접을 한 것이지요. 두황이 형이 이런 활동을 자기랑 나랑 둘만 하는 것이 아니라 또 다른 친구들이 있다고 해서 다음에 같이 만났어요. 그게 신방과의 신정훈, 경제학과의 이정배였어요. 그렇게 1학년 세 명을 3학년 선배가 지도하는 형태의 팀이 구성되었어요. 김두황 선배하고 저희하고 처음 시작한 세미나 책이 최종식의 '서양경제사'예요. 그리고 11월 중순부터 김두황 선배하고 세미나를 일주일에 한 번씩 만나서 진행하다가 11월 말에는 특별한 시간을 갖게 되었어요. 종암경찰서 건너편에 종암시장이 있는데 안쪽으로 쭉 들어가면 순대국집이 하나 있었어요. 거기 순대국집에서 두황이 형하고 저희 셋이 의형제 맺는 의식 같은 것을 거행했지요. 두황이 형이 "자기의 혈관에는 혁명의 피가 흐르고 있다. 그리고 이 혁명은 평생 가는 것이다. 평생동지가 되자."라고 제안을 했어요. 평생동지가 되기로 약속을 하고 간략한 의식으로 평생동지의 연을 맺었지요. 그리고 얼마 되지 않아 방학이 되었어요. 김두황 선배는 저희들한테 자신과 만난 것은 절대적인 보안을 지켜야 한다고 요청했고, 실제로 그 보안은 20여 년간 지켜졌어요. 그 긴 기간 동안 김두황 선배와 했던 모임이 노출이 되지 않았어요. 다른 학생운동 동지들도 그 내용을 모르고 있고요. 일반 학회 대중처럼 성실히 활동을 계속했지요. 두황이 형과의 세미나는 서너 차례 했어요. 그러다가 1983년 신학기가 되면서 학회 80학번 선배들이 성북서에 연행되어 조사받고 있다는 소문이 학회에 돌았어요. 대략 2월 말부터 성북서에서 조사가 시작된 것 같아요. 그리고 김두황 선배로부터 연락이 끊어지고. 소위 3.7 사건으로 김두황 선배는 강제징집을 당하게 돼요. 이후 이 모임을 주선했던 박상중 선배가 저를 찾아와서 두황이가 강집을 당했는데 82학번들을 지도할 선배를 다시 소개하겠다고 해서 만난 사람이 김현배 형이에요. 김두황 선배가 강집을 당했으니 자신과 다시 학습을 하면서 활동을 하자고 그랬어요. 그러고 저희 셋이 공개적으로 활동할 수 있도록 정경대에 문화부라는 것을 만들었어요.

83년 학회 활동을 위한 두황의 제안

1982년 12월 초순경 두황은 학교 앞 마마집에서 양창욱과 만났다. 1983년 학회 활동 방향과 그 방안을 의논하기 위해서였다. 그 자리에 두황은 1982년도 학회 활동 전반을 평가한 내용을 가져가 양창욱과 의견을 나누었다. 두황은 1982년도 고대 전체의 학회 활동을 평가하면서, 대중적 기반을 다지는 가시적인 성과를 얻었음에도 전체적인 활동 면에서 미흡하고 소극적인 측면이 많았다고 지적했다. 그날 양창욱이 기억하는, 두황이 지적했던 문제점은 축제 대응의 미숙함, 5월 광주민주항쟁 주간에 즈음한 리본달기 활동 부진, 학도호국단 선거에서의 실패 등이었다. 그리고 두황은 이에 대한 아쉬움과 반성의 의견을 피력한 후, 그 원인으로 사전 계획의 치밀성 결여, 일을 진행하는 데 있어서 각 학회 간의 유기적 대응 부족 등을 들었다.

이 같은 평가에 기초해 두황은 80학번 학회장 모임을 갖자고 제안했다. 그런 후 열흘 정도 지나 두황은 다시 양창욱과 미팅을 가졌다. 학교 앞 다방에서였다. 이 자리에서 두황과 양창욱은 고대 내에서 가장 활동력이 왕성한 학회와 실질적인 리더를 체크했다. 경제학과(김두황, 이동석, 손학붕), 사회학과(양창욱, 윤성혁), 국문과(윤경진, 안선덕), 사학과(윤석환), 정외과(주재환), 독문과(박종길), 중문과(한선모), 노문과(박재만), 교육학과(이호식, 이형숙), 경영대(하행민), 법학과(박기환) 등이 그때 취합한 명단이었다. 두 사람은 이 명단을 중심으로 개별적인 만남을 가지고 학회장단 모임에 관한 의사를 묻기로 했다.

이후 두황은 양창욱과 함께 주요 학과의 학회장들과의 개별 면담을 추진하면서 학회장단 모임을 준비하기 위한 별도의 미팅을 가졌다. 두 사람 외에 이호식이 가세한 자리였고 장소는 신설동에 있는 다방이었다. 세 사람이 모인 자리에서 학회장단 모임에서 다룰 의제와 역할을 논의했다. 두황이 1982년도 학회 활동에 대한 평가와 반성을 발제하기로 했고, 양창욱은 사회를 보면서 1980년대 한국 정치현황에 대한 발제까지 맡기로 했다. 양창욱은 '80년대 한국정치현황'에 대한 발제를 위해 고등학교 친구 한석현에게서 받은 '아방과 타방'을 읽고 요약 정리하는 한편 한 부 복사해 두었다가 한선모에게 빌려주었다.

마침내 80학번 학회장 연합모임이 열리고

1983년 1월 중순이었다. 화곡동 588번 버스 종점 부근의 두황 집에서 80학번 학회장단 1차모임이 성사되었다. 이 모임에 참석한 사람은 두황 본인을 포함해 양창욱, 이동석, 이호식, 이형숙, 하행민, 한선모, 박종길 등 8명이었다. 회의를 시작하자 두황이 먼저 발제를 하면서 회의를 주도했고 양창욱이 사회를 봤다. 이때 두황이 발제한 내용의 주요 초점은 합법적인 공개 행사를 통한 대중투쟁 강화였다. 두황은 1982년도 학회 활동을 평가하면서, 학생 대중 다수가 자발적으로 참여할 수 있는 문화·학술 행사 등의 공개적인 합법 공간을 통해 대중적 참여를 촉발하는 시위 방식이 더 효과

적이다는 의견을 내놓았다. 그러면서 소수의 준비된 학생들로 구성된 기습시위 대신 대중투쟁을 강화하는 게 향후 학생운동이 나아갈 방향임을 내비쳤다. 두황은 1982년 4.18 마라톤 행사 때의 가두시위 유도, 9.8 학도호국단 강연회 참여를 통한 교내 시위 조직, 11.4 중문과 학회 강연회를 활용한 교내시위, 11.5 대학 당국의 호안제와 녹두제 금지 조치에 대한 침묵시위 등을 예로 들면서 대중공간을 적극 활용한 투쟁의 중요성을 거듭 강조했다.

두황은 자신의 발제 결론으로 대중활동 기반을 확대하고 대중투쟁을 강화하기 위한 총괄 지휘부 모임을 제안했다. 앞서 거론한 대중 활동을 장기적이고 지속적으로 계획하고 유지하기 위해서는 이를 뒷받침하고 지휘할 수 있는 조직이 꼭 필요하다는 문제 인식에 따른 의견이었다. 두황의 발제에 대해 많은 의견이 오가면서 토론이 이어졌고, 회의에 참여했던 80학번 학회장들의 반응은 대체적으로 긍정적이었다. 한선모는 이때 처음 이름만 듣던 두황을 보았다고 한다.

두황은 80학번 학회장연합모임뿐 아니라 개별 학회에 대해서도 각 학회장을 만나 학회 발전 방안을 계속 모색했다. 80학번 학회장 1차 모임을 하고 나서 조금 지난 후인, 1983년 1월 말경 두황은 박종길(독문과 80학번)을 보자고 그랬다. 박종길은 두황의 마포고등학교 한 해 후배였다. 처음 만난 자리에서 박종길이 마포고 한 해 후배라는 것을 알자 두황이 먼저 "야 우리 학번이 같으니까 말 놓고 지내자."라고 제안했다. 그러고는 이어지는 말이 "야, 가서 담배 한 갑 사와라."였다고 한다. 박종길이 동문 후배였기에 더 친숙함이 있었던 것이다. 박종길은 자신의 안방 같았던 이대 앞에 약속장소를 잡았다고 했다. 박종길의 기억이다.

그때 독문과 학회가 잘 되고 있었어. 학회에 81학번 세미나팀과 82학번 세미나팀이 잘 굴러가고 있었어. 두황이 80학번 학회장연합모임을 두황이 집에서 한 번 하고 나서 얼마 지났을 거야. 나를 보자고 그러더라고. 당시 내 집이 이대 앞에 있었으니까 이대 앞은 고대 앞보다 훤했지. 당시 이대 앞에 유명한 다방이 두 개 있었어. 하나가 이대 정문 옆에 있는 파리 다방이었고, 다른 하나가 이대 정문하고 조금 떨어져 있는 곳에 있는 아메리카 다방이었어. 그 아메리카 다방에서 봤지. 두황이가 앉자마자 독문과 학회 이야기를 꺼내더라고. 그런데 독문과 학회에 대해 훤히 다 알고 있더라고. 나는 내심 놀랬지. 그러면서 이런 이야기를 하는거야. "독문과 학회는 모범적으로 잘 되고 있다. 하지만 다만 코어가 없다."라고 딱 핵심을 짚어주는 거야. 나도 그점을 느끼고 있었기 때문에 바로 꼬리를 내리고 인정을 했지.

예고 없이 찾아온 3.7 사건,
비극의 서막

1차 모임이 성공적이었다고 판단한 두황은 양창욱과 후속 모임을 갖고 학회장단 2차 모임을 추진했다. 80학번 학회장 2차 모임은 신촌에서 이루어졌다. 1983년 2월 15일 신촌역 앞 '뜨락'이라는 술집에서였다. 이날 이동석은 참여하지 않았는데, 2차 모임에서는 83학년 1학기의 합법적인 대중행사에 대한 대응 방안이 집중적으로 논의됐다. 가장 규모가 크고 사안이 중요한 1983년 1학기의 세 가지 행사는 4.18 마라톤, 5월 축제, 6월 학도호국단 선거였다. 회의 결과, 4.18 마라톤과 5월 축제를 각각 전담할 팀을 꾸려 그 역할에 맞게 세부적인 계획을 잡기로 했다. 그리고 6월 학도호국단 선거는 그 성격상 고대 학생운동권 전체가 치밀하게 대응해야 하는 사안인 만큼 4.18 마라톤과 5월 축제 대응책 마련을 끝내고 재차 협의하기로 합의했다.

의욕적인 계획을 세우고 2차 모임을 마쳤지만

4.18 마라톤 준비팀과 5월 축제준비팀으로 나누자고 제안한 두황의 2차 모임 의견이 채택되자 이에 따른 역할분담을 협의했다. 4.18 마라톤 준비팀을 양창욱, 박종길, 이호식, 하행민이 맡기로 했고 5월 축제준비팀은 김두황, 이동석, 한선모, 이형숙으로 구성했다. 또 두 팀은 각각 양창욱과 두황이 책임자가 되어 팀을 주관해 구체적인 계획을 세우기로 했다. 이때 언급되었던 주요 내용은 4.18 마라톤 대회를 거북이 마라톤 형식으로 추진하자는 것과 5월 축제를 각 단과대의 다채로운 문화학술 행사로 기획하자는 거였다. 5월 축제 기간에 정경대는 '안암모의국회'를, 문과대는 '학생과 사회정의'에 관한 강연회를, 경영대는 '모의 노사협의회'를 추진하자는 의견이 나왔다. 그런 후 단합을 위한 술자리를 가졌다.

술자리가 무르익자 양창욱이 자신은 신학기가 시작되면 제일 먼저 치고 나갈 거라고 얘기하면서 두황에게 "너는 많은 일들 다 정리한 뒤 제일 나중에 치고 나오라." 하며 호기를 부렸다. 2차 80학번 학회장 모임을 마친 후 두황은 5월 축제 준비모임을 3월 중에 가지면 될 것 같다고 판단하고 있었다. 양창욱 역시 3월 중에 4.18 마라톤 대회 준비팀을 소집해 세부적인 계획을 세우겠다는 생각이었다. 하지만 두 사람의 계획은 물거품이 되었고 두 개의 준비 모임은 소집되지 못했다. 전혀 생각하지 못했던 사건 때문이었다. 두황의 오랜 분투와 대중운동을 향한 잰걸음을 막아선 사건이었다. 소위 3.7 사건이었다.

한편, 두황과 한때 현장팀 생활을 했던 하종근은 1982년 6월에 군 입대를 했다. 일찍 지원해 공군에 배치된 그가 첫 휴가를 나왔을 때 두황은 서울역까지 달려나가 그를 맞았다. 1983년 1월경이었다. 그리고 휴가를 나온 친구를 붙들어놓고는 메모 노트를 꺼내 개인학습을 시켰다. 군대에 들어가 책도 못 보고 최신 정보에도 멀어져 정세 인식이 둔해지는 것을 걱정했던 두황의 섬세한 배려였다. 하종근 말을 직접 들어보자.

군대 들어간 이후에 두황이를 한 번 봤다. 휴가 나왔을 때 서울역 커피숍에서 1983년 초쯤에 봤던 것 같다. 뭔가 나를 공부시키려고, 노트에다가 책을 정리해 가지고 들고 나왔어. 그걸 나한테 막 설명을 해주는 거야. 군대에 가 있는 나의 의식이 떨어지지 않게 하기 위해서 그랬겠지. 그 만남이 마지막 만남이었어.

사학과 학회의 '쿠바혁명' 복사 사건

사학과 77학번 윤석환은 서울 양정고 출신으로 홍순우와 고등학교 동창이다. 재수를 했기에 홍순우보다 한 학번 후배가 되었다. 그는 고대에 입학한 후 흥사단 아카데미에서 활동을 하다 2학년이 되는 1978년 1학기에 휴학계를 내고 육군에 입대했다. 1981년 1월에 제대한 후 복학생이 되어 학생운동을 재개했다. 윤석환은 사학과 학회 활동에 관심이 많았다. 고등학교 친구 홍순우를 통해 1982년 9월에 복학한 이승환을 소개받았고 또 이승환을 통해서 두황을 만나게 되었다. 이승환 소개로 1982년 9월에 두황을 만난 윤석환은 정경대와 문과대 학회 상황에 대한 내용을 메모했다. 거기에 두황이 언급한 여러 사람들의 이름을 적어 놓았는데 모두 별명으로 처리해놓았다. 윤석환은 겨울방학 때 쿠바혁명을 다룬 일서로 강독하기로 하고 자신이 학습지도를 하고 있던 사학과 학습팀에 자료 복사를 맡겼다. 그 학회 학습팀에 81학번 이재구, 이재정, 박에스더 등이 있었다.

이들 사학과 학습팀이 고대 앞 복사집에서 쿠바혁명 일서를 복사하다 주인의 신고로 성북서 정보과에 연행되는 일이 벌어졌다. 1983년 2월 10일경이었다. 사학과 학습팀 3명이 전부 연행된 후 세미나를 누가 지도하는지를 캐묻는 구타와 고문이 이어졌다. 그렇게 집중적인 추궁을 당한 끝에 윤석환

이름이 나오게 되었다. 그러자 성북서 정보과에서 윤석환 집을 급습했다. 집 안에 있던 일체의 자료들과 책을 다 압수한 뒤 자정 무렵에 귀가하던 윤석환을 체포했다. 성북서 형사들이 자신의 집에서 잠복하고 있는 것을 몰랐던 윤석환은 연행된 뒤 성북서 지하실로 끌려가 큰 고초를 겪게 된다.

성북서의 모진 고문 끝에 나온 핵심 80학번의 이름

윤석환을 직접 대면해 조사를 맡은 이는 성북서 정보과 곽이홍이었다. 윤석환은 곽이홍에게 3일간 물고문과 구타를 당하면서 집중 취조를 받았다. 곽이홍은 윤석환의 집에서 발견된 메모 내용을 집중 추궁하며 고문을 가했다. 두황과 만나 논의할 때 별명으로 기록한 명단이 그 타깃이었다. 같은 성북서 소속의 반성곤과 이강수도 수차례 들러 윤석환을 압박하며 실토할 것을 채근했다. 윤석환은 결국 혹독한 구타와 고문을 이기지 못했다. 정경대와 문과대 학회 81학번을 지도하고 학회 활동 전반을 움직이는 핵심 80학번이 김두황, 양창욱, 한선모라고 진술하고 말았다.

윤석환은 또 가택수색에서 나온 '아방과 타방' 문건으로도 고초를 겪었는데 결국 자신에게 그 문건을 전달해준 사람이 흥사단 아카데미에서 1학년 때부터 잘 알던 동기인 유권종(철학과 77학번)이라는 것을 불 수밖에 없었다. 유권종도 이내

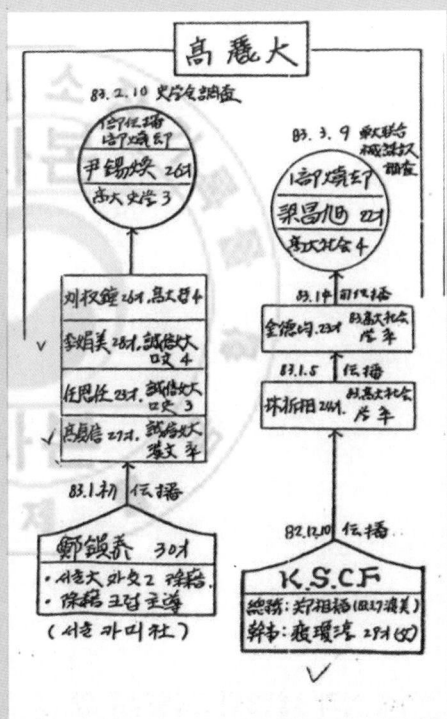

〈'아방과 타방' 발견 및 추적 상황도〉 중에서 고려대 부분.
도표를 보면 유권종이 윤석환에게 전달한 아방과 타방 조사를
1983년 2월 10일 했다고 기록되어 있다.
김덕균이 1983년 1월에 양창욱에게 전달한 아방과 타방은
1983년 3월 9일 조사했다고 기록되어 있다.
(출처 : 국가기록원)

성북서 정보과로 연행되었다. 유권종은 아버지와 함께 성북서 정보과에 출두해 심한 고문을 받지는 않았다. 서너 차례 뺨과 구타를 당하는 정도에서 조서를 마무리지었다. 하지만 자신이 아방과 타방 문건을 윤석환에게 전해준 경로는 밝혀야 했다. 자신이 흥사단 아카데미 활동을 할 때 알게 된 성심여대 이연미에게서 받았다고 진술할 수밖에 없었다.

강제징집 후 90일 만에 두황이 군의문사 당한 이후 윤석환은 두황의 이름을 진술한 것으로 인해 심적인 고통과 부담으로 더 이상 학생운동을 하지 못했다. 그 이후로도 심적으로 상당히 힘겨운 시간을 보냈으며 2002년 의문사진상규명위원회 출석했을 당시에도 마음이 무척 아픈 상태였다. 진술 마지막에는 김두황 군의문사 이후 처음으로 마음속 진실을 털어놓았다며 "김두황에게 너무 미안하다."라고 흐느끼며 통곡했다.

3월 7일 윤성혁 집과 3월 8일 고대 정문 앞

3월 7일, 두황은 1983년 1학기에 운영할 학회 프로그램에 대한 점검을 위해 별도의 심화회의를 가졌다. 양창욱, 윤성혁과 몇몇 80학번 학회장들이 참여한 회의였다. 장소는 윤성혁이 살고 있던 여의도 아파트였다. 이때 회의를 마치고 두황과 양창욱은 윤성혁의 집에서 잤다. 둘은 한선모가 이날 새벽에 이미 성북서에 연행된 사실을 모르고 있었다. 한선모가 이날 회의에 참석하고 집에서 잔 것으로 기억하는 것은 윤성혁의 오래된 기억의 착오다. 윤성혁은 대구의 유복한 집안 출신이었기에 여의도의 아파트에서 기거할 정도로 형편이 괜찮았다. 윤성혁의 기억이다.

두황이하고 창욱이하고 그리고 선모가 성북서에 잡혀가기 전에 아마 우리 집에서 자고 갔을 거야. 80학번들이 몇 명 더 모였지. 일부는 가고 두황이, 창욱이, 선모만 남아서 자고 아침에 갔을 거야. 나는 두황이를 3학년 2학기 사회학과 학회장을 하면서 알게 되었어. 그전에는 지나가면서 얼굴 정도는 알았지만 내가 학회장이 되면서 친해졌지. 내가 학회장 되고 나서 회의를 할 때면 두황이가 와서 봤지. 그때 문과대 학생회장을 하던 성정한도 있었고, 노문과 학회장 박재만과 독문과 학회장 박종길도 있었어. 그렇게 회의하고 할 때 두황이가 와서 같이 자리를 했어.

1983년 3월 8일, 두황은 여의도 윤성혁 집에서 학교로 갔다. 학교 정문 앞에서 하차해서 학교를 들어가려는데 성북서 형사가 기다리고 있었다. 이 장면을 임선수가 보았다. 임선수의 증언이다.

1983년 3.7사건 났을 때 우연찮게 학교 정문으로 들어가다가 정문 바로 앞에서 두황이 형을 봤어요. 그때 두황이 형은 이미 형사들에게 잡혀 있었어요. 제가 두황이 형을 "아. 형…." 하면서 다가가려 하니까 형이 눈짓과 손짓으로 모른 체하라고 해서 머뭇거리다가 그냥 옆으로 지나쳤어요. 지금 생각해 보니 너무 안타깝고 허망한 순간이었어요.

81학번 4인 코어 멤버인 최창환도 교문에 서 있는 두황의 마지막 모습을 보았다. 최창환은 두황이 정문 앞에서 성북서 형사들에게 잡혀 있는 걸 목격하고 빠른 걸음으로 이동하던 임선수를 만나 그 얘기를 들었다. 그 즉시 재빨리 교문 앞으로 뛰어갔다. 그때 최창환이 본 두황의 모습이 고대에서 남긴 마지막 모습이 되었다. 최창환의 기억이다.

그때 두황이 형은 교문에서 학교 쪽으로 보고 있었어요. 어느 순간 두황이 형하고 눈이 마주쳤는데 고개를 저으면서 오지 말라는 눈빛을 보내는 거예요. 그리고 형은 가버렸어요. 그때 짧은 머리는 아니었어요. 그게 마지막이었어요.

5장   운명의 갈림길에서
그렇게 둘은 노래를 불렀다

이를 악물고
끝까지 버텨야 했던 이유

　한선모 증언을 바탕으로 3.7 사건을 재구성해보면 다음과 같다. 1983년 3월 7일 새벽 여섯 시경 성북서 형사 김영규가 지프차를 끌고 한선모 집을 급습했다. 김영규가 문을 두드렸을 때 전날 밤늦게 들어온 한선모는 자고 있었다. 김영규는 집으로 진입한 후 한선모를 붙잡고 방을 수색했다. 방 안에 있던 사회과학 책들과 팸플릿은 물론 메모까지 싹 수거한 김영규는 필사적으로 앞을 가로막는 한선모 어머니를 팽개치고 한선모를 연행했다. 성북서에 도착하자 먼저 이강수가 "몇 날 몇 시야?" 하며 한선모의 뺨을 사십 대 가량 왕복으로 내리쳤다. 한선모의 코에선 금방 코피가 쏟아졌다.

3월 7일부터 시작된 성북서의 가공할 폭력과 고문

한선모가 불이 나는 얼굴을 잡고 쓰러지자 이번에는 구두 발로 지근지근 밟았다. "아, 이 부장. 그만둬!" 옆에 있던 반성곤 반장이 이강수를 말리며 나섰다. "한선모, 여기 앉아라. 여기 있는 동안 어려운 일 있으면 나한테 말하고…." 잠시 후에는 이성열이 나섰다. "야, 한선모! 여기 이 메모 뭐야? 서브(sub)라고 적혀 있네. 무슨 뜻이야. 말해봐." 한선모가 급히 "아, 아무 뜻도 아닙니다."라고 대답하자 이성열이 목소리를 높이며 "이 새끼가 처음부터 발 빼네. 어이, 곽 형사. 맛 좀 보여주지. 지하실로 데려가."

그 말에 곽이홍이 한선모 머리를 막대기로 치며 소몰이하듯 지하실로 끌고 갔다. 지하실에 도착하자 곽이홍이 하얀 광목천으로 한선모의 눈을 칭칭 감았다. 한선모는 너무 공포에 휩싸여 정신이 빠진 상태가 되었다. 매타작이 시작되었다. "서브가 뭐냐? 서브가 데모 순서 정하기냐? 빨리 서브가 뭔지 불어?" 공포에 짓눌린 한선모가 결국 입을 열 수밖에 없었다. 서브(SUB)를 말하기 시작했다. 두황과 양창욱의 이름을 먼저 불었다.

한편 3월 7일 여의도 윤성혁의 집에서 80학번 학회장 회의를 하고 하룻밤을 보낸 두황과 양창욱은 한선모가 성북서에 잡혀간 사실을 전혀 모르고 있었다. 3월 8일 윤성혁 집을

성북경찰서 2007년 모습. 1983년 3.7 사건으로 두황이 조사받을 때도 이 건물이었다. 지금은 재건축되어 새로운 성북경찰서 건물이 들어섰다. (2007년 촬영)

미시간 호텔 2007년 모습. 2007년까지 미시간 호텔이 존속했지만 지금은 사라지고 없다. (2007년 촬영)

나선 양창욱은 역촌동 집으로 갔다가 집 앞에서 성북서 형사에게 잡혀 곧바로 연행되었다. 반면 두황은 윤성혁의 집에서 학교로 바로 향했는데, 학교 교문 앞에서 성북서 형사들이 두황을 기다리고 있었다. 그 상황을 임선수와 최창환이 본 것이다.

양창욱은 성북서에 잡혀가자마자 뺨 세례를 받았다. 한선모에게 했던 것처럼 이강수가 "너가 제일 먼저 치고 나간다고 했다며. 다음은 누구야?" 하면서 양창욱의 양쪽 뺨을 사정없이 갈겨댔다. 그런 다음 지하실로 끌고 갔다. 두황이 성북서에 연행되었을 때도 이강수가 나섰다. "김두황! 너 요리조리 피하더니만 잘 만났다. 니 놈은 똑똑하니까 다른 애들 먼저 앞세우고 맨 나중에 나가려고 했겠지. 안 그래? 빨리 나가는 순서 빨리 말해!" 하며 윽박지르고 한선모와 양창욱에게 했던 것처럼 무자비하게 뺨 세례를 퍼부었다.

두황도 마찬가지로 성북서 지하실로 끌려갔다. 그때까지도 한선모는 성북서 지하실에 계속 고문과 구타를 당하고 있었다. "서브인가 하는 오르그 활동 처음부터 지금까지 경과를 하나하나 써 봐." 집요하게 물고 늘어지는 형사들의 추궁이 계속되면서 서브 활동에 대한 진술이 나오게 되었다. 두황과 양창욱이 주도한 80학번 학회장 1차 모임, 2차 모임 얘기까지 나왔다. 그리고 모임에 참석했던 학회장 전원의 이름이 다 노출되면서 80학번 학회장들이 한 명씩 잡혀 들어왔다. 성북서 여기저기서 80학번 학회장들이 매 맞는 소리가 한참 이어졌다.

아방과 타방을 누구한테 받았느냐?

서브에 대한 조직도가 어느 정도 그려지자 다음은 팸플릿으로 넘어갔다. "아방과 타방(이하 '아타')을 누구한테 받았느냐?" 성북서 경찰들은 아타 출처를 캐물으며 한선모를 집요하게 추궁했다. 집중 타깃이 되어 정신없이 맞던 한선모가 양창욱에게 받았다고 했다. 양창욱이 자신한테 빌려주면서 "너 자신 책임질 수 있으면 가져가. 하지만 너 손에서 끝내야 한다."라고 여러 차례 신신당부했던 것을 떠올릴 틈이 없었다.

정신을 차려 양창욱과의 약속을 지키지 못한 걸 알게 된 한선모는 참담한 마음에 죽고 싶을 만큼 괴로웠다. 첫날 조사를 그렇게 받은 후 한선모는 성북서 옆에 있는 정보과 전용 여관인 미시간 호텔로 끌려갔다. 불법적인 연금 시간에 대한 법적 제한을 피하기 위해 성북서 정보과에서 머리를 짜낸 방법이었다. 미시간 호텔이 민간조사기관 역할을 하고 있었던 거였다.

한선모는 둘째 날 밤에도 성북서 지하실로 끌려갔다. 경찰서 복도에서 마주친 두황과 양창욱은 심하게 다리를 절고 있었다. 셋째 날에도 마찬가지로 미시간 호텔에서 성북서 지하실로 향했다. 한선모에게 정신분열의 초기 증세 같은 게 사흘째부터 나타났다. 이때부터 거의 정신이 나간 상태로 자신이 알고 있는 거를 거의 다 불었다. 압수된 일서와 영서로 된 불온서적은 성균관대 학생 이용운이 비밀리에 경영하는 복사집에서 구한 것이라고 진술했다. 이후 이용운도 체포되었고 고막이 터지는 고문을 당하게 되었다. 한선모는 자신이 지도하던 오픈서클 경제철학회 후배들을 중심으로 언더조직을 만들려고 했던 계획도 불었다. 이 언더조직은 곧장 해체되었다.

두황, 김희근, 박상중 3인 모임에서 결정한 후 박상중이 한선모에게 전달해 실행되었던 문과대 학회 내의 언더모임을 만드는 작업, 즉 사회학과 김창현과 신수현을 맡아 한두 번 만나면서 언더모임 구성을 추진하려 했던 내용도 추가되었다. 이후 김창현과 신수현이 붙잡혀 뺨을 맞고 있을 때, 잔인하게도 그 장면을 한선모가 직접 목격하게 되었다. 혹독한 구타와 고문에 심신이 짓이겨진 한선모였지만 박상중은 끝내 불지 않았다. 박상중 이름까지 불게 되면 고대 학생운동 조직 전체가 심각한 타격을 입을 거라는 생각에서였다. 이를 악물고 끝까지 버텨야 했던 이유였다.

성북서 지하 보일러실에서의 조사

한선모가 아타를 양창욱에게서 받았다는 진술을 받아낸 이후 성북서 이강수는 양창욱을 집중적으로 추궁했다. 양창욱은 고등학교 친구 연세대 80학번 한석현에게 받았다고 사실대로 말하면 사건이 커질 것 같아 버티며 1박 2일을 두들겨 맞았다. 추궁이 계속되자 양창욱은 사회학과 선배 김덕균(79학번) 같으면 어떻게 해결해줄 것 같다는 생각에 고민 끝에 김덕균에게서 받았다고 해버렸다. 그때가 3월 9일이었다.

성북서는 즉각 김덕균의 집으로 형사를 파견했다. 김덕균은 형사가 집 앞에 와 있다는 어머니 전화를 받고 학교 후배에게 물어 누가 성북서에 연행되어 있는지 파악했다. 그런 후 김덕균은 곰곰이 생각하고서는 크게 문제 될 게 없다고 판단해 집에 들어갔다. 그렇게 김덕균은 성북서 정보과 형사들이 자신의 집에서 잠복한 지 3일 만인 3월 11일 성북서에 연행되었다.

김덕균은 연행되자마자 바로 성북서 지하 보일러실로 직행했다. 3일간 진행된 수사 기간 동안 유치장에서는 잠깐 있었을 뿐이고 대부분을 그곳 지하 보일러실에서 조사를 받았다. 사실 김덕균이 양창욱에게 보여준 아타는 1982년 여름에 학회 80학번들을 자신의 집에서 교육시킬 때 열람하게 한 후 회수했던 거였다. 그리고 양창욱에게 보여준 아타와 성북서가 압수한 아타는 달랐다. 양창욱에게 보여준 아타는 성균관대 리포트 용지에 수기로 작성된 팸플릿의 복사본이었고, 성북서 아타는 새롭게 타이핑해 유포되었던 아타였다.

성북서에 잡힌 김덕균은 조사를 받으며 생각했다. 아타가 두 가지라 끝까지 버티지 않으면 사실과 다르게 사건이 확대되거나 조작될지도 모른다고 판단했다. 조사 기간 내내 이를 경계하며 부인하는 진술로 일관했다. 하지만 견딜 수 없을 정도로 많이 맞게 되면서 도저히 못 살 것 같아 '빵'에 있던 사회학과 선배 김광경(78학번)에게서 받았다고 했다.

기지를 발휘해 위기를 넘긴 김덕균과 임기상

성북서 형사들이 1982년 11월 4일 시위로 서울구치소에 수감 중이던 김광경을 면회하기 위해 긴급 파견되었다. 김광경은 그런 일 없었다고 금시초문이라고 말했다. 그러자 허탕을 치게 된 성북서 형사들이 다시 돌아와서는 더 심하게 김덕균을 몰아붙이고 매타작을 가했다. 김덕균은 계속 매질을 당하고 고문을 받게 되면 몸이 다 망가질 것 같아 작전을 세웠다. 유치장에서 나가는 사람을 이용해 상황을 바꿔보겠다는 생각을 한 것이다. 김덕균은 당시 1983년 2월에 졸업한 후에 새한신문사에 취업해 있던 임기상을 아타 전달자로 지목하기로 작전을 구상했다. 그래서 김덕균은 성북서 유치장에 수감되어 있다 석방되어 나가는 사람에게 메모를 전달하겠다는 계획을 세웠다. 마침 성북서 유치장에 유치되었다가 나가는 사람이 있어 김덕균은 메모를 부탁했다.

다행히 그 사람은 김덕균의 부탁을 받아들여 유치장에서 나가는 즉시 임기상에게 전화를 했다. 오전 6시임에도 그 전화를 임기상이 받았다. 김덕균 부탁을 받은 사람이 메모 내용을 전화상으로 임기상에게 전했다. "기상아, 내가 성북서에 연행되어 아방과 타방 팸플릿 때문에 조사를 받고 있는데 전달자를 이야기할 수 없어 불가피하게 직장 생활을 하는 너를 진술하게 됐는데 성북서 경찰관들이 곧 찾아갈 것이다." 그 통화를 한 지 한 시간 정도 지나자 메모 내용대로 성북서 형사 두 명이 임기상 자택으로 찾아왔다. 임기상은 그 길로 성북서 정보과에 연행되었다.

성북서에 임기상이 도착하자 이강수가 위협하듯 다짜고짜 캐물었다. "아방과 타방 읽어봤지. 김덕균에게 줬다며. 거짓말할 생각하지 마. 김덕균이 옆방에 있어. 너 누구한테 받았어?" 임기상은 성북서로 끌려오면서 이미 생각해 둔 바가 있었다. "KSCF(한국기독학생회총연맹) 총무 정상복에게서 받았습니다."라고 순순히 대답을 해주었다. 정상복 전 총무가 수개월 전에 미국으로 유학을 가고 국내에는 없다는 사실을 이미 알고 있었던 터라 그리 말한 거였다. 이강수가 다시 "그 팸플릿을 언제 받았느냐?"고 캐묻자 임기상은 "한 달쯤 전에 감옥에 간 동료의 영치금 모금과 관련해 협조를 요청하기 위해 정상복 총무에게 갔다가 요즘 대학가에 은밀히 나돌고 있는 팸플릿이라며 아방과 타방을 읽어보라는 권유와 문건을 받게 되었습니다."라고 대답했다.

이강수는 임기상의 진술을 듣고 즉시 누군가에게 지시했다. 정상복이 어디에 있는지를 찾아 연행하라는 지시였다. 이강수는 1시간쯤 지나 정상복이 미국에 갔다는 것을 확인하고는 얼굴이 일그러졌다. 그러고는 다시 임기상에게 "정상복이 미국에 갔다는 것을 알지 못했느냐?"라고 다그쳤다. 임기상은 "전혀 몰랐다."라며 시치미를 뚝 뗐다. 이강수는 반성곤, 이성열 등 정보과 경찰관들과 대책을 수립하기 위해 상의하기 시작했다. 그러자 임기상이 "직장 생활로 바쁘기 때문에 돌려보내 달라!"라고 소리치며 강력하게 석방을 요구했다. 잠시 고민을 하던 이강수가 하는 수 없다는 표정으로 임기상을 돌려보내면서 "다시 부를 테니 그때 꼭 재출석해야 돼!"라고 소리를 질렀다.

언제 어디서 어떻게 튈지 모르는 불똥

임기상을 석방한 후 오후 3시경에 다시 이강수가 새한신문사로 전화를 했다. 임기상에게 "미진한 부분이 있는데 다시 한번 성북경찰서로 나와 달라."라고 했다. 하지만 임기상은 그 요구를 거부했다. "기사 마감 때문에 나갈 수 없다."라고 대답한 뒤 출석에 응하지 않았다. 그런데 2~3일이 지나서 유구영(행정학과 76학번)으로부터 뜻밖의 전화를 받게 되었다. 당시 유구영은 청주에서 노동운동을 하고 있었는데, 갑작스레 성북경찰서 정보과 경찰관들에게 연행되어 조사를 받으면서 아타 팸플릿을 임기상에게 줬냐는 추궁을 받았다고 했다. 결국 관련 혐의가 없어 석방되었는데, 그런 후 유구영이 임기상에게 전화를 해 성북서에서 자신의 이름을 진술했는지를 묻게 된 거였다. 임기상은 성북서에서 약 2시간 동안 조사를 받는 동안 유구영에 대해서는 일체 언급한 사실이 없었다고 대답해주었다.

　이 일의 전말은 대략 이렇다. 정상복이 국내에 거주하고 있지 않다는 사실을 확인한 이강수가 정상복과 함께 KSCF에서 활동하던 사람들 중에 고려대 출신자를 파악해 유구영을 마구잡이로 연행했던 것으로 보인다. 일단 연행해서 몰아붙이면 무언가 나올 수도 있을 거라는 생각해 밀어붙인 작전이었던 셈이다. 잔머리에 밝은 이강수다운 꼼수였다. 유구영은 KSCF 대학생부 총무로 정상복 KSCF 총무하고 같이 일하다 정상복 총무가 나올 때 함께 그만둔 뒤 청주로 노동운동을 하기 위해 내려간 상태였다. 그런데 엉뚱하게도 3.7 사건 아타 팸플릿 조사로 성북서까지 연행되는 황당한 일을 겪게 된 것이다. 당시 운동가의 상황은 매일매일 어디서 불똥이 튈지 모르는 것이 하루하루의 삶이었다.

절차를 무시한 채
일사천리로 강행된 강제징집

　한선모를 가혹하게 고문하는 데 앞장섰던 곽이홍은 스스로 독실한 크리스천이라고 했다. 그는 공산당 때려잡는 게 하느님을 섬기는 길이요, 학생운동가를 선도하는 게 예수님을 따르는 길이라 믿고 있었다. 사탄은 구제할 수 없는 적인데, 그에게 사탄은 학생운동가였다. "이보랑께, 성경에도 적혀 있단 말씨. 설사 대통령께서 독재하시더라도 하나님에게 우리네 하찮은 국민들은 기도나 하면 된당께. 무신 기도냐 하면 우리들은 독재는 싫지만, 당신 뜻대로 허시랑께 허면 된단 말이여! 나도 독재 싫고 우리 경찰 박봉에 허접 떠는 거 니들도 알긋지. 허나 나는 느그들 맨치로 지랄 발광하지는 않는다 그거여. 생각이 뻘개져서 공산당 하겠다 그러지는 않는단 말이여! 으잉 이 새빨갛다 못혀 시뻘갱이눔아!" 전라도 사투리로 원색적인 욕까지 섞으며 한선모를 모질게 매질하던 곽 형사가 여러 날이 지난 후에 의외의 제안을 했다. 술 한잔 사주겠다는 것이었다.

둘째 형 두원과의 마지막 술자리

한선모는 속으로 '아 이제 끝나는 것인가?'하고 생각했다. 곽 형사가 안암천을 따라 올라가다 보문시장을 지났다. 그리고 찻집 '영'으로 안내했다. 세 사람이 곽 형사 뒤를 말없이 뒤따랐다. 가는 동안 한선모는 줄곧 땅만 쳐다보며 걸었다. 두황은 한선모와 양창욱을 번갈아 보면서 말 없는 대화를 나누고자 했다. 찻집 영은 차를 파는 곳이 아니라 술을 파는 술집이었고, 즉석 매춘을 하는 아가씨가 있는 집이었다. 찻집에 들어선 이후 한선모가 침울한 표정으로 아무런 말도 없이 앉아 있자 아가씨들이 조금 추근대다 이내 그만두었다. 양창욱은 아가씨들의 추근거림을 벌레 피하듯 온몸으로 거부했다. 사정을 모르는 아가씨들은 한 푼이라도 더 벌기 위해 온갖 아양을 다 떨었다.

두황은 그저 따뜻하게 웃고 있었다. 아가씨들이 온갖 교태를 부리며 달라붙으면 애써 뿌리치지는 않고 친절한 어투로 대답해주었다. 그러는 와중에 자칭 독실한 크리스천 곽 형사는 미스 황이라고 자신을 소개한 아가씨를 거칠게 구석방으로 끌고 들어갔다. 곽 형사가 일을 마치고 나올 때까지 셋은 조용히 술잔만 기울였을 뿐이다. 시간이 좀 흐른 후 미시간 호텔로 돌아가는 길이었다. 곽 형사가 셋을 보고 난데없이 어깨동무를 하자면서 "자 흔들리지 흔들리지 않게…" 하면서 운동가요를 선창했다. 기묘하고도 어처구니없는 장면이었다. 한선모가 동료를 쳐다보자 두황이 말했다. "선모야 흔들리지 말자…"

3월 16일, 한선모가 끌려온 지 10일째, 두황과 양창욱이 끌려온 지 9일째 되는 날이었다. 성북서 형사들이 세 명에게 군대 가기 전에 집에서 하룻밤 지내도록 허락했다. 두황이네 집에서 아버님과 두원이 두황을 데리러 성북서에 갔다. 두원은 현대에 취직해 있었는데 그날 월차를 냈다. 성북서를 나오면서 두원이 두황이에게 술 한잔 사주겠다고 그랬다. 그러자 두황이 재빨리 양창욱에게 달려가서 "우리 형이 술 한잔 사준다는데 같이 가자!"라고 그랬다. 이 말을 들은 성북서 형사가 "같이 가는 것은 안 돼!" 하면서 둘이 함께 있는 것을 막았다. 하는 수 없이 두황이 두원에게 다가가 "에이, 같이는 못 모이게 하네. 형 그냥 가자!" 당시 성북서로 두황을 데리러 간 둘째 형 두원의 얘기다.

1983년 1월에 내가 취업을 했지. 처음 취업한 현대에 있을 때지. 그때 성북서에서 연락이 와 데리고 가라 그래서 두황이를 데리러 갔지. 그리고 성북서를 나와 화곡동 집에 가는 길에 이대 앞에 내려 월급 받은 것으로 술 한잔을 샀지. 그때 성북서로 두황이 데리러 갈 때 아버님하고 내가 같이 갔지. 나는 그때 두황이에게 군대 가서 정신 차리고 너 살길 찾으라고 그랬지. 이대 초입에 분위기 있는 술집이었어. 내 기억으로는 상호가 포시즌인가 그랬어.

집에서 단 하룻밤만을 보내고 전방으로

두원과 술을 마시면서 두황은 자신이 고대 학생운동 통합조직을 만들기 위해 진력을 다한 일에 대해, 3.7 사건으로 성북서에서 조사를 받으면서도 '지하조직 81통일체'에 대해 끝까지 발설하지 않고 버틴 것에 대해 강한 자부심을 표시했다. 김희근은 4월 30일 보안사에 연행될 때까지 지하조직과 연계되어 연행된 81학번이 한 명도 없었다고 기억했다. 두황의 자부심이 괜한 자부심이 아니었던 것이다. 두황과 이대 앞에서 술을 마실 때는 몰랐는데 나중에 두원이 안 사실이 있다. 이 얘기를 하며 두원은 깊은 한숨을 내뱉었다.

아버지는 성북서에서 두황이를 데리고 나오실 때 당신 주머니에 있는 돈을 다 찔러 주면서 도망갈 생각이 있으면 도망가라고 했어. 그 이야기를 나중에 아버님이 두황이 죽고 난 뒤에 하시더라고. 아버님은 도망가라고 그랬는데 형이란 게 군대 가서 정신 차리라고 그랬으니 두황이에게 미안하지. 형이란 게 그랬으니. 휴….

3월 16일 하룻밤을 집에서 보낸 두황은 부모님에게 인사를 했다. "너무 걱정하지 마세요. 안녕히 계세요. 군대 잘 다녀오겠습니다." 인사를 마치고는 아침 일찍부터 집 앞에 대기 중이던 성북서 지프차에 올라탔다. 양창욱과 한선모도 마찬가지로 아침 일찍 성북서에서 보낸 지프차에 올라탔다. 이후 세 사람은 미시간 호텔로 향했고 거기서 머물며 다음날까지 대기했다. 현역 입영통지서가 만들어질 때까지 기다린 것이다. 3월 18일이 되자 세 사람에게 입영통지서가 발부되었다. 신체검사도 받지 않았던 두황과 양창욱의 현역 입영통지서가 어떻게 하루 만에 뚝딱 만들어졌을까?

학생운동 탄압 도구로 삼았던 악랄한 강제징집

이런 일이 가능했던 것은 전두환 군사정권의 노골적인 학사개입 때문이었다. 80년 서울의 봄을 맞이해 1980년 2월 23일 학원자율화가 시행되면서 박정희 유신정권 시절 총·학장의 직접 권한이었던 지도휴학(권고휴학) 제도가 폐지되었다. 하지만 5.18 비상계엄령 이후 실권을 잡은 전두환 신군부

세력에 의해 1980년 5월 27일에 발족한 국가보위비상대책위원회(국보위)에서 교육정상화 명목으로 대학의 학사행정에 개입하기 시작했다. 신군부 세력은 1980년 6월 11일 전국 대학 총·학장 회의를 열어 학원정상화 방침을 시달하는데, 이때 총·학장의 직권에 의한 직접 징계권을 되살렸고 지도휴학제도 부활시켰다.

단 5개월 만에 부활한 지도휴학제에 의해 학생의 의사와 상관없이 지도휴학에 의한 학적변동이 이루어지고 강제징집이 이루어질 수 있게 된 것이다. 지도휴학제는 각종 시위 등으로 무기정학 처분을 받은 학생들에게도 강제징집을 할 수 있는 근거를 제공했다. 원래 제적이 아닌 무기정학 중에는 학적을 유지하는 것으로 간주되어 징집을 피할 수 있는데, 지도휴학제를 악용해 징계를 해제하는 대신 휴학을 시키게 되면 군 입대가 가능해지기 때문이다. 그렇게 학생운동 지도부나 시위주동자 등 위험 인물이라 점찍은 학생들을 정보기관이나 경찰서 정보과 등에서 군 입대를 종용해 학적을 변동시킨 후 강제로 입영을 시켰다. 군 징집을 이용해 학생운동을 탄압하려는 잔인한 수법이었다.

전두환 군사정권은 집권 이후 지도휴학제 부활과 함께 각종 시행령을 고침으로써 강제징집에 방해가 되는 요소를 제거해나갔다. 전두환은 1981년 4월 2일 국방부 장관에게 "소요 관련 학생들은 전방부대에 입영 조치토록 하라."라고 직접 지시했다. 이에 국방부는 같은 해 4월 6일 국방부 인사국장, 육군본부 충원과장, 문교부 대학국장, 병무청 정보과장 등이 참석한 관계부처 회의를 개최했다. 그 회의에서 소요 관련 학적변동자를 별도로 구별해 이들을 최전방 부대에 배치하기로 결정했다.

모든 절차들이 생략된 채 발부된 입영명령서

전두환 군사정권은 학생운동 관련자라는 이유만으로 연령, 신체조건에 관계 없이 징병 절차를 무시하고 경찰 등 수사기관을 총동원해서 학생들을 연행한 후 강제로 징집해 무조건 최전방에 배치하는 대학생 강제징집을 실시했다. 국방부는 1981년 12월 1일, '소요관련 대학생 특별조치 방침'을 관계부처에 통보함으로써 경찰 등 각 부처의 역할 분담하에 강제징집 실시를 노골화했다. 병역법과 학칙이 정하는 바에 따라 학교에서 학적 여부를 병무청에 알리면 이를 해당 학생에게 징병검사 일자를 통보하고, 그런 후 징병검사를 받아 합격 판정을 받으면 입영명령서를 교부해야 했지만 이런 절차들이 모조리 생략된 채 징집을 밀어붙였다.

두황과 양창욱의 징집과정도 병역법이나 정상적인 절차를 아예 무시한 채 초스피드로 진행되었다. 성북서 정보과는

1983년 3월 17일 자로 3월 18일에 입영하라는
서울지방병무청장 명의의 현역입영명령서.
병무청은 학생운동가들을 입영 조치하라는
공안 당국의 지시에 따라 병역법을 무시하면서까지
철저히 순종했다. (출처: 국가기록원)

두황, 양창욱, 한선모를 연행해 9일 동안 조사하고 심문한 사건을 '고대 단대간 학회연합체 및 지하조직 81통일체 연계 1983년 1학기 시위 모의사건(일명 3.7 사건)'으로 규정했다. 그런 후 세 사람에게 지도휴학 처리 후 군 입대를 권유하는 '조치의견'을 고려대 당국에 보냈다. 말이 권유이지 사실상 학교 당국에 대한 통보였다. 고려대 장학과에서는 성북서의 조치의견을 받자마자 3월 16일 두황과 양창욱, 한선모에 대해 지도휴학 조치를 하였다.

세 명의 부모를 대학에 불러 "이 사안은 구속 사유인데 대학에서 성북경찰서에 특별 부탁을 해서 군대 보내는 것으로 문제를 해결하기로 했으니 협조해주면 좋겠다."라며 마치 선심 쓰듯이 강제 휴학계에 사인하도록 했다. 두황을 비롯한 학생 본인들의 의견은 당연히 물어보지도 않는 채 무시되었다. 대학 당국이 학적을 변동시키고 학적변동 사실을 통보하기가 무섭게 서울지방병무청은 징병검사 절차를 생략한 채 3월 17일 서울지방병무청장 명의의 현역 입영명령서를 발부했다. 다음날인 3월 18일 입영하라는 거였다. 이렇게 해서 두황, 양창욱 그리고 한선모는 특수학적변동자가 되어 강제징집 대상이 되었다.

다시는 돌아오지 못할
머나먼 곳으로

　한편 박상중은 세 사람이 성북서에 조사를 받고 있다는 정보를 듣고 두황이 군대 가기 전에 한번 봐야겠다고 결심했다. 그래서 당시 자신의 성북서 담당이었던 김영규 형사에게 부탁했다. 김영규 형사는 박상중에게 3월 18일 아침 일찍 오라고 했다. 박상중은 후배 자췻집에서 잠을 자다 새벽같이 일어나 성북서로 갔다.

　성북서 정보과에 도착해 보니, 두황은 책상에 앉아 무엇인가를 쓰고 있었고 양창욱은 이미 호송용 경찰 승합차에 탄 상태였다. 두황을 보자마자 박상중은 두황에게 다가갔다. 박상중은 두황과 정작 하고 싶은 말을 할 수가 없었다. 예전에 두황의 집에 갔을 때 두황 어머니가 친구들에게 잘해 줬다는 애기를 꺼내며 연로한 어머니가 걱정된다는 애기를 나누었다. 그러면서 "두황아! 걱정하지 마. 우리가 한 번씩 찾아뵐게!" 하고서 두황과 헤어졌다. 창욱이한테는 경찰 승합차 유리창을 통해서 잘 가라고 인사했다. 무슨 다른 말 할 상황도 아니었고, 두황의 얼굴 한번 본 것으로 만족한 마지막 만남이었다.

작별인사가 될 줄은 꿈에서조차 상상하지 못했는데

두황과 양창욱은 3월 18일 성북서 정보과에서 단 십 분 정도의 서류절차를 거친 다음 강원도 춘성군 신북면 천전리(현재 춘천시 신북읍 천전리)에 있는 103보충대로 끌려갔다. 병무청 직원 한 명과 성북서 형사 2명이 성북서 승합차에 동승해 세 사람을 그곳으로 데리고 갔다. 한선모는 1982년 말 신체검사에서 눈이 나빠 병종 징집면제 판정을 받았기 때문에 경찰 승합차에 탈 필요가 없었지만 성북서 형사들이 친구를 배웅할 수 있는 특혜를 준다며 같이 타고 가게 했다. 춘천까지 타고 가는 경찰 승합차 안에서 두황은 형사하고 태연하게 농담을 주고받았다.

두황과 양창욱은 춘천 103보충대에서 "키 얼마야? 몸무게 얼마야? 아픈 데는 없지?" 하는 5분 짜리 초약식 신체검사를 받고 머리를 깎았다. 그리고 사복을 벗어 집으로 보내고 군

복으로 갈아입었다. 춘천 103보충대에서 하룻밤을 자고 두황과 양창욱은 인솔 장교를 따라 삼척에 있는 68훈련단으로 출발했다. 그때가 3월 19일 오전이었다.

집으로 배달된 아들 옷을 보고 무너진 아버지의 비극

며칠 지나지 않아서 103보충대에서 보낸 사복이 각자의 집에 도착했다. 그 당시 양창욱 아버지는 자신이 살고 있던 용강동 집을 헐어 가까운 친척과 함께 5층 빌딩을 올리는 사업을 하고 있었다. 그런데 가까운 친척이 배신을 하는 바람에 민사소송에 휩쓸려 속을 태우며 스트레스를 받고 있던 중이었다. 이런 와중에 103보충대에서 보내온 아들의 사복을 보자 북받치는 감정을 주체하기 어려웠다. 아들을 지키지 못했다는 자괴감에 허망했고 아들의 안위가 너무 걱정이 되어 하루 종일 아들의 옷을 만지면서 울었다.

두황과 양창욱은 춘천 103보충대에서 인솔자를 따라 3월 19일 하루 종일 이동해서 삼척 68훈련단에 도착했다. 도착한 다음날인 3월 20일부터 훈련에 들어갔다. 훈련 11일 차가 되었을 때 양창욱에게 청천벽력같은 소식이 전해졌다. 아버지가 돌아가셨다는 급보였다. 103보충대에서 보내온 아들의 사복을 만지면서 하루 종일 울고 난 뒤 그 이후로 기력을 제대로 찾지 못한 채 3월 30일 저혈압으로 쓰러진 뒤 그만 돌아가시고 말았다는 것이다. 양창욱은 급히 2박 3일의 휴가를 얻어 아버지 장례를 모시고 이내 68훈련단에 복귀해야 했다. 아버지 삼우제도 지내지 못하고 귀대하는 길이 너무 무거웠다. 68훈련단에 복귀할 때 둘도 없는 고등학교 동창인 한석현이 삼척까지 양창욱과 동행해 주었다.

  훈련은 6주간 이어졌다. 두황은 강제징집이라는 최악의 상황에서도 특유의 낙천적 태도와 강인한 정신력을 유감없이 발휘했다. 신병훈련을 마친 4월 30일, 두황은 보병 제68훈련단장 준장 문금주로부터 훈련성적이 우수하다며 1등상을 받았다. 이후 두황은 2대대에 배치되었다. 훈련소 동기 황 이등병, 한 이등병, 박 이등병, 신 이등병 등 20여 명과 함께였다. 신병훈련을 마친 다음날인 5월 1일 22사단으로 가는 관광버스에는 양창욱도 같이 승차했다. 양창욱은 자대가 22사단 55연대 3대대로서 2대대인 두황과 대대에서 갈라지기 때문에 연대본부가 있는 고성군 거진읍 반암리까지는 같이 갈 수 있었다. 두황의 소속 대대는 민간인 통제선 동쪽 맨 끝 검문소인 9검문소를 지나 해안선을 따라서 더 북쪽으로 올라가야 했고, 양창욱의 3대대는 9검문소를 지나 서쪽 방향의 산악지대로 올라가야 했다. 해안과 산의 갈림길에서 둘의 운명이 갈라지게 되리라는 걸 두 사람은 그때까지는 전혀 알지 못했다.

2023년 1월 16일 춘천 103보충대 앞에 선 양창욱.
1983년 3월 19일 김두황과 함께 103보충대를 떠난 이후 40년 만에 다시 찾았다.
(2023년 촬영)

두 사람이 곧 헤어져야 할 시간 앞에서

삼척 68훈련단에서 55연대가 있는 반암리까지는 2시간 정도 걸리는 거리였다. 같이 관광버스를 타고 가면서 훈련소 동기들은 두황이 훈련단장 표창을 받았기 때문에 행정병으로 뽑힐 줄 알았는데 다른 신병들과 함께 소총병으로 전방에 배치되는 것을 보고 특수학적변동자에 대한 군부대의 불이익 조치가 아닌가 하는 이야기를 서로 주고받았다. 일행들은 22사단 사령부에 도착해서는 신고만 하고 곧바로 55연대본부로 향했다. 두황과 양창욱은 55연대본부에 그대로 남고 나머지 훈련병들은 55연대본부에 신고를 마친 후 바로 현재의 고성 통일전망대 자리에 있던 대대본부로 떠났다. 55연대 본부에 남은 두황과 양창욱은 연대 보안반에서 이틀을 같이 조사를 받았다.

5월 3일이 되자 양창욱이 먼저 자대로 떠났다. 1981년 11월 두황이 정경대 학회 활동을 하기 위해 학내로 컴백한 이후 양창욱과는 가족보다 더 자주 보는 사이였다. 두 사람은 1학년 때부터 겨레사랑회 서클 활동을 함께했던 절친한 사이일 뿐 아니라 1982년 말에서 1983년 초까지 80학번 학회장 모임을 이끌었던 끈끈한 동지였다. 그리고 두 사람은 1983년도 고대 학회 활동 전반에 대한 큰 그림을 그려나가고 있었던 최고의 파트너이기도 했다. 그랬던 두 사람이 예기치 않았던 3.7 사건을 만나 성북서에서 같이 잡혀가 고문을 받으며 강제징집을 당하게 되었다. 둘의 동행은 춘천 103보충대, 68훈련단 6주 훈련, 55연대 본부까지 이어졌다.

하지만 두황과 양창욱 모두 곧 두 사람이 헤어져야 한다는 걸 알고 있었다. 두황은 22사단 55연대 2대대 소속이고 양창욱은 3대대 소속이었기 때문이다. 두황은 양창욱과 헤어지기 전 잠깐의 둘만의 시간이 주어졌을 때 아버지를 잃은 양창욱에게 용기를 주고 싶었고, 진심으로 격려하고 싶었다. 두황과 창욱은 55연대 본부 식당에서 점심을 먹은 후 본부 식당 뒤 햇빛이 들어오는 마당에서 담배 한 대를 태우며 5월 하늘의 흰구름이 흘러가는 것을 쳐다보았다. 인제 헤어지면 언제 다시 만날지 몰랐다. 두황이 말했다. "창욱아! 너 잘하는 그 노래 한번 해봐라. 그 있잖아. 양희은의 '나는 돌아가리라' 하는 거. 그게 갑자기 듣고 싶네. 한번 해봐라." 창욱은 두황을 한 번 보고는 씨익 웃고는 "너가 원한다면 못할 것 없지." 하며 기침을 한두 번 하고 나서 양희은의 '가난한 마음'을 불렀다.

나는 돌아가리라/쓸쓸한 바닷가로/그곳에 작은 집을 짓고/돌담 쌓으면/영원한 행복이 찾아오리라/내 가난한 마음 속에 찾아오리라/ 나는 돌아가리라/내 좋아하는 곳으로/다시는 돌아오지 않을/머나먼 곳에/나 돌아가리라/나는 돌아가리라/저 푸른 숲으로/이슬 젖은 풀 위에 누워/산허리에 달을 보면/그리운 모습들 비춰 주리라/내 까아만 눈동자에/비춰주리라/나는 돌아가리라/내 좋아하는 곳으로/ 다시는 돌아오지 않을 머나먼 곳에 나 돌아가리라.

두황과 짧은 둘만의 시간을 가진 양창욱은 3대대의 부식차가 55연대를 들렀다 떠나는 시간에 맞춰 55연대를 떠나 22사단 55연대 3대대 10중대 1소대로 떠났다. 의지하고 힘이 되었던 양창욱도 떠나고 홀로 남게 된 두황은 이틀 후인 5월 5일에야 자대에 도착했다. 두황이 양창욱과 헤어져 자대에 도착하기 전까지 이틀 동안 어떻게 지냈는지는 지금까지도 확인되지 않고 있다. 두황이 특수학적변동자로 강제징집을 당했다는 점과 고려대 학생운동의 핵심이었다는 점을 고려하면 보안사로부터 추가로 녹화공작을 당했을 것이라는 추정이 가능하지만 보안사는 두황에 대한 자료가 일체 없다는 입장을 고수하고 있다. 두황은 자대에 도착한 다음날 5월 6일에 '나의 성장기'를 썼다. 나의 성장기 작성은 신병들이 소속대 지휘관들에게 자신이 살아온 삶을 글로 보고하는 일종의 신고절차였다. 6쪽으로 작성된 두황의 나의 성장기 마지막 부분은 이렇게 되어 있다.

여하튼 대학생활은 많은 친구들과 만나서 이야기하면서 지냈던 것 같습니다. 그런데 동료들과 만나서 토론하는 것이 군에 입대하는 동기로 변할 줄은 몰랐습니다. 제가 3학년 때는 경제학과 학생회에 총무로 있었는데 겨울방학 과정에 83학년도 5월의 고대축제와 6월의 학내 총학생장 선거를 준비하는 모임을 갖게 되었습니다. 즉 각 학과 대표 10명이 모여 축제와 선거를 놓고 토론을 벌이며 그 준비를 하려고 했습니다. 물론 참석했던 인원이 과의 대표는 아니었지만, 그 연고로 학칙 위반이라는 말을 듣게 되었고 이것으로 1983년 3월 8~15일까지 성북경찰서에서 조사받은 후 군에 입대하게 되었습니다. 물론 부모님을 제외한 가족과 친구는 못 만나고 외롭게 군에 오게 되었지만 모두들 군대 생활은 친구와 함께 하는 것이 아니라 혼자 생활하는 것으로 알고, 앞으로의 군 생활을 열심히 하겠다는 생각입니다. - 1983. 5. 6 작성자 김두황

군대 생활이 아무리 어려울지라도 헤쳐나가리라

양창욱까지 떠난 후 혼자가 된 뒤 쓴 두황의 글 중에서 '모두들 군대 생활은 친구와 함께 하는 것이 아니라 혼자 생활하는 것으로 알고'라는 표현에는 군대 생활이 아무리 어려울지라도 모든 상황을 혼자 헤쳐나가겠다는 굳은 결의를 엿볼 수 있다. 두황은 5월 5일 2대대 부식차를 타고 고성 통일전망대에 있는 2대대 본부 중대로 갔다. 황 이등병을 비롯한 4

명의 훈련소 동기들은 두황이 오기를 기다리며 2대대 본부 중대에 대기 중이었다.

  2대대 본부 중대에서 두황은 2대대 경비소대에서 근무 중인 서울대 공업화학과 79학번 정기봉을 만나게 된다. 정기봉은 대대 행정병한테서 새로 들어온 신병 중에 특수학적변동자가 있다는 소식을 듣고 두황을 만나러 왔다. 정기봉은 입대 전 서울대에서 학생운동을 했는데, '국풍 81' 행사와 관련해 교내에서 유인물을 배포한 혐의로 관악경찰서에서 체포되어 취조를 받고 입건되었지만 검찰조사 과정에서 기소유예 처분을 받아 석방되었다. 하지만 이 사건으로 인해 무기정학 처분을 받게 되었다. 정기봉은 석방되는 과정에서부터 관악경찰서 담당 경찰관인 정보과 곽 형사의 입대 종용을 받았다. 자신의 석방이 입대를 전제로 한 것이 아니었지만 무기정학 상태였기 때문에 한 학기 동안 쉴 수밖에 없었다. 관악서의 요시찰 대상이었던 정기봉은 쉬는 학기 중에도 곽 형사가 수시로 찾아와서 입대할 것을 종용하는 것을 거부하지 못하고 결국 1982년 2월에 입대를 하게 되었다.

훈련소 동기와 전방에서 만난 학생운동 선배

  정기봉이 두황을 만나서 자신에 대해 간략하게 소개를 하자 두황은 반갑게 학생운동 선배로서 정기봉을 대했다. 정기봉은 두황에게 어떻게 입대하게 되었는지 물어보았고 두황은 자신이 입대하게 된 3.7 사건을 간략하게 요약해 설명했다. 이후 정기봉은 두황에게 '임을 위한 행진곡'을 적어달라고 부탁하고 그 노래를 배웠다. 정기봉은 이미 군 생활을 약 15개월 정도 한 상태였기 때문에 대대 예하 중대에서 생활하고 있는 고려대 출신의 특수학적변동자들을 알고 있어 두황에게 그 사병들의 이름을 알려주었다. 이후 두황이 8중대로 전입된 이후에는 같은 8중대에서 생활하고 있던 고려대 출신의 특수학적변동자 김홍주와 전화통화를 하도록 주선하기도 했다

  5월 5일에 두황은 한 이등병, 박 이등병, 황 이등병과 8중대로 전입되었다. 훈련소 동기 신 이등병만 7중대로 전입되었다. 또 두황은 한 이등병, 박 이등병와 함께 8중대본부에서 3소대로 전입되었고 황 이등병은 8중대본부에서 하루를 머물고 나서 8중대본부에서 동해안으로 나가면 만날 수 있는 해안경비소인 2분초로 전입되어 일주일 정도 생활하다가 2대대 군수과로 옮겨졌다. 그리고 7중대로 전입되었던 신 이등병도 2대대 군수과로 전입되어 황 이등병과 같이 생활하게 되었다.

강제징집으로 인한
3인 지도부 체계의 위기

두황과 양창욱이 68훈련단에서 훈련을 마치던 날, 김희근은 보안사령부에 연행되었다. 사건의 발단은 식품공학과 81학번 신상한으로부터 시작되었다. 신상한이 의문사위 1기 참고인으로 나와 한 진술을 요약하면 다음과 같다.

신상한은 80학번 김선중, 문택환과 함께 농대 서클인 상록회에서 같이 활동하고 있었는데, 김선중이 1983년 4월 15일 교내시위 주동으로 나서게 되었다. 신상한은 김선중이 성북서에 들어가서 고문을 못 견뎌 자신의 이름이 나올 경우를 대비해 알리바이를 맞추기 위해 4월 15일 전에 고향인 경남 진주로 내려갔다. 신상한은 진주에 내려간 김에 경상대 후배들을 만나 세미나 학습을 지도했다. 그리고 진주에 내려갈 때 가지고 갔던 팸플릿 아방과 타방을 진주고 선배인 부산대 76학번 최 선배에게 전달했다.

경상대 세미나 모임에서 발단이 된 김희근의 보안사 연행

사건은 경상대 세미나 모임에서 발단이 되었다. 경상대 학내 방송반에 있던 영문과 82학번 학생의 방송 원고가 문제였다. 그 방송이 문제가 되자 진주경찰서에서 수사에 착수했고 경상대 세미나 모임에 참여했던 10명 전원이 연행되었다. 조사가 진행되면서 신상한 이름이 나오게 되어 신상한도 4월 21일경에 진주경찰서에 연행되어 조사를 받게 되었다. 그런데 이 조사가 진주경찰서에서 보안사로 이첩되었고, 아방과 타방을 전달한 부산대 최 선배에게도 불똥이 튀었다. 보안사에 잡혀 조사를 받던 신상한에게 조사관이 "경상대 세미나 팀원들이 너가 사회주의 교육을 시켰다고 진술했는데, 너 사회주의자지?"라고 추궁했다.

처음부터 수사 방향이 간첩단으로 몰아가려는 의도가 농후했다. 이 과정에서 신상한은 상록회에 대해 진술하게 되었고 상록회 회장 문택환에 대해서도 알고 있는 사실을 다 말할 수밖에 없었다. 그런데 보안사에서 조직사건으로 엮으려는 계획에는 무리가 있었다. 신상한으로부터 세미나 지도를 받았던 경상대 학생들은 2~3일 지나 모두 훈방되었다. 신상한과 부산대 최 선배는 약 12일 가량 조사를 받았는데, 최선배는 약식기소로 구류 10일 처분을 받았다. 반면 신상한과 문제의 방송 원고의 당사자 경상대 영문과 82학번 학생은 1983년 5월 6일 진주경찰서 형사들과 부산 병무청으로 가서 간단한 서류를 작성하고 부산 해운대구 소재 육군 53사단으로 강제징집되었다.

술자리에서 주고받은 얘기가 시위 사전 모임으로

신상한이 문택환을 언급함으로써 이후 전개된 상황을 의문사위 1기 참고인으로 나왔던 문택환의 진술에서 요약하면 다음과 같다. 진주경찰서에서 신상한의 입으로 문택환의 얘기가 나오자 보안사 요원은 1983년 4월 28일경 서울 종로구 소재의 어느 오락실에서 문택환을 체포했다. 문택환은 세종문화회관 뒤 보안사 안가에서 하루 정도 조사를 받고 다음날 그곳으로부터 자동차로 30분 정도 떨어진 보안사 분실로 끌려가 수일 동안 조사를 받았다. 그때 심사 장교가 권오경이었다. 권오경은 8절지를 문택환에게 주면서 의식화 과정에 대해 세세하게 작성하도록 요구했다. 또 문택환이 활동했던 흥사단 아카데미와 상록회의 구성원, 활동내용, 세미나 진행 내용, 학습 책자 등을 진술하도록 압박했다. 그리고 고려대 내 기독교학생회, 현대철학회, 여성문제연구회 등 10여 개

서클에 대해 알고 있는 내용을 모두 진술하게 했다.

거기서 그치지 않았다. 권오경은 집요하게 캐물었다. 4.15 시위 이후의 계획과 일정에 대해, 그중에서도 특히 현대철학회 회장 김희근과 어떤 시위를 계획하고 있는지 집중적으로 물으며 문택환을 괴롭혔다. 문택환은 바닥에 누워 있는 상태에서 발바닥을 때리는 고문을 받았다. 계속된 보안사의 고문을 견디지 못하고 문택환은 자신이 1983년 3월에 김희근에게 교내시위를 제안했다는 사실을 실토할 수밖에 없었다.

문택환이 김희근에게 제안한 교내시위 실상을 김희근의 기억으로 재구성하면 이렇다. 4월 21일경 문택환이 김희근 집으로 밤늦게 전화를 했다. 마침 김희근이 집에 들어와 있어 전화를 받았다. 둘은 신촌 술집에서 만났다. 문택환은 이미 많이 취해 있었다. 문택환은 시켜놓은 술을 거의 마시지 못했고 김희근이 혼자 다 마셨다. 문택환은 자신의 아버지가 무슨 은행 전무 출신인데 아버지가 휴학계를 접수시켜 6월에는 입대해야 한다고 했다. 그래서 5월 중에 시위를 해야겠다고 하면서 김희근한테 의사가 없냐고 물었다. 문택환이 많이 취해 있었고 농담처럼 이야기한 것 같아 진심이라면 맨정신 때에 다시 찾아오겠지 싶어 김희근은 그 이야기를 그냥 넘겼다. 그리고 시간이 너무 늦어 문택환을 자신의 집에 재웠다. 사정이 이랬는데 이게 시위 사전 음모 모임이 되어 버린 것이다. 이후 김희근은 안면이 있던 보안사 요원에 의해 연행되었는데, 그 과정을 세세하게 기억하고 있었다.

평소 고려대를 자주 출입해 얼굴을 알고 있던 보안사령부 소속 정송암이 우리 집으로 전화를 해 잠깐 보자고 해서 연세대 앞 독수리 다방에서 4월 30일 오전 10시경에 만나게 되었는데, 그 자리에 덩치 큰 사람을 대동하고 왔어. 대뜸 정송암이 내게 "네가 그럴 줄 몰랐다."라면서 임의동행을 요구했어. 그때 내가 동행을 거부할 수 있을 만한 처지가 아니었다고 느껴 그 사람들이 가지고 온 승용차에 함께 탑승하게 되었어. 서울 경희궁 근처 안전가옥으로 여겨지는 곳으로 함께 간 후, 신원 불상자에게 신병이 인계되었고 또다시 다른 곳으로 데려갔는데, 이때는 내 눈을 가린 상태였기 때문에 그곳이 어딘지는 알 수가 없었지. 그곳에서 하루 동안 조사를 마치고 난 후 승용차에서 언뜻 살펴보니 남산 순환도로를 달리고 있었어. 어딘지 모르는 장소에 도착한 후에는 곧장 지하 조사실로 끌려갔는데 내 눈을 가린 상태였기 때문에 건조물에 대한 일체의 기억은 없으나 실눈으로 언뜻 살펴보니까 정원이 있던 것으로 기억돼. 지하실에는 웬 사내가 나를 기다리고 있었는데 20대 후반으로 턱이 갸름하고 눈이 찢어진 듯한 인상이 기억에 남아 있어. 처음에는 20대 후반의 그 사내로부터 임의의사에 따라 동행에 응했다는 확인서를 작성하도록 요구받았는데 내가 그 요구를 거절하자, 옷을 모두 벗으라고 한 후 주먹질과 귀싸

대기를 수차례 무차별적으로 가격하더라고. 어쩔 수 없이 확인서를 작성한 후 사진을 몇 장 찍었고 책상에 앉은 후에는 석탑축제 때 시위를 하기로 하지 않았느냐는 추궁을 받았지만 그런 사실이 없다고 했지. 그러자 난 20대 후반의 사내가 또다시 엎드려 뻗친 상태에서 팔굽혀펴기를 지시한 후 발길질을 했어. 그 과정에서 보안사 대공처 심사과장 서의남이 조사실 안으로 뛰어들어와 양손으로 내 뺨을 수백 대라고 기억될 정도로 무자비하게 구타하면서 "거짓말하지 마라, 여기가 어딘지 아냐, 바른대로 이야기하라."라고 윽박지르며 물고문을 지시하는 거야. 그렇게 물고문이 시작되었지. 우선 20대로 보이는 사내 3명이 새로 조사실로 들어와 내 다리를 묶고 목재 몽둥이를 무릎 뒤쪽에 댄 후, 다리와 함께 연결해 공중에 매달더라고. 그런 자세에서 내 머리가 뒤쪽으로 젖혀지자, 수건을 얼굴에 씌운 후 주전자로 물을 붓기 시작했어. 그런 상태로 석탑축제 때 문택환과 함께 시위를 계획하지 않았느냐고 계속 추궁하는 거야. 나는 끝까지 부인하며 버텼지. 약 3시간 가량이 지나니까 식사를 하라고 그러대. 식사는 군복 차림의 사병이 군용 식판에 가져다 주었는데 "이 밥은 우리들이 먹는 것보다 좋다, 여기는 간첩을 조사하는 곳이다, 너무 실실 웃으면 혼난다, 아까 너를 조사한 사람은 광주사태 때 공을 크게 세운 사람이다, 조심해라."라는 이야기를 덧붙이더라고. 식사를 마친 후 더 이상의 조사는 진행하지 않고 처음에 나를 조사한 20대 후반의 사내가 나를 데리고 가더니 보안사 진양분실로 인계하더라고. 진양분실에서는 약 9~10일 동안 머물렀던 것 같아. 나를 조사한 사람은 고영준 소령이었어. 처음 3일 동안은 잠을 전혀 재우지 않으면서 문택환과 석탑축제 때 시위를 함께 계획한 것을 인정하라고 요구하는 거야. 그 과정에서 고영준은 나에게 양손을 책상 위에 올리라고 한 후, 손가락 사이에 볼펜을 끼우고 눌러 대면서 고문을 하는 거야. 내가 그 고통으로 인해 비명을 지르자, 고영준 곁에 있던 누군가가 내 입에 수건을 집어넣어 소리를 지르지 못하도록 했어. 그리고 내가 비명을 계속해서 지르는 것을 지켜보던 누군가가 내 입에 발을 집어넣는 거야. 그렇게 해서 내 손가락은 진물이 흘러내리고 피멍이 들었어. 그런 고문이 진양분실에 도착한 후 약 2일 동안 지속적으로 진행되었어. 그렇게 해도 내가 계속해서 부인으로 일관하자 쟤네들도 방향을 틀더라고. 우리 집을 수색해 압수한 사회과학 서적을 들이대며 "이것을 읽어봤느냐?"라고 추궁한 뒤 16절지 종이를 던져준 후, 성장과정에서부터 현재에 이르기까지의 과정을 낱낱이 작성하도록 요구했어. 그 요구대로 작성했는데도 불구하고 반복적으로 재작성을 요구하며 발길질, 주먹질에 따귀를 때렸고 태도가 불량하다면서 또 구타를 하는 거야. 그렇게 해서 진양분실에 도착한 지 4~5일 가량 지난 시점부터는 고영준이 고려대 80학번 모임에 대해 진술서를 작성하라고 하더라고. 그래서 학교 당국에 등록된 서클에서 활동하는 80학번 모임에 대해 기술했지. 내가 진술서를 통해 기술한 80학번 서클 구성원들을 보더니 고문당하는 과정에서 발을 입안에 넣었던 20대 남자가 그림표를 만든 후, 제목을 '80모임 사건'으로 한 후 반국가단체를 구성한 것이라고 단정하더라고. 그 이후에는 더 이상의 특별한 조사는 받지 않았어. 그리고 이틀 정도 진양분실에 더 머물었는데, 고영준이 나보고 "군대를 가게 됐다, 감옥에 안 보내는 것에 대해 고맙게 생각하라."라고 이야기하는 거야. 그리고 1983년 5월 10일 오전에 성북서 이강수가 진양분실로 찾아와 내 신병을 인계받은 후 성북서로 데려가더라고. 그때 이강수에게 "내가 문택환과 시위를 계획할 이유가 없지 않느냐?"라고 강력하게 항의했더니, 이강수가 "맞다. 너는 문택환과 시위를 계획하지는 않았을 것으로 생각하지만, 내가 고려대 80모임에 대해 조사할 필요가 있다고 보안사령부에 이야기했다."라고 그러더라고. 성북서 옆에 있는 미시간 호텔에서 이틀을 자고 5월 12일 아침에 성북서에서 문택환과 함께 승합차를 타고 춘천 103보충대로 직행했지. 다른 형사 두 명도 동행했는데, 그대로 강제징집이었지. 강제징집 하루 전날 이강수가 "김두황에 대해 더 조사할 것이 있었지만 그냥 보냈다."라고 그러더라고. 얘네들이 또 보안사에 두황이 더 조사하라고 한 게 아닌가 하는 의구심이 드는 거야. 그리고 나한테도 "더 털어놓고 군대 가라."라고 그러더라고.

김희근의 강제징집으로 3인 지도체제 붕괴

두황에 이어 김희근까지 강제징집을 당하게 되어 80학번 3인 지도체제가 뿌리째 흔들리게 되었다. 언더조직과 비합 활동을 관리하고 있던 박상중만 남게 되었다. 상황이 급박하게 돌아가게 되자 80학번 3인 지도체제를 뒤에서 지원하던 이승환은 이런 말을 했다. "희근이가 일찍 날라간 게 사실은 나한텐 굉장히 큰 타격이었지." 그것은 박상중에게도 마찬가지였다. 1983년 2학기 계획을 원활하게 짜기 위해서는 오픈서클 80학번들이 움직여야 했는데, 이 역할을 감당했던 김희근이 떠나게 된 상황에서 오픈서클 80학번과 소통하고 오픈서클 활동 전반을 총괄할 수 있는 사람이 없었다.

 어쩔 수 없이 박상중이 직접 나서야 했다. 하지만 그 일은 순조롭게 진행되지 못했다. 오픈서클 내에서는 별로 알려져 있지 않은 박상중이 나서자 이내 불협화음이 생겼기 때문이다. 오픈서클 80학번들 사이에서 박상중의 개입을 못마땅하게 여기며 무슨 권한으로 관여하느냐는 반발이 생겼다. 두황과 김희근, 박상중의 3인 지도체제가 예상보다 너무 일찍 무너지고 박상중에게 과도하게 일이 집중되었다. 81학번 박부용도 이런 말을 했다. "두황이 형이 6개월만 더 통합오르그 작업을 같이 했다면 조직 구성이 훨씬 체계적으로 탄탄하게 되었을 것입니다. 갑작스럽게 가고 나서 두황이 형의 빈 자리가 정말 컸고 아쉬웠지요."

최전방 부대의
고된 이등병 생활 속에서

　5월 5일 박 이등병, 한 이등병과 함께 8중대 3소대로 배치된 두황은 당일 자대배치 신고식을 치렀다. 박 이등병, 한 이등병에 이어 노래를 한 곡조 불러야 했다. 두황이 전입한 3소대의 당시 분위기는 같은 소대에 근무했던 김 상병(1982년 1월 12일 입대)의 대통령소속 의문사진상규명위원회 1기(이하 '의문사위 1기') 진술을 통해 그 정황을 대략 파악할 수 있다. 김 상병이 증언한 몇 사례를 살펴보자. 두황이 배치된 3소대에는 소대장 박 중위와 박 선임하사를 포함해 소대 내 최고참인 송 병장과 하사 두 명(변 하사, 이 하사)이 있었다. 그 아래 소대원으로는 한 상병, 류 상병, 최 상병, 신 상병, 용 상병, 김 상병, 한 일병, 김 일병, 윤 일병, 박 일병 등이었다. 두황은 훈련소 동기생인 한 이등병, 박 이등병과 함께 최말단 이등병이었다.

군기교육이 빈번했던 3소대의 험악한 분위기

분대장 변 하사는 김 상병보다 군 생활이 짧았던 하사였는데, 1983년 5월 중하순경에 매복근무를 나가야 한다면서 김 상병이 두고 있던 바둑판을 흩트려버린 일로 싸움이 벌어졌다. 그날 동료 사병 5명과 함께 매복근무를 나간 후 분대장 변 하사와 김 상병이 주먹다짐을 하게 된 것이다. 분대장 변 하사가 먼저 뺨을 치자 김 상병도 분대장 변 하사 얼굴을 가격했다. 매복근무에는 분대장이 항상 동행하는데, 3소대의 경우 분대장인 이 하사와 변 하사가 번갈아 매복근무에 투입되었다. 분대장이 아닌 고참 소대원이 병력을 인솔해 매복근무를 하는 일은 없었다. 또 소대장 박 중위나 박 선임하사가 직접 인솔해 매복근무를 하지는 않았다.

3소대 내 최고참인 송 병장은 지방 출신으로 같은 지역 출신인 소대장 박 중위의 위세를 믿고 졸병들을 구타하거나 가혹행위를 하는 데 주저하지 않았다고 한다. 소대 내에서 욕설은 물론 주먹질, 발길질을 빈번하게 행사했는데, 1983년 3월에 8중대가 영농장으로 옮긴 뒤에는 전역을 앞둔 말년병장이어서인지 폭력적인 행동이 훨씬 완화되었다. 그렇게 이

전보다 소대 분위기가 좋아졌지만 일반 하사들과 일반 사병들 사이의 알력은 심한 편이었다. 송 병장은 소대원들에게 일반 하사를 '왕따'시키라고 지시했다. 또 일반 하사에게는 인사를 하지 말고 식사를 가져다주지 말라고 했다. 나아가 일반 하사보다 군 생활을 더한 사병은 존댓말을 하지 말고 일반 하사의 지시사항에 대해서는 무조건 이행하지 말고 마지못해 이행하는 것처럼 적당히 처신하라고 지시했다.

고참의 이런 지시를 어기고 하사에게 인사를 하거나 하사의 지시를 순순히 이행하면 이에 대한 군기교육을 실시했다. 군기교육은 이등병의 바로 윗선임이 영농장 내에 81mm 박격포가 있던 포상(砲床)이나 내무반에서 실시하거나 위병 근무 도중에 이뤄졌다. 이등병 군기교육은 주로 해당 분대나 소대의 고참병이 포상이나 위병소에 근무할 때 직접 군홧발로 걷어차거나 주먹질을 하는 식이었다. 또 근무를 원칙대로 하도록 지시해 근무시간 내내 움직이지 못하게 부동자세로 총기를 들게 하는 식으로 교육이 실시되었다.

두황은 3소대 내 1분대 소속이었고 바로 위의 고참은 김 일병이고, 최고참은 류 상병이며 분대장은 변 하사였다. 이등병 두황의 군기를 잡은 건 김 일병이 담당하는 역할이었는데 전담한 것은 아니었다. 같은 소대의 다른 고참들인 박 일병이나 윤 일병이 합세하기도 했고 분대장 변 하사가 직접 나설 때도 빈번했다고 한다. 두황이 학생운동 출신의 요시찰 대상이었기에 분대장 변 하사가 직접 관여해 나름의 사상교육을 하거나 일거수일투족을 감시했던 것으로 보인다. 군대 생활 경험이 풍부하고 하사를 일찍 단 분대장 변 하사가 두황과 함께 위병 근무를 여러 차례 나간 것으로 보아, 분대장 변 하사가 두황과 가장 빈번하게 접촉을 한 인물로 보인다.

 김 상병이 변 하사로부터 전해 들은 이야기에 따르면 두황이 골수분자라서 설득이 잘 되지 않았고 한마디도 지지 않고 응수했다 한다. 평소 분대장 변 하사가 두황을 대하는 태도는 한마디로 '골치 아프다'는 것이었다. 분대장 변 하사는 선임분대장으로 일반 하사의 권위를 중시했는데 일반 사병 중에 자신보다 군 생활을 많이 한 사병에게는 그러지 않았으나 적게 한 사병에게는 지시를 이행하지 않으면 곧바로 주먹질, 발길질을 서슴지 않았다. 상식적으로 당시 3소대에서는 분대장이 분대원을 인솔해 매복근무를 했던 만큼 분대장 변 하사가 사건 당일 두황과 함께 매복근무에 투입되었을 것으로 짐작된다. 사건 당일 김 상병은 내무반에서 취침 후 기상했을 때 분대장 변 하사를 볼 수 없었다고 한다. 또한 매복근무를 나갈 때 분대장이 P77무전기를 둘러매고 내무반을 나섰다고 증언했다. 이 같은 김 상병의 말을 감안하면, 두황이 "고참들이 괴롭힌다. 심리전 사람들은 정이 가는데 소대원들

3소대원과 함께 찍은 김두황 이등병. 두황이 군대에서 촬영한 유일한 사진이다.
뒷줄 가운데가 김두황이다. (출처: 의문사진상규명위원회 1기)

은 그렇지 않다."라고 훈련소 동기 황 이등병에게 했던 말이 충분히 납득이 된다.

유일하게 속마음을 나누었던 훈련소 동기와의 만남

두황이 8중대 3소대에서 생활한 총 기간이 45일밖에 되지 않는다. 이 기간 동안 20번 정도 만난 사람이 있다. 이틀에 한 번꼴로 만난 셈인데, 두황이 유일하게 속마음을 터놓고 이야기할 수 있었던 인물은 훈련소 동기 황 이등병이었다. 의문사위 1기에 진술한 훈련소 동기 황 이등병의 진술을 토대로 두황과 나눈 이야기를 요약하면 다음과 같다. 강원대 무역학과 출신인 황 이등병은 삼척 68훈련단에서 6주일 동안 실시되는 신병교육 과정에서 이미 두황이 고려대 경제학과 출신으로 특수학적변동자라는 사실을 알게 되었다. 2대대본부 군수과에 전입된 황 이등병은 선임하사인 박 중사 탑차에 승차해 2대대 예하 부대를 순회하며 보급품을 전달하는 업무를 하는 게 일과였다. 그 과정에서 8중대 3소대에 배속된 두황이 머물고 있던 영농장에도 매일 방문했다. 탑차에 보급품을 실은 차량은 6중대, 5중대, 7중대, 8중대(영농장) 순서로 순회하였는데, 영농장에 도착하면 대략 오후 4시~5시경이었다. 영농장이 마지막 코스였기 때문에 일과를 마무리하는 시각까지 틈을 내 두황과 대화를 나눌 수 있었다.

두황은 말수가 없는 편이었지만 신병 신세를 비관하는 태도를 보이지는 않았다. 다만 특수학적변동자라는 신분상의 특이점 때문에 행동을 조심해야 했다. 두황은 3소대에서 함께 생활하던 훈련소 다른 동기들과는 마음속 얘기들을 나누지는 못했다. 한 이등병, 박 이등병 두 사람이 대학생활을 거치지 않았기에 터놓고 얘기하기가 쉽지 않았던 것으로 보인다. 그런 연유로 두황이 황 이등병과 많은 얘기를 나눴던 것으로 짐작된다. 두황은 황 이등병이 영농장을 방문할 때면 반갑게 맞았고 짧은 시간이지만 자신의 고민까지 솔직하게 털어놓았다. 황 이등병의 눈에는 두황이 최말단 사병인 이등병이고 특수학적변동이라는 신분으로 불이익을 받고 있지만 소대 서열 환경에 적응하려고 노력하는 게 훤히 보였다. 황 이등병과 같이 있을 때도 고참병이 부르면 복창을 크게 하고 재빠르게 뛰어가면서 이등병다운 모습을 보였다.

부식인 야채류와 계란, 두부, 소고기, 돼지고기, 생선의 경우에는 변질 우려가 있어 당시 6월경에는 매일 2대대 예하부대를 순회하며 직접 배급해야 했다. 황 이등병이 영농장에 갔을 때 작업이나 매복근무 등으로 인해 만나지 못하는 경우를 제외한다면 최소한 20차례 가량 만났을 것으로 추산된다. 둘이 자주 만나면서 여러 대화를 나누었는데, 황 이등병은 두황이 자신의 처지에 대해 비관하는 이야기를 들은 적이 전혀 없다고 한다. 다만 두황이 매복근무에 나가 그곳에서 고참병들이 의례적으로 군기를 잡는 바람에 괴롭힘을 당했다는 이야기는 분명히 들었다고 했다.

군 생활 일거수일투족에 대한 동향관찰

두황이 중대에서 3소대로 배치되었을 때 중대장 임 대위는 소대장 박 중위에게 두황을 특별히 감시하고 주의 깊게 살피라는 지시를 내렸다. 그 지시를 받은 소대장은 1분대장 변 하사에게 똑같은 지시를 내렸다. 이렇게 두황에 대한 특이 사항의 유무를 확인하며 취합된 내용을 임 중대장은 주례회의를 통해 대대장에게 서면 보고했다. 두황은 다른 특수학적변동자와 마찬가지로 분대장, 소대장, 중대장 등으로부터 동향관찰을 지속적으로 받았다. 또 정기적으로 중대장은 대대장에게, 대대장은 연대장에게 동향관찰 내용을 보고했으며 면담기록을 작성하였다. 당시 2대대 대대장이었던 조 중령은 의문사위 1기에 참고인으로 나와서 이렇게 진술했다.

학변자들이 부대 생활을 하면서 대학 때의 반정부적인 성향을 주변 사병들에게 전파하는지, 불온서적을 탐독하는지에 대한 동향을 관찰하여 주례회의나 지휘관 회의 시 1개 안건으로 보고 받았습니다. 보고 형식은 중대장으로부터 서면으로 보고서를 제출받았습니다.

서면으로 보고받은 내용을 2대대에서 활동하였던 보안반 담당자가 주기적으로 파악하였고 서면으로 보고 받은 내용들을 수거해 갔습니다.

또한 당시 55연대 이 보안반장도 의문사위 1기에 참고인 진술을 통해 이렇게 말했다.

55연대 보안반은 222보안부대 예하에 속해 있다. 특수학변자가 중대에 전속되면 대대 인사과에서 특변자임을 통지해 주었다. 대대 보안반 담당관이 소속대 간부들을 통해 해당사병에 대한 관찰을 조언했다. 소속대에서 생활하는 동안 서신의 경우, 해당 사병에 수신되는 것은 222보안부대에서 우체국에 나가 있던 보안반 관계자에 의해 검열되었다. 또 해당 사병이 발송하는 서신은 당시 봉투를 밀봉하지 못했기 때문에 행정반을 통해 소속대 간부들에 의해 사전 검열되었다. 보안반 담당관에 의해 소속대에서 은밀하게 활용되던 망원들에 의해 동향이 수집되었고, 소속대 중대장을 통해 1~2달에 한 차례씩 동향에 대해 정보를 수집했다. 보통 중대장이 문서로 통지했고, 대대장이 주례회의에서 관련 사항을 논의했다. 222보안부대에서 해당 사병에 대해 소환해올 것을 지시하면 주로 대대 담당관이 222보안부대 대공계로 소환해갔다.

두 사람의 진술에서 확인된 것처럼 특변자는 소대에서의 일거수일투족이 분대장, 소대장, 중대장 라인을 통해 보고되었다는 것을 알 수 있다. 뿐만 아니라 대대 보안반에서 심어 놓은 망원들에 의해서도 감시를 받고 은밀하게 그 동향이 보고되었다. 따라서 분대장 변 하사뿐 아니라 3소대 내에 심어 둔 망원에 의해서도 두황의 모든 동향이 보안반에 보고되었을 것으로 보인다.

가족에게 보낸 4통의
안부편지와 마지막 답신

두황은 훈련소 동기들보다 연대본부에 더 오래 머물렀고 심지어 양창욱이 떠난 뒤에도 이틀 더 머물며 연대보안반에서 녹화사업을 받아야 했다. 보안부대에서 두황에게 더 캐고 싶었던 게 있었다고 할 수 있다. 무엇을 더 캐고 싶었을까? 여기서 성북서 이강수 형사가 김희근이 강제징집되기 직전에 했다는 말, 즉 "김두황에 대해 더 조사할 것이 있었지만 그냥 보냈다."라는 말이 그냥 넘길 수 없을 만큼 예사롭지 않아 보인다. 이강수가 김희근을 조사하던 보안사 조사 요원들에게 '고대80회장단 모임'을 조사하라고 코치했듯이 두황에게 '지하조직 81통일체'에 대해 집중적으로 조사하라고 보안사를 부추긴 것이 아닐까? 아무튼 군에 입대해 자대배치를 받은 이후에도 보안사는 두황에게 계속 캐고 싶었던 것이 많았음을 알 수 있다.

아직 밝혀지지 않는 보안대의 두황에 대한 녹화사업

보안사 2대대 이 주재관이 의문사위 2기에 참고인으로 나와서 "222보안부대에서 김두황이었다고 기억되는데 박 보안계장으로부터 왜 동향보고를 하지 않느냐는 독촉을 받고 중대장에게 전화를 통해 동향을 파악한 후 보고한 적이 있었다."라고 진술한 바 있다. 이 진술은 당시 보안부대에서 두황의 동향에 대해 특별한 관심을 갖고 있었다는 사실을 여실히 보여주는 단적인 예다. 두황은 훈련소 동기 황 이등병에게 또 이런 이야기를 했다고 한다. 황 이등병이 의문사위 제1기에서 진술한 바를 요약하면 이렇다.

두황에게서 자신이 보안부대의 관리 대상자라는 이야기를 전해 들은 적이 있다. 입대 전 학생운동에 함께 참여하던 동료들의 명단을 보안부대 관계자로부터 요구받았지만 주지 않았다고 했다. 3일 가량의 기간 동안 서울에 다녀온 적이 있다고 했다. 그 기간에 학교를 방문했다고 했는데 서울에 갔다 온 시기는 단정할 수는 없지만 사건 발생 10~15일 전이었다고 기억된다. 학생운동에 함께 참여하던 동료들의 명단을 제출하라고 요구하는 현실 앞에서 두황의 가장 큰 고민이 있었을 것으로 생각된다. 실제 본인과 대화를 나누면서 김두황은 이 부분에 대해 상당한 고민을 피력했지만 이것 때문에 자살을 했다고는 전혀 생각하지 않는다. 왜냐하면 김두황은 그런 고민을 이겨낼 것이라고 늘 다짐했었고 반드시 이겨낼 거라 이야기했기 때문이다.

두황이 자대배치를 받은 후에도 계속해서 보안대 조사를 받았다는 사실을 확인해주는 진술이 있다. 2008년 진실화해를위한과거사정리위원회(약칭 '진화위') 1기에 출석한 당시 22사단 헌병대 송 조사계장의 말이다.

사고자 김두황이 자대에 전입온 지 얼마 지나지 않아 보안대에 연행되어 과거 학생운동 당시 사건들에 대한 조사를 여러 차례 받은 것으로 알고 있는데, 당시 제가 보안부대원들에게 보안대에서 조사를 어떻게 했냐고 물어볼 수도 없었습니다. 그리고 김두황이 보안대의 조사를 받았다는 사실을 김두황의 지휘계통인 중대장이나 대대장으로부터 들은 것으로 기억하고 있습니다.

그리고 1983년 2월 경 서울시경에서는 '두더지 사건(팸플릿 아방과 타방 사건을 부르는 별칭)'과 관련하여 수사본부를 구성하고 서울대 등 9개 대학 41명을 관련자로 파악하여 관악서,

청량서, 성북서에 전담반을 편성하였다.

이에 따라 성북서에서는 제일교회 세미나팀을 지도한 김헌에게 진술서를 쓰게 해서 1983년 2월 14일 국립과학수사연구소로 진술서와 팸플릿에 대한 필적감정을 의뢰했다. 또 76학번 이승환의 증언에 의하면 두황이 강제징집된 이후라고 생각되는 불상일시에 김헌이 서울시경에 연행되어 아타 팸플릿과 관련해 필적감정을 받았다는 사실을 자신에게 이야기했다는 것이다. 김희근도 증언하기를 아타 팸플릿을 두황으로부터 전달받았다고 했다. 한편 아타 수사를 좁혀가던 서울시경에서는 1983년 6월 16일 김영수 등 성균관대 제적생 및 군 입대자 6명을 아타 팸플릿 작성용의자로 특정하였다.

서울시경에서는 군입대자 6명이 누군지에 대한 의문사진상규명위원회 2기(이하 '의문사위 2기') 자료 요청을 거부했는데, 아타 수사와 관련해 두황이 보안대 수사를 받았을 가능성은 매우 높다고 할 수 있다. 서울시경은 제일교회 세미나팀에서 작성되었을 것이라고 강하게 의심하고 있었고, 세미나팀을 지도했던 김헌이 성북서와 서울시경에서 조사를 받았는데 그 직계후배 두황을 조사하지 않고 그냥 두었을 리 만무하기 때문이다.

가족에게 보낸 4통의 안부편지

두황은 군대 생활 90일 동안 4통의 안부편지를 집으로 보냈다. 첫 번째 편지는 훈련소에서 쓴 것으로 "창욱이와 함께 생활하여 외로움이란 것도 모르겠습니다."라는 내용을 보면 68훈련단에서 쓴 편지라는 것을 알 수 있다. 두 번째 편지는 제목이 '어머님 전상서'이다. 고전적인 제목으로 쓴 그 편지에는 "소정의 교육을 마치고 이제는 제가 3년의 군 생활을 보낼 곳에 도착했습니다."라는 구절로 보아 3소대에 전입된 이후에 보낸 안부편지임을 알 수 있다. 두황이 이 안부편지를 보내기 전에 집에서 온 편지를 받았던 것으로 보이는데, 그 편지에서 어머니가 "면회가 언제 가능하냐?"라고 물었던 모양이다. 그래서 두황은 자대배치 후 안부편지에 "저번 편지에 어머님이 물어보셨던 면회는 이곳이 면회가 허락되지 않는 곳이라 곤란하고 대신 제가 휴가를 빨리 갈 수 있을 것입니다."라고 답변을 보냈다.

세 번째 편지에는 "처음에 남들과 다른 방법으로 군에 입대할 때는 걱정도 많이 했지만 군 생활이 몸에 익게 되고 전우들과도 친하게 되어 마음도 편안하게 되었습니다."라면서 걱정하고 있을 부모님을 안심시키는 말을 빼놓지 않았다. 이어 네 번째 안부편지는 유월 초쯤에 쓴 것으로 보인다. "저는 이제 군인이 되어가고 있습니다. 모든 일이 몸에 익어가고 상급자와 동기들과도 낯이 익어서 생활에 불편이 없습니다." 라고 근황을 전하면서 3소대 생활에서 상급자와 동기들과 잘 적응하고 있다고 적었다.

두황 스스로 3소대 내에서 시도 때도 없이 군기를 잡는 고 참들로 인해 괴롭힘을 당하는 일을 전하고 싶지는 않았을 테 고 또 전하고 싶어도 보안반 검열 때문에 불가능했을 것이 다. 두황은 안부를 전한 뒤 몇 가지 부탁을 한다. "집에 있는 우리 가족사진을 부쳐주십시오. 그리고 두원이 형 졸업사진 에 보면 제 친구 열 명이 찍은 사진이 있을 것입니다. 그것도 함께 부쳐주십시오. 그리고 이곳 생활에서는 시간을 정확히 알아야 할 필요가 있습니다. 제가 집에서 차던 시계도 좀 부 쳐주십시오."

두황은 이 부탁을 하며 3소대 군 생활을 하면서 다른 소대 원들이 가족사진이나 친구 사진을 보고 웃는 모습이 보기 좋 아 자신도 사진을 갖고 있으면 좋을 것 같다는 설명을 덧붙 였다. 또 정확한 시간을 아는 게 위병을 서거나 매복을 나갈 때 등 군 생활에 꼭 필요한 사항이라 말하면서 자신의 시계 를 부쳐달라고 부탁했다. 안부편지 4통만을 보면 여느 군인 들처럼 점점 군 생활에 적응하고 있는 군인 두황의 모습이 자연스레 표현되어 있다.

후배에게 보낸 마지막 편지

사건이 일어나기 10일 전, 그러니까 6월 8일쯤에 두황은 55연대 식당 뒷마당에서 헤어진 양창욱에게 안부편지를 보냈다. 그 편지에서 군대 생활을 적극적으로 하자며 웅변대회 같은 게 있으면 참가해서 특별휴가를 받아 나가자고 양창욱을 격려했다. 두황의 편지에 기운을 받은 양창욱은 대대 웅변대회에서 우승을 한 뒤 연대 웅변대회에서도 우승을 거둬 특별휴가라는 포상을 받게 되었다. 그리고 사건이 나기 며칠 전 두황은 여자 후배 김숙의 편지에 대한 답장을 써 보냈다. 이 편지가 세상에 보낸 두황의 마지막 편지가 되었다. 전문을 소개하면 다음과 같다. 편지가 안부를 묻는 것으로 시작하는 게 아니라 소제목 '고백'으로 시작한다.

고백

정확히 삼월 팔일이었다. 사적 법칙성의 표현양식은 우연이고 예기했던 사건도 발생하면 돌발사태다. 우연, 돌발. 본질로서 세계를 관찰하면 법칙적으로 움직이나 그 현상은 우연스럽고 돌발적 양상으로 표출되는 것이고 이것이 세계의 운동법칙이다. 돌발적 사태를 즉각적으로 분석하는 것이 이론이고 분석내용을 자신이 주체적으로 수용하는 것이 우리의 대응양식이고 대응을 수월하게 하는 것이 생활지침 강령 그런 것이다. 그렇기에 학습과 지침이 중요하고 어떤 조건 속에서라도 방향과 속도를 확보하기 위해서는 지침을 일상생활에 적응하여 생활화해야 한다. 이런 말은 네게도 한 기억이 있다. 그리고 부끄럽다. 한두 시간이 있었다. 입영전야에 말이다. 혼란에 봉착했었다. 첫째는 사건의 발전 방향을 예측할 수 없었고, 다음은 기습적으로 다가온 요구에 대한 대응에서의 혼란이다. 나의 원칙, 지침이란 것은 고무줄이나 임기응변이었고, 견고하게 방향을 유지할 중심이 확실하지 못했고 지적 순발력의 결여는 속도를 잃게 했다. 또 너무 순진했고 현상적 모습에 사기당했다. 전부 다 이십대 초반에는 뜻을 세우는 것으로 만족해야 하는 것인가.

근황

첫째 이곳은 병영이다. 일과표에 따른 규칙적인 생활과 금주와 절제된 흡연 그리고 대한민국 육군에는 나보다 낮은 계급이 없다. 금주와 규칙적인 식사 그리고 맑은 물과 공기는 술과 긴장으로 눌렸던 몸에는 최고다. 자연스럽게 부지런해지고 몸도 건강해진다.

둘째 색다른 문화와 직면한다. 이곳 생활에서 느끼는 감정을 너도 느낄 수 있다. 시집 생활, 시집와서 처음으로 시댁 식구와 생활하게 되는 며느리를 생각해보자. 다른 문화환경 속에서 자신의 동질감을 확보했던 또한 전혀 낯선 다수와 홀로 대면한다. 어쩌다 까다로운 시누이라도 만나게 되면 그녀의 가치관, 생활습성과 일치하지 않는 모든 행동은 질책의 대상으로 전화하게 된다.

셋째 의식의 계속성을 지탱할 어떤 자극도 존재하지 않는다. 친구와 선후배들와의 계속되는 활동 성취감 등으로부터 완전히 격리되었다. 정보조차도 우연적으로 전달된다. 굴러다니는 일간지를 얻을 수 있는 행운, 우연히 접하게 되는 텔레비전 뉴스들이 주된 정보원이고 기적적으로 발견하게 된 고대신문도 있었다. 이 고대신문은 축제를 다룬 것이었고 상당 부분의 정보과 추측의 원천이었고 열 번도 넘게 탐독하여 모두 외워버렸다. 이런 조건 속에서 사유라는 것은 주로 반성이고 희미해져가는 기억에 남겨진 지식을 반추하는 것이다. 그러나 자극에 따라서만 행동하는 것은 하등동물이고 나는 고등동물이다.

내 일기를 적은 것 같이 되었다. 네 편지는 이곳에서 받아본 처음의 것이다. 흥분과 기대 속에서 개봉했다. 물론 나 혼자 본 것은 아니다. 너의 건재가 반가웠고, 네가 말하는 것이 모두 나를 질책하는 것으로 받아들였다. 그리고 서신 자체가 반갑고 내가 살아 있다는 것을 느끼게 했다. 정보의 차단, 대화의 단절 속에서 처음으로 사람의 목소리를 들었다. 정보의 차단, 너의 편지에서도 역시 그랬다. 학교를 떠난 사람들의 소식이라도 들으면 나름대로 판단이라도 했을 텐데 하는 아쉬움도 든다. 여러 사람에게 소식을 전했는데 되돌아오는 소리가 없다. 걱정도 되고 낯선 매력적인 이성에게 말을 걸었다 쌀쌀하게 거절당한 무안감도 들고. 사람들에게 답신을 기다린다고 전해줘라. 앞으로 이년 남았다. 그리고 가을에 새로 거둬들인 쌀로 빚은 막걸리가 익을 때면 휴가란 것도 갈 수 있을 것이다. 그때는 막걸리라도 받아

두황이 군대에서
집으로 보낸 네 번째 편지.
(출처: 김두원)

두황이 후배 김숙에게
보낸 편지 첫째 장.
(출처: 민주화운동기념사업회)

놓고 이야기할 수 있도록 하자. 열심히 살자.

　분단의 아픔을 바라보는 곳에서 두황

** 추신. 주소가 잘못되었다. 내가 쓴 대로 쓰지 않으면 안 된다. 단암리는 반암리로. 우편번호는 봉투에 있는 대로. 성명 앞에는 계급을 써야 찾기가 쉽다.

'고백'이라는 단락에서 '부끄럽다. 한두 시간이 있었다. 입영전야에 말이다.'라는 부분이 입영 이외의 다른 선택을 암시하는 것 같아 '기습적으로 다가온 요구에 대한 대응에서의 혼란'이 너무도 가슴 아프게 다가온다. 상황이 예측불허일 때는 아버지 권유대로 일단 도망을 치고 봐야 하는데 두황은 그 마지막 결행에서 멈칫하고 말았다. 그리고 마지막 편지에 나오는 '까다로운 시누이'가 누구였는지 무척 궁금하다. 변 하사였을까? 아니면 김 일병이었을까? 과연 누구였을까?

6장

못다 한 얘기,
진상규명의 발걸음은
여전히 현재진행형

충격의 군의문사,
믿을 수 없는 헌병대의 발표

두황이 군의문사를 당했다. 최전방 부대인 22사단 55연대 8중대 관할의 간첩 침투로를 감시하던 매복호에서였다. 매복호는 3분초 인근의 야산에 위치하고 있는데, 목 부위에 총탄 4발을 발사해 머리 윗부분이 대부분 없어진 참혹한 모습이었다. 한창 꽃피울 23살에 찾아온 급작스러운 죽음이었고 강제징집 이후 불과 90일 정도 지난 시점의 비극이었다.

군부가 권력을 잡고 있는 나라에서 상명하복의 철저한 지휘 통제하에 있는 최전방 부대에서 일어난 이 끔찍한 사고의 진실은 40년이 지난 지금에도 밝혀지지 않고 있다. 전두환 군사독재정권은 자신들의 권력 유지의 최대 위협 세력인 학생운동을 무력화하기 위해 녹화사업을 강행했다.

1981년 4월 2일 전두환은 '소요관련 대학생 전방부대 입영조치'를 지시했고, 1981년 12월 1일에는 '소요관련 대학생 특별조치 방침'이 정부 차원에서 확정되었다. 이에 따라 보안사에서는 1982년 5월 17일 '대좌경의식화 공작계획'을 수립했다. 그리고 1982년 9월 6일 특수학적변동자를 심사하고 이들이 포지(抱持)하고 있는 좌경사상, 즉 붉은 사상을 푸르게 바꾸겠다는 명분하에 이른바 '녹화사업'을 진행할 심사과를 보안사 3처 5과에 설치했다.

1982년 11월 17일 보안사는 '녹화사업 심사 및 순화계획'을 수립했다. 이때 3처 5과장은 서의남이었고, 3처 5과를 관할하던 대공처의 대공처장은 최경조였으며, 보안사령관은 박준병이었다. 이들이 전두환의 지시를 받아 녹화사업을 계획하고 실시한 핵심 3인에 해당한다. 이어서 1983년 1월에는 녹화사업을 실행할 심사장교를 뽑아서 40일간 교육을 실시해 11명을 배출했다. 이후 녹화사업 강화에 필요한 인력을 보강해, 1983년 9월에는 12명의 심사장교를 추가했다.

녹화사업은 평화적으로 진행되지 않았다. 경찰 정보과 못지않게 폭력과 고문으로 점철되었고, 거기에다 프락치 공작이라는 밀정 노릇 강요로까지 이어져 가장 극악한 반인륜범죄의 요소를 갖추었다. 이 과정에서 잇따른 군의문사가 발생했다. 강제징집된 특수학변자 중 연세대 정성희가 1982

년 7월 23일 첫 희생자가 되었다. 이어서 성균관대 이윤성이 1983년 5월 4일 제대를 며칠 앞둔 시점에 보안대에서 사망했고, 6월 18일에는 두황이 충격적인 최후를 맞았다. 뒤이어 8월 14일 동국대의 최온순이, 12월 11일에 서울대의 한희철이 군에서 아까운 생명을 잃었다. 강제징집 후 녹화사업으로 군에서 사망한 대학생은 두황을 포함해 총 6명이 된다. 모두 1982년과 1983년에 일어난 천인공노할 국가폭력에 의해 자행된 살상이었다.

의혹투성이의 22사단 헌병대의 조사 결과 발표

프락치 공작 활동을 강요받고서 죽는 것보다 더 고통스러운 시간을 감당해야 했던 학생운동가들과 이로 인한 사찰 등으로 피해를 입은 사람까지 합치면 수천 명의 사람들이 군사정권의 가혹한 폭력으로 큰 상처를 받았다. 군사정권하의 군의문사 6건이 모두 그랬던 것처럼 두황의 사고 역시 비관자살로 처리되었다.

일체의 가혹행위나 구타가 없었다는 설명을 덧붙였고 증거가 될 만한 사건 사고 현장을 임의로 없애거나 조작한 뒤 일사천리로 사체를 화장 처리했다. 22사단 헌병대의 발표에 의하면. 두황은 1983년 6월 18일 밤 11시 35분에 군 생활에 적응하지 못한 채 신세를 비관해 휴대한 M16으로 자살했다고 한다. 과연 22사단 헌병대 조사계의 이 공식 발표를 누가 믿겠는가?

진실에 대해 입도 뻥끗할 수 없던 칠흑의 시대를 견딘 후, 두황의 군의문사는 다시 역사의 심판대에 올려졌다. 유가족이 앞장서고 민주 단체들이 가세한 군의문사 진상규명 투쟁의 지난한 노력 끝에 얻어낸 소중한 결실이었다. 이를 계기로 두황의 군의문사 진상 규명에 대한 실날 같은 희망을 갖게 되었다. 김대중 정부 출범 이후 의문사진상규명위원회를 구성하면서 진상규명을 위한 첫발을 내딛었고 그 투쟁은 20여 년이 지난 지금에도 여전히 진행 중에 있다. 군의문사 발생 시점으로 계산하면 40년간 이어지고 있는 셈이다.

이 과정에서 두황의 죽음이 군 당국의 발표와는 달리 자살이 아닌 타살이며 보안사 혹은 군 동료에 의한 가해를 밝히는 등의 총체적 진실에는 다가갈 수 없었지만 나름의 성과를 얻어냈다.

무엇보다 22사단 헌병대 조사계가 발표한 내용이 두황을 자살로 만들기 위한 일방적 발표라는 사실을 확인할 수 있었다. 헌병대가 앞장서서 유서를 조작하는 등의 조직적 활동을 했다는 여러 의혹이 구체적으로 밝혀졌을 뿐 아니라 당시 두황의 군의문사와 관련된 주변 인물들의 진술을 통해 두황이 자살을 선택했다는 군 당국의 발표가 허위라는 정황적 근거를 확보한 게 가장 큰 성과라 할 수 있다. 말 그대로 두황이 결코 자살한 게 아니라 어떤 형태이든 국가폭력에 의해 희생되었다는 실체적 진실에 다가갔다는 확신을 갖게 된 것은 이후의 진상규명 투쟁에 큰 힘이 될 것으로 보인다.

아래에 열거하는 두황의 군의문사 관련 이야기들은 진상규명 과정에서 확보한 진술과 조사 결과를 토대로 주요 사안들을 소개한 것이다. 먼저 훈련소 동기 황 이등병의 진술부터 소개한다. 황 이등병은 헌병대가 발표한 두황의 의문사 당일에도 부식 전달을 위해 영농장을 방문했다. 그의 진술이다.

사건 당일, 부식 차량을 타고 16~17시경 영농장에 도착하니까 김두황이 오늘 매복을 나간다고 했고 훈련소 동기 한 이등병과 박 이등병은 매복근무에 나가지 않는다고 하여 본인이 빵을 몇 개 주면서 근무 중에 배가 고프면 먹으라고 하였다. 김두황은 본인이 넘겨준 빵을 평소와 같이 잘 먹겠다며 받았으며 삶을 포기하려는 이상한 기미는 느끼지 못했다. 사건 당일, 사망하기 불과 몇 시간 전까지 대화를 나누는 과정에서도 자살할 수 있다는 기미는 전혀 없었다. 통상, 이등병들은 누구나 군 생활에 적응하기까지는 지나가는 투로 힘들어 죽겠다고 표현할 수 있다고 생각되는데 본인이 알고 있는 김두황은 본인에게 그런 이야기를 한 차례도 한 적이 없었다. 본인이 사건 당일까지 김두황과 대화를 나누는 과정에서 여자 친구에 대해 이야기하는 것도 한 차례 전해 들은 적이 없었다.

헌병대의 발표, 6월 18일 23시 35분의 비관자살

두황보다 5개월 앞서 입대한 3소대원 박 일병(1982.11.16. 입대)은 헌병대가 지목한 사건 당일인 6월 18일, 영농장 근처에 있는 초소에서 위병 근무를 서고 있을 때 두황을 보았다고 했다. 두황이 매복근무를 나가면서 박 일병에게 "박 일병님, 비가 오니까 81mm포를 판초우의로 덮어두십시오."라고 얘기한 후 위병 초소를 지나갔다는 게 박 일병의 진술이었다. 박 일병은 잠시 위병 근무를 교체하는 시간에 두황의 말대로 81mm 포에 판초우의를 덮어두었다고 했다. 판초우의를 덮어두라는 말은 두황이 영농장에서 한 마지막 말이었다. 6월 18일이 사고가 일어난 날이라고 지목한 제22사단 헌병대 조사계는 김두황 군의문사 사건에 대해 1983년 7월 9일에 아래와 같이 조사결과보고를 올렸다.

1. 자살자는 83.3.18 고려대학 재학 중 특수학적변동자로 강제 입대되어 동년 5.5 소속대에 전입하여 박격포 탄약수직에 근무한 자로 자살자는 동년 6.18 20:10~익일 05:30경까지 소속대 류 상병(23세), 김 일병과 같이 야간 매복근무 명을 받고 소속대 북동쪽 약 1.5킬

로미터(직선거리) 지점에 위치한 소속대 종심매복초소(종심縱深이라는 말은 휴전선 후방에 앞뒤로, 즉 종렬로 늘어서 있다는 말이다)에서 근무 중

2. 자살자는 평소 내성적 성격자로 자신이 군 입대 전 고대 경제학과 재학 중 총무로 있으면서 겨울 방학기간에 1983년 5월에 있을 예정인 고대축제 및 6월 총학생회선거 준비를 한다는 생각으로 각 학과 대표 10여 명이 모여 불법집회 및 소음 시위 등 혐의로 성북경찰서에 연행되어 조사를 받은 후 부모들을 제외한 가족과 친구를 만나지도 못한 채 자신도 모르는 상태로 강제입대한 데 대하여 불만을 표시하였다.

3. 또한 자신은 특수학변자라는 점으로 중대장 등으로부터 감시를 받고 있고 동료들로부터 따돌림을 받고 있다는 것을 자신이 임의대로 생각하는 등의 소외감과 열등의식 등으로 군 복무 염증을 느끼고 자살할 것을 결심하고 일자불상경 써 둔 '끝'이라는 유서 1통을 입고 있는 야전잠바 우측 상단 호주머니에 넣고 있다가

4. 동일 23:35분경 전시 매복초소에서 소변을 보고 오겠다고 하며 자신이 휴대하고 있던 실탄 60발(15발들이 4탄창)과 수통 대검 등이 부착된 탄띠를 초소 옆에 풀어 놓은 후 실탄 1탄창(15발)이 삽탄된 자신의 지급 M16소총(총번209360)을 휴대하고 북방 약 7미터 지점에 임하여 총구를 턱 부분에 밀착시키고 안전장치를 자동에 놓은 후 장전하여 방아쇠를 격발함으로 4발이 발사되므로 자살자는 두개골 관통총상으로 현장에서 사망한 사실임.

자신의 처지를 비관해 자살했다는 헌병대의 이 공식 보고서는 오랜 세월 동안 유가족 가슴에 박힌 못이었다. 이 못을 꺼내고 두황의 군의문사 진실을 공개적으로 밝힐 수 있는 기회가 찾아온 것은 무려 18년이 지난 시점이었다. 두황을 비롯해 의문사 유가족들이 모여 1988년 10월부터 1989년 2월까지 기독교회관에서 135일간의 농성투쟁을 벌였다. 이후 유가족들은 의문사 진상규명 투쟁을 쉼 없이 전개하다 1998년 11월부터는 국회 앞 천막농성에 돌입했다. 천막농성 422일째 되던 1999년 12월 28일, 드디어 국회에서 의문사진상규명특별법이 통과되었다.

사건 발생이 6.18이 아닌 6.17일 수 있는 정황

2000년 7월 10일에는 특별법 시행령이 공포되고 10월 17일에는 대통령소속 '의문사진상규명위원회'가 발족되었다. 진용을 다 갖춘 의문사위 제1기는 2000년 11월 23일 출발해서 2002년 9월 16일 제1기 조사결과를 발표했다. 잠시 휴지기를 가진 뒤 진용을 새로 갖추어 2003년 7월 16일부터 제2기 의문사위가 발족해 2004년 6월 24일까지 진상조사 활동을 벌였다. 의문사위 제1기와 의문사 제2기를 합해 3년간 진행된 김두황 군의문사 사건 조사는 이재범 조사관이 맡았다. 이재범 조사관은 광범위한 조사를 했다. 그야말로 사명감 하

나로 무장한 채 온 정성을 다해 진실을 파헤치기 위해 노력
했고 성심을 다해 조사보고서를 펴냈다. 2004년 6월 24일에
제출한 의문사위 2차 최종보고서는 '사건 발생 시각 조작 의
혹'에 대해 결론을 이렇게 내고 있다.

> 참고인들의 각 진술을 종합해 보면 김 일병, 류 상병은 사건 발생 다음날 헌병대로 불려가 이틀에 걸쳐 조사를 받고 유가족을 만났다는데 헌병 수사기록은 김두황 유가족이 1983년 6월 19일 사건 현장에 도착한 것으로 기록되어 하루의 시차를 보이고 있으며 또한 2분초 임 소대원은 동년 6.17. 하사교육이 명령되어 6.18.은 68훈련단에 입소한 상태이므로 헌병대 조사를 받은 류 상병을 목격할 수 없었으며 2대대 김 주임상사, 인사계 이 중사가 진술한 사건 발생 시각을 감안하고, 사건 발생시 김두황과 함께 근무 중이었던 김 일병, 류 상병은 사건발생 시간에 대해 근무 투입 후 얼마 지나지 않은 시각이라는 진술을 감안하면, 헌병대 수사기록의 사건 발생 일시인 1983.6.18. 23:35는 조작된 것으로 조사되었다.

날짜 조작 의혹의 핵심 증언은 매복호에서 같이 근무한 류
상병의 4차 조사에서였다. "헌병대에서 조사를 받은 게 1박
2일인가요?"하고 묻자 참고인의 대답은 "처음 불려간 날 조
사를 마치고 헌병대 사병이 반합에 따라준 소주 1잔을 마시

고 취침한 후, 이튿날 유가족을 만났습니다."라는 진술이었다. 헌병조사서에 유가족이 도착한 날짜가 1983년 6월 19일이다. 1박 2일 조사를 받고 이튿날 유가족을 만났다면 사건은 6월 17일 밤에 일어난 것이 된다. 또 2분초 임 소대원이 하사관 교육을 받기 위해 6월 18일 아침 68훈련단으로 이동했는데, 출발 전에 두황의 사건을 인지했다고 한다.

그리고 두황의 친구 양창욱이 6월 18일 연대 웅변대회에 참여하기 위해 연대본부에 있었는데 거기에서 류 상병과 김 일병을 오후 5시경 목격했다고 증언했다. 하지만 목격한 날짜가 6월 18일인지 여부를 확정하기가 쉬운 일이 아니다. 양창욱의 기무사 존안 파일에는 이렇게 기록되어 있다. '83.6.18경에는 3대대 대표로 연대 웅변대회에 참가. 연대에서 우승. 사단 웅변대회에 55연대 대표로 참가하기 위해 연대본부에서 (소대장 이 중위가) 인솔하고 있었다.'

이 경우 양창욱은 6.18일에 목격할 수도 있고, 연대본부에 하루 묵었다면 6.19일에 목격할 수도 있기 때문이다. 따라서 날짜 확정에 어려움이 있다. 만약 양창욱이 목격한 날짜가 6월 18일이라면 사건이 일어난 날이 되기 때문에 류 상병과 김 일병은 그 시간에 영농장에서 매복호로 출발 준비를 하고 있어야 할 시간이었다. 하지만 2대대 김 인사서무병이 "유가족이 도착한 것은 제가 사건 현장으로 갔던 다음날 오전

의문사위가 추정하는 군의문사 장소와 헌병대가 발표한 장소를 표시한 지도. 두 장소가 달라 사건 현장 장소에 대한 조작 의혹이 제기되었으나 아직까지 규명되지 않고 있다. (출처: 이재범)

에 사건 현장에 왔다고 전해 들었습니다."라고 진술한 바 있는데, 이 경우처럼 6월 18일에 사고가 일어났다는 진술이 더 많아 현재까지 날짜 조작이 확실하다는 결론을 확정하지는 못하고 있다.

조작을 의심케 하는
꼬리에 꼬리를 무는 의문들

　사고 시간에 대해서도 진술이 엇갈리면서 헌병대 조사계가 밝힌 23시 35분 역시 조작 가능성을 의심케 한다. 2대대 김 주임상사는 "본인은 전반야 순찰을 담당했는데 통상 22시 경이면 2대대 섹터로 순찰을 나가곤 하였다. 그런데 순찰을 나가려고 준비하던 중 무심코 상황실에 들렀다가 당황해 어쩔 줄 모르는 대대장 모습을 목격했다."라고 진술했다. 8중대 상황병에서 2대대 상황병으로 김두황 사건이 통보되고 대대장 조 중령에게 보고된 상황인 것을 감안하면, 23시 30분 이후에 발생했다고 발표한 사고를 22시경의 일로 기억하고 있는 2대대 김 주임상사의 진술은 헌병대 조사계의 공식 보고서 진위를 의심하게 한다.

23시 35분이 아닌 9시 이전에 사고가 난 것인가?

8중대 인사계 이 중사는 "본인은 행정반에서 순찰을 나가기 위해 대기하던 중 사건이 발생했는데 그때 시각은 21시~22시경이었다."라고 의문사위에서 진술했다. 인사계 이 중사의 진술은 8중대 박 통신병이 의문사위 1기에서 밝힌 내용과 상충된다. 8중대 박 통신병의 진술은 이렇다.

> 후반야 순찰(23시 30분부터 실시)을 중대장과 함께 나가려고 중대 상황실에서 준비를 하던 중 본인이 P77무전기로 당일 매복근무를 나갔던 김 일병으로부터 '몽둥이 하나 김 총기오발.'이라는 무전을 수신받고 김두황이 사망했다는 사실을 알게 되었다. 본인이 최초 수신을 받을 때부터 감도가 좋지 않았는데 무전 수신 후 계속해서 자세한 사건 경위를 알기 위해 교신을 시도하였으나 응답이 없어 현장에 가게 되었다. 중대장의 지시에 의해 인사계 이 중사, 3소대 박 선임하사, 분대장 변 하사 그리고 본인이 현장에 가게 되었다.

헌병대 조사계의 공식 보고서가 제대로 된 것이라면 인사계 이 중사가 사건을 인지한 것은 23시 30분 이후가 되어야 한다. 하지만 인사계 이 중사는 사건 발생 시간을 21시~22시로 기억하고 있다. 또한 2대대 김 주임상사와 8중대 인사계 이 중사의 사건 발생 시간에 대한 기억과 그것에 대한 진술은 당시 8중대 통신병의 최초 무전 수신 시간과 큰 차이를 보인다. 류 상병은 4차 진술에서 "매복호에 19시~20시에 도착했다. 매복호에 도착하고 1~2시간 후에 졸기 시작했다. 졸기 시작한 후 1~2시간 후에 총소리를 들었다."라고 했다. 짧게는 밤 9시부터 길게는 밤12시 사이에 총소리를 들었다는 것이 된다.

김 일병은 2차 진술에서 "24시가 넘지 않았던 시간에 김두황이 소변을 보러 간다며 매복지 뒤쪽으로 걸어가서 약 3~4분 정도 있다가 연발로 총성이 들리는 사고가 발생했다."라고 밝혔다. 그런데 김 일병은 3차 진술에서는 "사건이 발생한 시각은 19시에서 22시 사이로 초저녁 무렵이었습니다."라고 말했다. 또 4차 진술에서 "김두황이 사망한 것은 근무 투입이 저녁 식사 마치고 날이 환할 때 투입되었는데 근무지에 도착한 후 대략 2시간 정도 지난 시점이었습니다. 서로의 얼굴을 확인하는 것이 어렵지 않을 만큼 어둡지는 않았습니다."라고 했다. 사건 발생 시간에 대해 김 일병의 2차 진술과 3~4차 진술이 엇갈리고 있다.

훈련소 동기 황 이등병은 진술에서 "사건 발생을 인지한 것은 1시간 가량 진행된 회식이 마무리되는 시점이었는데 대대 상황실로부터 군수과 사무실로 8중대 3소대에서 매복 근무를 나간 김두황이 자살했으니까 군수과에서 사건 현장

22사단 헌병대 조사계에서 발표한 김두황 군의문사 사건 장소.
매복지 위치와 사건이 일어난 위치를 표시해 놓았다.
아래 큰 원이 매복근무 섰던 곳이고 위의 작은 원이 사건이 일어난 곳이다.
(출처 : 김두황 사건 제22사단 헌병대 조사 기록)

1983년 6월 19일 22사단 헌병대원이 두황의 유가족에게 군의문사 사건 현장을
보여주면서 당시 상황을 설명하는 모습이다. 타원형으로 표시한 곳이 매복지이고
매복지 앞의 삼양라면 박스 옆에 있는 관이 김두황 사체를 넣을 관이다.
맨 오른쪽에 앉아 있는 군인이 사고 당일 두황과 함께 근무를 했다는 류 상병이다.
중간에 두황이 근무 서는 모습을 사병 한 명이 대역하였고, 맨 왼쪽에 김 일병이
근무를 섰다는 것이다. (출처: 김두황 사건 제22사단 헌병대 조사 기록)

으로 출동하라는 지시가 내려왔습니다."라고 말했다. 대대 군수과 회식이 마무리되기 전이라면 밤 9시 전에 대대 상황실에 두황 사건이 보고되었다는 것을 의미한다. 군대 회식은 보통 9시 이전에 끝난다. 김 일병이 3차와 4차 진술에서 얘기한 시간과 거의 일치한다. 하지만 훈련소 동기 황 이등병의 진술과는 달리 21시까지 중대 상황실이나 대대 상황실에 두황의 사건이 무전으로 정식으로 보고되었다는 기록은 확인되지 않았다. 김 일병이 8중대 통신병에게 무전을 친 것은 밤 11시 30분이 지나서였다.

조작 사실을 밝히는 구체적 증거의 부족

당시 55연대 2대대 8중대 2분초 소대의 소대장으로 근무하던 선 소대장(1982년 9월 9일 임관)은 당일 후반야 근무가 실시되기 전에 2분초 근처의 고정초소 근무자로부터 "초소 뒤쪽에서 총성이 들렸습니다."라는 상황보고를 접수했다. 2분초 선 소대장은 총성이 발생한 경위를 확인하는 과정에서 8중대본부 상황실 보고를 받게 되어 사고현장으로 출동했다. 또 사고 당일 총성을 들었다고 진술한 이가 있는데 이용성 이등병이다. 이용성 이등병은 성대 출신의 특수학변자로서 4월 경에 68훈련단에서 두황을 한번 만나기도 했던 인물로 55연대 1대대 3중대에 6월 8일 전입되었다. 이용성 이등병은 6월 18일 당일 밤 12시 무렵 3분초와 4분초를 순찰하는 과정에서 연발음을 들었다고 했다. 2~3일 지나 그 연발음으로 인한 사망자가 두황이란 것을 알게 되었다고 했다. 2분초 선 소대장과 이용성 이등병의 진술에서 보듯 11시 30분 이후에 연발음 총성이 났고 곧이어 김 일병의 무전이 8중대 통신병에게 보고된 과정은 객관적으로 확인이 된다. 그런데 21시 이전에 두황 사건이 보고되었다는 것은 객관적으로 확인되지 않았다.

여러 사람의 진술이 두황의 사고가 밤 9시 이전에 일어났다는 것을 증언하고 있음에도 이에 대한 구체적인 증거를 확보하지는 못했다. 이 부분에 대한 집중적인 조사의 필요성이 제기되었지만 의문사 2기에서도 더 이상의 성과를 얻지 못했고, 진실화해를위한과거사정리위원회(2008년, 이하 '진화위') 1기에서도 더 진척되지 못한 채 지금에 이르고 있다. 2020년 12월 10일 진화위 2기가 출범하여 현재까지 조사가 진행되고 있는데, 이 부분에 대한 철저한 조사가 요구된다.

헌병대가 지목한 곳이 사건 현장이 아니라는 여러 진술

한편 이재범 조사관은 사고 발생 시간 조작 의혹에 이어 '사고 현장 조작 의혹'을 제기했다. '사고 현장 조사 의혹'에 대한 의문사위 2기 최종 보고는 아래와 같다.

2대대 김 작전병은 "(사고 현장은) 대대 주둔지로부터 0.4km 가량 떨어진 곳이며, 김두황 중대로부터 얼마 떨어지지 않은 곳."이라고 진술했고, 2대대 김 인사서무병은 "사건 현장은 2대대에서 차량으로 5~10분 거리의 8중대 숙영지 인근인데 내무반에서 그다지 멀지 않았던 곳으로 기억되며 높지 않은 야산의 아랫부분이었고 경사진 느낌이 심하지 않은 비탈을 따라 5분 미만을 걸어 올라갔다."라고 진술했다. 3소대 소대장 박 중위는 "사건 현장은 저희 주준지로부터 도로를 따라 얼마쯤 내려가면 오른편으로 경운기가 다닐 정도의 길이 있었는데 그 길로 진입하여 3~4분 가량을 걸어가서 야산의 1~2부 지점에 저희 3소대원 2~3명 가량이 판초우의로 덮여진 사체 주변에서 경계근무를 서고 있었으며 2분초에서 가까운 곳이었습니다."라고 진술했다. 2대대 황 본부중대장은 "2대대에서 7번 도로를 따라 내려가 8중대 주둔지 쪽으로 꺾어 들어가 조그만 교량을 건너 200미터 가량 걸어 들어간 지점이며, 헌병대 수사기록에 첨부된 사진은 제가 가본 곳과 다른 장소다."라고 진술했다. 그리고 2대대 대대장 조 중령은 "사건 현장은 2대대에서 8중대본부가 주둔한 영농장 사이로서 지프차로 비포장길을 4~5분 정도 간 곳이며 큰 도로에서 멀지 않았고 평지가 아닌 약간 높은 곳으로 큰 소나무가 1~2그루 있던 곳."이라고 진술했다. 또 55연대 박 연대장은 "제가 나가본 사건 현장은 7번 도로변 2분초 인근에서 지프차에서 하차하여 8중대본부가 주둔한 이른바 영농장이라고 불리는 내륙 쪽 방향으로 5분 가량을 약

500m 정도 들어간 곳입니다."라고 진술했다. 222보안부대 박 보안계장은 "영농장에서 내려가다 오른쪽 오솔길로 진입하여 우측으로 펼쳐진 능선을 살펴보면서 말발굽 모양으로 인접한 야산 2곳 중 1곳이 당시 222보안부대장 지시로 나갔던 사건 현장과 비슷하게 보인다."라고 진술했다. 이들을 종합적으로 고려하면 사건 현장은 헌병대 수사기록상의 사건 현장이라 되어 있는 3분초 인근은 아니며, 8중대와 2분초 사이의 말발굽 모양의 2부 능선 어간으로 판단된다.

사고 현장 조작 의혹과 관련, 진화위 1기에서 2008년 6월 18일~19일 현장조사를 실시했다. 현장조사 후 보고서를 펴냈는데 의문사위 2기 결과보고서와 사뭇 다른 내용이 들어있다. 보고서 내용을 요약하면 이렇다. 두황 사건 현장으로 헌병대가 지목한 3분초 인근이 아닌 영농장 가까운 곳으로 지목한 2대대 김 인사서무병은 18시에서 20시 사이에 총성을 들은 후 간부와 함께 사건 현장에 갔더니 8중대원 20~30명이 사체를 둘러싸고 있었고 현장에서 8중대장, 2대대장, 작전장교, 인사장교 등을 목격했다고 진술했다. 이렇게 되면 이 많은 사람들이 입을 맞추어야 하는데 그것은 현실적으로 불가능에 가깝다. 그리고 2대대 황 본부중대장은 22시경 상황실 연락을 받고 사건 현장으로 갔더니 8중대원 10여 명이 경계근무를 서고 있었고 현장에서 대대장, 작전장교, 인사장교 등을 목격했다고 진술했다. 게다가 헌병대 수사관까지 목격했다고 진술했다.

사건 장소를 조작했다면 그 이유는 무엇일까?

여러 사람이 입을 맞추어야 하는 문제와 더불어 헌병대 수사관까지 입을 맞추어야 하니 문제는 훨씬 어려워진다. 의문사위 추정 사건 장소에 헌병대 수사관이 오는 것은 말이 안 되기 때문이다. 3소대 소대장과 2대대 대대장이 헌병대가 공식 발표한 장소와 다른 곳을 사건 장소로 지목했는데, 대대장 조 중령 같은 경우 자신의 진급을 위해 의문사위 추정 장소에서 헌병대가 발표한 장소로 사체를 옮겼을 가능성이 가장 높은 인물로 추정할 수 있다. 하지만 대대장 조 중령이 사체를 옮기는 엄청난 조작을 행했다면, 사건 장소에 대해 헌병대가 발표한 장소가 맞다고 처음부터 강력하게 주장했을 것이다. 사건 장소가 헌병대가 지목한 장소와 다른 곳이라고 진술할 이유가 제로에 가깝다. 만약 어느 누가 사건 장소 조작이라는 엄청난 일을 했다면, 도대체 누가 무슨 목적으로 실행에 옮겼는가 하는 문제를 밝혀야 할 것이다. 그리고 사체를 옮기는 엄청난 조작을 행하고서 얻는 이익이 무엇인지 불명확하다. 헌병대가 발표한 곳이 당시의 사건 현장이 아니라고 진술한 대부분의 사람들이 방문했던 사건 현장은 다수

간부들과 10~20명 중대원들이 목격된 곳으로 조작하기에는 너무 많은 사람들의 눈과 입이 있다. 때문에 이곳에서 두황이 사망한 후 헌병대가 지목한 사건 현장으로 사체가 옮겨졌을 가능성이 매우 낮다고 진단한 진화위 1기 조사결과가 의문사위 제2기 조사결과보다 훨씬 합리적이라고 판단할 수밖에 없다.

헌병대의 파렴치한 유서 조작과 뻔뻔한 거짓말

헌병대 조사계가 두황의 사건 현장에 도착한 이후부터 최우선적으로 염두에 둔 것은 사건의 실체를 파악하는 게 아니었다. 헌병대의 조사 목적은 두황의 사고를 자살로 몰고 가는 일이었다. 헌병대 조사계가 사건 현장에 도착해서 제일 먼저 했어야 할 일은 사고 원인을 규명할 수 있는 사건 현장에 대한 철저한 조사였다. 또 두황과 같이 매복을 섰던 류 상병과 김 일병의 옷과 손, 총의 화약흔을 면밀하게 조사하는 일이었다. 그리고 그들의 신병을 확보해, 진술을 의도적으로 조작하지 못하도록 바로 분리시켜 6월 18일 행적을 자세히 심문하고 조사해 구체적인 조서를 작성했어야 했다. 하지만 헌병대의 관심사는 다른 데 있었다는 게 명백해 보인다. 그들이 가장 먼저 서둘러 취한 행동은 두황의 관물대를 뒤지는 일이었다. 헌병대 조사계는 거기서 김지하의 시 〈끝〉을 찾아내 이를 유서로 둔갑시키는 만행을 스스럼없이 자행했다.

이 만행을 증언하는 3소대원 박 일병의 진술이 있다. 3소대원 박 일병은 사건 다음날인 6월 19일 3소대 내무반에 있을 때의 일을 진술했다. "3소대 내무반으로 소속을 알지 못하는 관계자가 들어오더니 김두황 관물대가 어디냐고 물어보더니, 관물대를 뒤져 뜻 모를 시라며 '뭐 이런 게 있어?'라고 하였다."라고 당시 상황을 증언했다. 유서로 둔갑한 김지하의 시 〈끝〉은 두황의 서클 동기인 남영숙이 보낸 편지에 동봉된 것으로 두황이 관물대에 보관하고 있던 것이었다. 그것을 '소속을 알지 못하는 관계자'가 들고 나가서 유서로 조작을 한 것이다. 헌병대 조사서에는 김지하의 시 〈끝〉이 적혀 있는 편지가 두황의 야전잠바 우측 상단 호주머니에 들어 있었다고 기록돼 있다. 그러면서 관물대에 보관되어 있던 친구의 편지를 유서라고 조작한 뒤 그 유서를 두황이 소지한 채 자살을 기도했다고 발표한 것이다.

만천하에 드러난 헌병대의 조작 행각

헌병대의 뻔뻔한 거짓말과 파렴치한 조작 행각은 만천하에 거짓임이 밝혀졌다. 당시 육군과학수사연구소 송 지문감식과장은 의문사위에 참고인으로 출석해 허위감정 경위를 설명하면서 "22사단 헌병대로부터 감정물이 유서라는 사

1983년 6월 29일에 육군과학수사연구소 송 지문감식과장이 유서 감정을 위해 제출된 김두황의 '나의 성장기'에 적힌 글을 보고 평소 필적을 감정했다는 표시가 있다.
(출처: 김두황 사건 제22사단 헌병대 조사 기록)

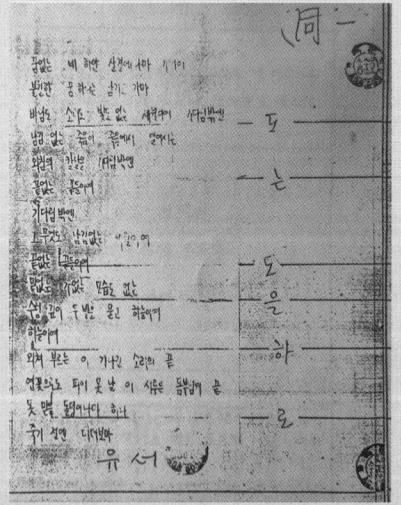

서클 친구 남영숙이 보낸 편지에 적혀 있는 김지하의 〈끝〉이란 시를 김두황의 평소 필적과 '同一(동일)'이라고 한자로 표시해 놓았다. 그리고 지문감식과장의 도장을 꽝 찍어 놓았다. 이 자료가 훗날 김두황의 군의문사를 자살로 처리하기 위한 허위감점이었다는 게 만천하에 밝혀졌다. 22사단 헌병대가 주도한 자살 조작의 구체적 증거가 된다.
(출처: 김두황 사건 제22사단 헌병대 조사 기록)

실을 알고 '나의 성장기'와 '끝'을 감정하여 동일필적으로 감정했습니다."라고 진술했다. 이어 송 지문감식과장은 "본인이 엄청난 잘못을 한 것으로 판단되는데, 당시 본인이 감정한 결과와는 다르게 〈끝〉과 '나의 성장기'는 필적이 다르다고 판단됩니다. 통상 5일 걸리는 지문감식을 2일 만에 했습니다."라고 자신의 잘못을 인정하며 유서 조작 사실을 시인했다. 육군과학수사연구소를 담당하는 701보안부대 양 수집장교는 "헌병대에서 유서라고 단정하며 필적 감정을 의뢰했기 때문에 헌병감실에서 지휘하는 육군과학수사연구소에서 송 지문감식과장이 제대로 감정하지 못했을 것이다."라고 말하며 군 지휘계통과 헌병대의 외압을 거론했다. 2002년 의문사위 1기에서 감정 의뢰했을 때, 한국문서감정원에서 헌병대가 유서라고 주장한 김지하의 시 〈끝〉을 적은 편지와 '나의 성장기'의 필체가 상이한 것이라 판단했고, 국방과학수사연구소에서 재감정을 실시해 남영숙의 평소 필적과 〈끝〉을 쓴 필적이 동일 필적임을 확인했다.

자살 조작 정황이 뚜렷한 가운데 치러진 장례

 유서를 조작한 헌병대 조사계는 두황의 죽음을 자살로 기정사실화하기 위해 치졸한 작업도 서슴지 않았다. 두황을 소대 생활에 잘 적응하지 못하는 열외자로 몰아간 것이다. '총기 자살 사건 발생보고'를 쓴 헌병대 권 중사는 "자살자는 평소 내성적 성격으로 타인과 접촉하기를 꺼려 하고 특히 초저녁달이 뜰 때면 내무반 주변에 혼자 앉아 있을 때마다 분대장 등이 왜 혼자 있느냐고 물으면 자신은 혼자 있는 것이 취미라는 말과 타인과 접촉을 잘하지 않았다고 했다."라고 쓰고 있다. 이등병이 초저녁달이 뜰 때 내무반 주위에 혼자 앉아서 달을 감상할 수 있는 시간이나 있는가? 고참에게 불려 다니기 바쁜 이등병 신세임을 뻔히 알면서도 이런 허위 정보를 집어넣어 두황을 군에 적응하지 못하는 인물로 혹은 군 복무에 염증을 느끼는 자로 몰아가고 있다.

자살로 몰고 가기 위한 거짓 진술과 악의적인 소문내기

두황이 배치된 3소대 소대장 박 중위는 의문사위 1기에 나와 "6월 18일 김두황은 그날 낮에 취사반이었지만 계곡물에서 혼자 목욕을 했으며 누룽지, 빵 등을 취식했다."라고 진술했다. 헌병대 조사계에서 머리를 굴려 준비한 시나리오인 것으로 보이는 황당한 발언이었다. 이등병이 매복을 나가기 전에 혼자서 계곡물에 목욕을 한다는 건 군 생활에서 있을 수 없는 일로, 그 황당한 발언의 저의가 의심이 간다. 상식적으로 매복근무가 끝나고 취침 전에 샤워를 했다면 말이 성립되겠지만 어떻게 이등병이 매복근무를 나가기 전에 혼자서 계곡물에서 한가하게 목욕을 할 수 있겠는가? 이 상식 밖의 '계곡물에 혼자 목욕했다'는 발언은 결국 두황이 자살을 하기 위한 사전 행동으로 해석하게 만들기 위해 의도적으로 지어낸 말로 추정된다.

앞서 언급한 2대대 김 주임상사의 진술에 따르면, 6월 18일 22시 30분경 대대 상황실에 들렀을 때 8중대 상황실에서 사건 보고를 받은 대대장 조 중령은 어쩔 줄 몰라 하며 크게 당황하는 표정이었다. 2대대 김 주임상사는 그때 사건 현장에 가서 상황을 알아보고 보고하겠다고 한 뒤 대대장 지프차를 타고 현장으로 향했다. 2대대 김 주임상사는 대대장 조 중령이 도착하기 전에 먼저 현장에 도착한 초기 사람들 중 한 명이다. 2대대 김 주임상사가 현장에 도착했을 때 먼저 도착해 있던 8중대 인사계 이 중사와 경계병 3명이 있었는데, 현장에서 8중대 인사계 이 중사로부터 "김두황은 사건 당일 목욕을 하고 속옷을 갈아입고 근무를 나간 것으로 보아 자살할 생각으로 매복근무를 나간 것으로 생각된다." 말을 들었다고 진술했다. 3소대 소대장의 "매복근무 전에 혼자서 목욕을 했다."라는 말에 이어 "속옷을 갈아입었다."라는 말이 더해진 것이다. 이등병이 매복근무에 나가기 전에 계곡에서 혼자 목욕을 하고 속옷까지 갈아입고 나갔다는 것은 도저히 상식적으로 납득하기 어렵다.

군대 내 의문사가 발생하면 지휘 계통에 있는 관계자들이 책임을 모면하기 위해 혹은 상부 지시에 따라 거의 모든 사건을 자살로 몰고 서둘러 사건을 종결했다. 서슬 퍼런 5공 군사정권 치하에서 일어난 수많은 군 의문사 사건들 중에서 제대로 된 조사를 통해 사인을 명백하게 밝힌 게 전무했다. 군 내부에서 자행된 특수학적변동자들에 대한 국가폭력의 실상을 모두 은폐한 채 신세를 비관한 자살 행위로 결론짓고 서둘러 사건을 마무리했던 게 전두환 군사정권의 행태였다.

두황의 의문사에 대한 군의 대응 역시 마찬가지였다. 두황이 자살 의지가 있었다는 정황을 급조해 만들어내고 다분히 악의적인 소문을 군 내부에 퍼트렸다.

류 상병의 진술 또한 황당하기 그지없다. 류 상병은 두황에 대해 얘기하면서 "평소 말이 없고 성격이 소심한 편이었으며 가끔 족구를 할 때 보면 같이 어울리지 않고 책을 읽고 있었던 게 기억난다."라고 진술했다. 이등병이 고참들이 족구를 하는데 어울리지 않고 책을 읽고 있었다는 게 군대에서 가능한 소리인가? 고참들이 족구를 하면 옆에서 박수를 치고 응원을 하거나 주전자를 들고 뛰어다니기 바쁜 게 최말단 계급인 이등병의 실제 모습이지 않는가? 이렇듯 어떻게 해서든 두황을 군 생활에 적응하지 못하는 아웃사이더로 만들어 자살 동기를 부각시키려는 어처구니없는 소문내기에 군 전체가 조직적으로 대응한 흔적을 여실히 보여준다.

하지만 이 같은 헌병대 주도의 악의적인 소문내기에도 불구하고 두황과 군 생활을 같이했던 동료들의 진술에는 이와 상반된 정황을 증언하고 있다. 한양대 기계공학과 출신 3소대원 신 상병(1981년 10월 입대)의 기억에도 두황의 군 생활은 의기소침한 열외자의 모습과는 거리가 멀다. 3소대원 신 상병은 의문사위 1기에 참고인으로 출석해 "김두황이 소대 생활을 하면서 회식 자리에서 탈춤을 잘 추었던 기억이 있습니다."라고 진술한 바 있다. 또 2대대본부 경비소대에서 근무했던 정기봉은 6월 16일 두황을 만났던 사실을 증언하며, 두황에게서 자살의 조짐이나 기운을 느낄 수 없었다고 했다.

> 사건 발생 이틀 전으로 기억하는데 대대본부에서 문선대 공연이 있어 저녁을 먹은 직후로 기억되는 19:00~20:00시경 연병장에서 김두황을 만난 적이 있습니다. 연병장에는 약 60여 명의 사병들이 공연을 관람하기 위해 모였던 것으로 기억합니다. 특별한 이야기는 없었고 인사 정도 나누었습니다. 사망 이틀 전이었음을 감안한다면, 이상한 소심을 느끼시 못했습니다.

근무지 이탈의 의문점, 총기를 휴대하고 철모를 쓰고 소변 보러 간다고?

두황의 군의문사 사건의 핵심 쟁점 중 하나는 두황이 어떻게 근무지를 이탈했는가다. 김 일병은 두황이 소변을 보러 가겠다고 자신과 류 상병에게 이야기한 후 근무지를 이탈했다고 진술했다. 반면 류 상병은 당시 잠을 자고 있던 상태라 그 상황을 몰랐다고 얘기했다. 김 일병과 류 상병의 주장이 정면으로 충돌한다. 1983년 6월 19일 헌병대에서 조사받을 때 류 상병은 "김두황이가 오줌을 눈다며 뒤로 올라가길래 별 관심도 쓰지 않던 중 갑자기 연발 총성이 나길래…"라고 진술했다. 그런데 류 상병은 의문사위 1기에 나와서 헌병대에서의 진술서가 잘못되었다고 말했다.

의문사위 1기에 출석한 류 상병은 헌병대로 조사를 받으러 가기 전 김 일병에게 두황의 근무지 이탈 경위에 대해 입을 맞추기로 했다는 사실을 실토했다. 류 상병은 김 일병에게 헌병대 조사를 받게 되면 두황이 소변을 보러 간다고 이야기한 후 근무지를 벗어난 것으로 진술하라고 얘기했다는 것이다. 김 일병에게 그렇게 이야기한 것은 본인이 잠을 잔 것에 대한 문책이 두려워서였다고 해명했다. 그러면서 류 상병은 강한 의문점 하나를 제시했다. 두황이 소변을 보기 위해 철모를 쓰고 총기까지 휴대한 상태에서 근무지를 이탈한 자체가 너무 이상하다는 게 류 상병이 밝힌 의문점이었다. 이와 관련, 류 상병은 혹시 인근 근무지에서 고참병이든지 분대장이 호출했다면 그렇게 근무지를 이탈할 수도 있었을 것이라는 취지의 진술을 보탰다. 류 상병은 의문사위 5차 조사에서 "김두황이 스스로 자살했다고 생각하지는 않았나요?"라는 조사관 물음에 "그런 생각을 하지는 않았습니다. 그 이유는 김두황이 저희 3소대로 전입된 후, 두 차례 가량 함께 근무를 서면서 학생운동에 참여하며 고려대에 다니면서 학생회 총무를 했다는 이야기를 전해 듣는 등 특별히 자살할 만한 징후를 보이지 않았기 때문에 자살하리라고는 생각하지 않았습니다."라고 답했다. 김 일병은 두황이 소변 보러 가겠다고 하고서 근무지를 이탈했다고 하고, 류 상병은 그때 자신은 잠을 자고 있었기에 두황이 근무지 이탈할 때 상황은 모른다고 진술했다. 누구의 말이 맞는 것일까? 도대체 무슨 일이 있었던 것일까?

자살 처리 후 일사천리로 진행된 화장

6월 18일 오후 11시 35분, 김 일병이 무전을 통해 8중대본부에 두황의 사고를 보고했다. 이어 중대장 임 대위의 지시에 따라 8중대 인사계 이 중사, 3소대 박 주임상사, 분대장 변 하사, 8중대 박 통신병이 가장 먼저 3분초 인근의 사건 현장으로 달려갔다. 현장을 확인한 8중대 인사계 이 중사는 6월 19일 새벽 1시 반경 두황의 화곡동 집으로 전화를 했다. 이후 과정은 민주화운동기념사업회가 2004년에 발간한 소책자 『정법영 김두황』의 '김두황' 편(글 정혜주)에서 인용한다.

6월 19일 새벽 1시 반경, 정적을 찢는 날카로운 전화벨 소리에 두원 씨는 얼른 거실로 나왔다. 늙은 부모님의 벨소리에 놀라 깨실까 봐 두원 씨는 얼른 수화기를 들었다. "김두황 씨 집입니까? 여기 군인데요. 두황이가 죽었습니다." 순간 암전, 먹통이었다. "가족들이 와 주셨으면 합니다." 경황 없는 중에도 군부대 찾아가는 방법을 물었던지 수화기 너머의 목소리가 상세하게 군부대 이름과 찾아오는 길을 알려주고 있었다. "강릉에서 간성으로 시외버스를 타고…." 수화기를 내려놓고 나서도 두원 씨는 멍한 상태였다. 죽다니! 두황이가…(중략) 꼬박 밤을 새운 두원 씨는 부모님께 별말 없이 새벽에 집을 나왔다. 집 앞 전화박스에서 또 한 대의 담배를 피운 뒤 우선 큰누나에게 전화를 했다. 큰매형과 작은매형을 만난 두원 씨는 강릉으로 가는 고속버스를 탔다. (중략) 강릉에서 간성으로 가는 시외버스를 갈아탔다. (중략) 버스가 중간에 헌병 검문소에 멈춰 섰을 때 헌병이 버스 안으로 올라왔다. "안에 김두황 씨 가족분들 계십니까?" 두원 씨가 손을 들자 헌병이 다가와서 말했다. "여기서부터 저희가 모시겠습니다." (중략) 가족들이 민통선 위 현장으로 올라갔을 때 두황은 차가운 땅바닥에 누워 있었다. 순간 두원 씨는 눈을 질끈 감았다. 사체는 눈썹 위로 양미간이 완전히 벌어지고 두개골 뒷부분이 없어진 상태였다. "확인하십시오. 사망시간은 6월 18일 23시 35분경입니다." 두원 씨는 겨우 감았던 눈을 떴다. 주검의 벌어진 양미간을 상상으로 맞춰 보니 두황이 같았다. 무서웠다. "자살입니다. 목 중앙의 사입구에 화상과 화약 흔적이 있는 것은 가까이에서 본인이 직접 쏜 것이라는 증거입니다. 구타는 없었습니다." 사체를 지키고 있던 몇 명의 군인들 중에서 상관인 듯한 자가 설명했다. "혹시 몸에 다른 상처가 있는지 확인해 보시기 바랍니다." 손으로 눈을 가리고 흐느끼는 두원 씨 대신 큰매형이 다가가서 사체의 몸을 확인했지만, 끔찍하고 경황 없는 중에 자세히 볼 여유는 없었다. 혹시 눕혀진 머리 뒤쪽에 상처가 있지 않았을까 하는 생각이 언뜻 스쳤지만 두원 씨는 이것저것 따지고 싶지 않았다. 차가운 야산에 험한 몰골로 누워 있는 동생을 일으켜서 한시라도 빨리 집으로 데려가고 싶은 마음밖에 없었다. '두황아! 가자….'

사체를 확인한 후 헌병대 조사계는 '화장동의서'에 사인을 요구했다. 두원이 사인을 했다. 그리고 두황이 남긴 유품인 수증에 지장을 찍어라고 해서 두원이 지장을 찍었다. 다음은 헌병대가 쓴 '각서'에 시인을 하라고 했다. 가서는 이렇게 쓰여 있었다. '위 각서인은 1983년 6.18.23:35경 강원도 고성군 현내면 저진리 소재 제22사단 55연대 2대대 8중대 3분초 서북방 800미터 지점 매복호 북쪽 7미터 지점 야산에서 당시 매복근무 중인 이병 김두황(23세)이 지급 총기인 엠16(총번209360)으로 총구를 목에 대고 실탄 4발을 발사, 자살한 사건에 관하여 제22사단 헌병대 수사관 중사 권OO 및 헌병대장 전OO의 설명과 현장 및 사체를 직접 확인 결과 타살 혐의가 일체 없고 자살한 것으로 충분히 인정하고 차후 본 건에 대하여 민·형사상 일체의 소송을 제기치 않거니와 민원 역시 제기치 않겠기에 각서를 제출합니다. 1983. 6. 19.'

두원은 두황을 빨리 집에 데려가고 싶은 생각밖에 없었다.

각서에 지장을 찍어라는데 더 따지고 싶은 생각이 없었다. 지장을 찍었다. 그리고 또 헌병대는 '사체인수증'을 들이밀었다. 거기에도 지장을 찍었다. 각서 쓰고 지장 찍고 하는 데 시간이 많이 흘렀다. 두원과 큰매형, 작은매형은 간성에서 하룻밤을 잤다.

눈물로 범벅이 된 비통한 장례식

다음날인 6월 20일 간성의 간이 화장시설에서 두황을 화장한 뒤 유골함을 들고 두원은 서울로 가는 고속버스를 탔다. 유골함은 바로 서대문 백련사에 안치했다. 부모님과 가족들이 백련사에 기다리고 있었다. 백련사에 두황의 유골함이 도착하자 어머니는 거의 혼절하다시피 했고 아버지는 유골함을 만지며 통곡을 했다. 그리고 두황이 군에서 갑작스러운 죽음을 맞았다는 소식이 고대에도 전해졌다. 마른 하늘에 날벼락 같은 비보에 큰 충격을 받은 박상중이 즉시 화곡동 집으로 달려갔다. 집에 도착한 후 두황의 사체가 6월 20일 간성에서 화장된 사실을 알게 된 박상중은 두황의 큰매형에게 화를 내듯 따졌다. 박상중이 "두황이가 어떻게 죽었는지 진실을 밝히지도 않고 화장을 하는 게 어디 있냐?"라고 계속 따지자, 큰매형도 박상중을 야단치게 되었다. 급기야 대판 말싸움이 벌어졌고 집안이 시끄러워지자 두원이 나서 둘을

아버지와 다정한 한때. (출처: 김두원)

말리게 되었다. 사실 박상중이 큰매형과 말싸움을 벌이게 된 것은 잘못 들은 얘기로 인한 오해 때문이었다. 박상중은 누군가에게서 두황의 매형이 치안본부 다닌다는 사실을 들었는데, 실상 치안본부에 근무하고 있던 이는 큰매형이 아니라 이종사촌매형이었다. 박상중이 큰매형을 치안본부에 다니는 사람으로 오해하고, 정보기관에 근무하는 이가 어떻게 처남인 두황의 사인 규명을 위한 최소한의 노력도 하지 않았느냐고 대들었던 것이다.

장례식 전에 두황 어머니는 집에서 아들의 혼을 위로하는 위령제를 지냈다. 위령제를 지낼 때 박상중도 그 자리에 있었다. 49제인 8월 5일 두황의 장례식이 서대문 백련산 남쪽 기슭에 있는 고찰 백련사에서 조촐하게 거행되었다. 고대 동기로는 박상중과 함께 한선모가 그 장례식에 참석했다. 김현배, 박부용, 이재권 등 후배들과 제일교회 동기 송진휴 등도 참석했다. 두황이 입던 옷가지를 태우고 스님이 목탁을 치면서 염불을 외울 때 가족은 물론 일행 모두가 참고 있던 울음을 터뜨리며 통곡했다. 일행들은 백련사 뒷산 가파른 언덕에 올라 두황의 육신과 작별했다. 한여름의 후텁지근한 공기 속으로 두황의 유해가 안개처럼 뿌려졌다. 두황이 아버지는 막내아들의 유해를 뿌리면서 어린애처럼 울었다. 하늘을 향해 목놓아 울었다. 그 광경을 지켜보며 눈시울을 붉혔던 두황의 제일교회 친구 송진휴에게도 두황의 백련사 장례식은 가슴 시린 기억일 수밖에 없다.

그날 백련사 갔다가 너무 많이 울었어요. 너무 많이 울어 눈이 통통 부었지요. 두황의 군의문사 소식을 듣고 그의 죽음을 확인했을 때, 우리는 두황이 스스로 목숨을 끊은 것이라고 영점 영영영 일 프로도 믿지 않았어요. 두황이는 언제나 긍정적이고, 밝고, 에너지 넘쳤던 친구였어요. 그런데 어떻게 그런 친구가 군대에서 자살을 했겠어요. 그리고 두황의 죽음 자체가 정말 믿기지 않았어요.

살아남은 자들의 슬픔이
북받치는 날들

두황의 군의문사 소식이 고대는 물론 여러 곳으로 전해졌다. 두황과 함께 활동했던 동기와 선후배들 모두 이 황망한 소식에 망연자실할 수밖에 없었다. 그중에서 철창에 갇힌 상태에서 비보를 접한 이들의 심정은 어땠을까? 두황과 잘 아는 사이였던 동기들의 두 가지 일화를 소개한다.

1983년 3월 18일에 두황이 강제징집을 당한 후 얼마 지나지 않은 4월 7일, 최성애는 이대 교내 시위를 주도하다 구속되어 서울구치소에 수감되었다. 두황의 동기인 윤경진도 5월 26일 교내 시위의 주동자가 되어 마찬가지로 서울구치소 여자 사동(여사)에서 감방 생활을 하게 되었다. 최성애와 윤경진은 제일교회 대학생부 활동을 하며 세미나 등에서 서너

번 만난 사이였기에 서로를 잘 알고 있었다. 자연스레 두 사람이 서울구치소에서 만나게 되었다.

6월 말 서울구치소1

윤경진이 수감되어 있는 곳이 여사 안쪽에 있었기에 운동, 면회, 목욕을 나갈 때면 최성애 방을 반드시 지나치게 되어 있었다. 6월 말 목욕을 하러 가던 윤경진이 두황의 사망 소식을 최성애에게 알려 주었다. 뜻밖의 장소에서 들은 그 소식에 최성애가 받았던 충격은 말로 형언하기 힘들다.

제일교회 세미나에 고대 윤경진이 서너 번은 나왔어요. 그다음부터는 안 나오더라고요. 그렇게 경진이를 몇 번 본 이후 감옥에서 경진이를 봤어요. 제가 1983년 4월 초에 시위를 해서 서대문구치소(서울구치소)에 갔는데 조금 있다가 경진이가 오더라고요. 그리고 두황이가 죽었다는 이야기를 걔한테서 들었어요. 서울구치소에 여사가 쭉 있었잖아요. 저는 입구 쪽에 있었고 경진이는 저 안쪽으로 있었어요. 목욕을 가거나 면회를 가면 통로를 지나는데, 어느 날 목욕시간에 경진이가 내 방 앞을 지나가면서 "성애야! 두황이가 죽었대…."라고 하는 거예요. 걔가 돌아올 때까지 제가 문을 잡고 기다리고 있었어요. 한 이삼십 분을 그렇게 하고 있었나 봐요. 돌아오면서 무슨 일이냐고 하니까 똑같은 이야기예요. "두황이가 죽었대. 자살했대." 이러고 몇

마디만 나누고 갔지요. 그때 저는 독방에 있었거든요. 그날 기분을 어떻게 형언할 수가 없어요. 1983년도 6월 말이었어요. 눈물도 나지 않고 별로 믿기지도 않고. 그날 저녁밥을 먹는데 그게 먹히는 거예요. 밥을 먹으면서 그게 너무너무 희한한 거예요. 두황이가 죽었다는데 실감이 나지 않으니까. 밥은 들어가는데 밥을 먹어서는 안 되는 것 같은데… 두황이가 자살을 해? 믿을 수가 없었어요. 그때 총으로 자살했다는 소식까지는 들은 것 같아요. 그해 12월 출소했지요. 성탄절 특사로 12월 23일 나왔어요. 제가 출소하고 나서 제일교회 선후배를 거의 못 만났어요. 80학번들이 뿔뿔이 흩어지고 선배들도 전혀 찾아주지 않고, 같은 동기들도 서로 거의 찾지 않고 한민호라는 친구만 가끔 한 번씩 봤는데 그 친구도 1985년도에 본 게 마지막이었어요. 제일교회가 저한테는 새기다가 만 마음의 문신 같은 그런 것으로 줄곧 남아 있었던 것 같아요. 그 가운데 키 포인트는 두황이의 죽음에 대해 아무하고도 얘기할 수 없는 거예요. 내 제일교회 친구들 아니면 아무하고도 얘기할 수 없는 거예요. 두황이를 아는 누군가와 이야기하고 싶은데. 왜냐면 너무 허무하게 헤어져서 나한테 너무 중요한 사람이었는데. 너무 소중한 친구였는데 그렇게 해서 수십 년을 보낸 거지요. 그러다가 그들 중 서울대 강영진이라는 친구가 있어요. 그 친구가 어떻게 하다가 내 생각이 났대요. 여기저기 수소문을 하고 철학과 교수한테까지 전화를 해서 어떻게 해서 제 이메일을 알아내곤 제게 연락을 했어요. 2007년인가에 그 친구를 만났지요. 이십여

년 만에 그 친구를 만나서 한 여섯 시간을 쉬지 않고 이야기하고 12시부터 노래방에서 3시간을 내리 노래를 불렀어요. 그날 영진이라는 친구를 만나고 나서부터 너무 사랑했지만 아물지 않은 제일교회 상처가 이제 막을 내렸다는 느낌이 들었어요.

6월 말 서울구치소2, '장미의 이름으로'

정경대에서 1학년 때부터 만났고 2학년 때는 같은 경제학과 동기가 되었고 현장팀에서 함께 활동을 하며 몇 개월을 동고동락했던 손학붕은 두황의 절친한 동기 중 한 명이다. 손학붕과 두황은 3학년이 되었을 때 더욱 가까이 지내며 매일 학회실에서 얼굴을 보는 사이였다. 두황이 학회 활동에 매진할 당시의 경제학과 학회장이 바로 손학붕이었다. 손학붕은 4학년이 된 1983년 5월에 고대 축제 기간의 시위에 연루돼 구속되었다. 손학붕은 김영중, 이재형과 함께 5월 2일부터 5월 5일까지 4일 동안 벌어진 5월 대동제 축제 기간 중 대운동장 줄다리기 행사(5월 5일)에서 고대생 1만여 명이 참가해 시위로 번진 사건 때문에 5월 6일 성북서에 연행되었다. 성북서 조사를 마치고 구속되어 서울구치소에서 1심 재판을 받고 있던 6월 말 손학붕은 면회 온 여자 친구로부터 두황의 군의문사 소식을 접했다. 그해 유달리 붉게 피었던 서울구치소 장미는 왜 그렇게 진한 선홍빛으로 피어났던 것이었을까? 손학봉은 그때의 심정을 '장미의 이름으로'라는 제목으로 글을 남겼다.

> 6월 어느 무덥던 여름날, 나는 현저동 산 101번지 서울구치소의 감방 안에서 쇠창살을 통해 높게 둘러쳐진 구치소 담장을 무심하게 바라보고 있었다. 거기서 나는 보았다. 아주 붉게 피어오른 장미꽃을. 붉다 못해 현기증 나는 핏빛의 장미를 보면서 왜 그리도 서럽던지. 일순 나는 너무 사치스러운 부르주아 취향이라며 다잡고 일상의 감방 생활로 돌아왔다. 며칠 후, 면회 온 여자 친구를 통해 나는 한 휴머니스트의 죽음을 알았다. 김두황! 눈동자가 유난히도 크고 반짝여 눈물을 머금은 듯 여리게 보이지만 바다보다 깊은 속내를 지녔던, 혁명을 꿈꾸던 청년. 공기구멍이 숭숭 난 플라스틱 창 너머에서 내 여자 친구가 말했다. "죽었어요." 누가 죽었느냐고 아직 묻지 않았지만 나는 그 짧은 순간 직감하고 있었다. 두려운 마음으로 고개를 쳐들고 심호흡으로 마음을 달래며 확인했다. "누가?" "두황 씨." 나는 서둘러 면회를 마치고 서울구치소 2사 18방 내 방으로 향했다. 다리가 후들거리고 심장이 쿵쾅거렸다. 정신은 아련해지고 목이 바짝바짝 타 들어갔다. 간수가 내 방을 따주자 나는 들어가 바닥에 그대로 주저앉았다. 한참을 그러고 있다가 간신히 일어나 화장실 창살께로 다가가 소리쳤다. "영중아, 재형아! 두황이가 죽었대" "뭐, 어쨌다고.… 누가 죽었다고?" "영중아!, 두황이가 죽었어." 옆 사동의 영중이가 우는 소리

가 들렸다. 나도 그대로 화장실에 쪼그려 앉아 울기 시작했다. 서러웠다. 한참이 지났다. "영중아!, 두황이가 죽었어. 너 믿겨지니?" 우리는 다시 울었다. 울음을 추스르고 창밖을 보니 며칠 전의 그 탐스럽던 장미가 지기 시작하고 있었다. 나는 평소 잘 지내던 교도관에게 빨간 꽃잎을 따 달라고 부탁하여 내 책 속에 한 잎 한 잎 펼쳐 넣었다. "잘 가라 친구야. 우린 너를 영원히 사랑한다." 나는 내 친구를 장미의 이름으로 오늘도 기억한다.

억수같이 쏟아지는 비를 맞으며 오열하는 양창욱

양창욱이 두황의 사고를 알게 된 것은 사고 다음날 55연대 본부에서였다. 양창욱은 사고 10일 전에 두황으로부터 반가운 편지를 받았다. 두황은 그 편지에서 '반공 웅변대회 같은 것도 피하지 말고 군대 생활을 적극적으로 하자. 포상휴가 같은 걸 받아서 나가면 좋지 않으냐.' 하는 메시지를 담아 그리운 친구 양창욱을 응원하고 격려했다. 양창욱은 친구의 따뜻한 편지가 무척 반가웠고 큰 힘이 되었다. 양창욱은 초등학교 때 웅변대회에 나간 전력을 살려 대대 웅변대회에 나가 우승하고 연대 웅변대회까지 우승했던 것이다. 연대웅변대회를 위해 연대본부에 있을 때 양창욱은 충격적인 소식을 듣게 되었다. 그 소식을 전한 이는 훈련소 동기이고 두황이도 잘 아는 김대중 이등병이었다. 연대본부 이발병으로 근무하고 있던 김대중 이등병은 연대본부에서 양창욱을 발견하고는 "두황이가 죽었대."라고 말하며 두황의 사고를 양창욱에게 전했다. 그 믿기지 않는 황망한 소식을 접하고 충격에 빠진 양창욱이 저녁밥도 먹지 못한 채 연대본부에 있을 때, 두황과 함께 매복근무를 한 류 상병과 김 일병이 연대본부에 대기하고 있는 모습을 목격하게 된다.

이로부터 10여 일 후인 6월 30일, 양창욱은 웅변대회 우승으로 4박 5일 포상휴가를 받아 군영을 떠났다. 서울 역촌동 집으로 가서 어머니에게 인사를 하고 경기도 송추 운경묘지공원에 있는 아버지 산소를 찾았다. 강제징집 후 훈련소에 있을 때 급작스러운 아버지의 부음에 하늘이 무너지는 슬픔에 휩싸인 채 얼떨결에 장례에 참여한 뒤 삼우제도 보지 못하고 군에 복귀할 수밖에 없었던 게 늘 마음에 걸렸기에 휴가를 나오자마자 달려간 것이다. 양창욱은 아버지 묘 앞에서 서럽게 울고 또 울었다.

양창욱은 또 입대 이후 가슴 깊숙한 곳까지 돌덩이처럼 무겁게 압박하던 마음의 짐을 덜어내고 싶었다. 그래서 용기를 내 전화를 했다. 다음날 고대 앞 제기동 사거리 근처에 있는 '송림' 술집에서 만나기로 약속을 했다. 만나기로 한 사람은 선배 김덕균이었다. 3.7사건 때 '아방과 타방' 문건 출처 추궁을 받고 고문을 받을 때 연세대 동기를 불면 문제가 커질 것 같아서 사회학과 선배인 김덕균을 불렀던 것이 못내 가슴에 짐이 되었다. 김덕균도 3일을 성북서에서 걷지도 못할 정도 맞고 나오면서 '양창욱이가 첫 휴가 나오면 왜 내 이름을 거명했는지 꼭 물어보고 싶다.'고 속으로 생각하고 있었다.

다음날 약속장소로 가는 길에 억수 같은 비가 쏟아졌다. 양창욱은 그 빗속을 우산도 없이 울면서 걸어갔다. 두황의 죽음 소식을 접한 이후에 양창욱에게 새로 생긴 버릇 같은 게 생겨났다. 걸어가면서 시도 때도 없이 눈물을 흘리는 것이었다. 송림에서 김덕균을 만나자마자 양창욱은 선배의 얼굴을 보며 "두황이가 목에다 M16 실탄을 발사해 총상으로 죽었대요. 군복에서 끝이라는 유서가 나왔대요."라며 울먹거렸다. 김덕균은 양창욱의 모습을 보면서 하고 싶고 따지고 싶었던 많은 말들이 하얗게 사라지는 것을 느꼈다. 그러곤 다른 것은 아무것도 묻지 않고 "다 잊어버리고 살아서만 돌아와라. 꼭 살아서 돌아와야 해." 라는 말만 연신 되풀이하면서 양창욱의 어깨를 잡고 흔들었다.

살 수도 죽을 수도 없는 녹화사업의 실상

양창욱은 22사단 55연대 3대대 10중대 1소대 소속이었다. 1983년 9월 8일 목요일 새벽 3대대 본부 지프차가 1소대 앞에 서더니 양창욱을 태우고 22사단 본부로 급하게 달려 22

사단 보안대에 넘겼다. 이후 양창욱은 사단 보안대 보안반원 1명과 같이 강릉에서 동부고속을 타고 서울 강남고속터미널에 내렸다. 양창욱이 버스에서 내리자마자 미리 대기하고 있던 보안사 요원 3명이 그를 검은 승용차에 태웠다. 그런 후 안대로 눈을 완전 가린 채로 어딘가로 데려갔다. 나중에 알고 보니 그곳은 보안사 과천대공분실이었다. 양창욱은 과천대공분실에서 일주일 동안 지옥 같은 시간을 보내야 했다.

말 그대로 프락치를 강요하는 녹화사업이었다. 양창욱을 기다린 심사장교는 권오경이었다. 과천대공분실은 24시간 형광등이 켜져 있기 때문에 밤인지 낮인지 알 수가 없었다. 문이 안에서는 열 수 없는 특수 구조로 되어 있었기에 화장실을 갈 때도 항상 문을 두드려야 했다. 권오경은 "너가 여기에 온 것은 아무도 몰라. 너 말 듣지 않으면 쥐도 새도 모르게 죽여서 월북 기도하다 죽었다고 철책에다 버려놓으면 끝이야." 하며 협박하며 양창욱을 거세게 압박했다. 아무도 찾을 수 없는 대공분실에서 계속된 협박을 받고서 양창욱은 권오경의 말대로 월북을 하다가 죽은 자가 될 수도 있겠다는 생각이 들었다. 친구 두황도 저런 놈들의 협박 속에 죽어갔다고 생각하니 등골이 오싹했다.

그렇게 과천대공분실에서 일주일 동안 녹화사업을 받은 양창욱은 을지로 진양상가로 넘겨졌다. 거기에서 프락치 공작 과제를 받고 3박 4일의 외출을 하게 되었다. 그에게 주어진 과제는 3가지였다. 제1과제는 고려대 학생운동 주요 멤버들에 대한 동향 파악이었다. 보안사는 양창욱에게 겨레사랑회 조직체계도, 고려대 사회학회 조직체계도, 고려대 학회장단 모임 조직체계도를 보여주면서 도표상에 나와 있는 사람들의 동향을 파악해오라고 지시했다. 겨레사랑회 조직체계도는 1981년 5월 시위 때 성북서에 작성한 것이었다. 또 사회학과 학회 조직체계도 역시 1982년 4월에 성북서에서 파악한 정보였다. 그리고 학회장단 모임 조직체계도는 두황과 같이 성북서에서 연행된 조사 과정에서 그려진 80학번 학회장 모임 구성도였다.

제2과제는 현대철학회 선배인 박용준(78학번), 김헌(79학번), 이재화(79학번)의 동향 파악이었다. 마지막 제3과제는 1983년 당시 현대철학회 회장을 맡고 있던 김하동(81학번)을 순화시키는 데 협조하라는 내용이었다. 진양상가에서 진을 치고 고대생을 담당하고 있던 심사장교 박준현은 세 가지 과제를 주면서 프락치 활동자금으로 3만 원을 양창욱에게 건네면서 성실하게 임해서 제대로 된 정보를 가져오기를 요구했다. 친구와 선후배를 배신하라는 과제를 받고 외출을 하게 된 양창욱은 너무나 괴로웠다. 집에 들르지도 못하고 송추에 있는 아버지 산소를 찾았다. 이 과제를 수행하려면 사회학과

후배들 이름을 다 넘겨주어야 하는데 어떻게 해야 할지 좀처럼 마음을 잡을 수가 없었다. 아버지 산소 앞에서 몇 시간을 서성거리며 시름에 잠겼지만 달리 방법을 찾을 수 없었다. 흉폭한 자들에게 후배의 이름을 넘기는 것은 차마 못 할 짓이었다. 아버지 산소 앞에서 그냥 죽고 싶은 심정이었다.

한참을 그렇게 고민을 하던 양창욱은 밤이 깊어 아버지 산소를 떠나기 전에 한 가지 결심을 했다. 일단 후배 김창현을 만나서 솔직하게 보안사로부터 프락치 강요를 받고 있다는 사실을 털어놓고 상의를 해보겠다는 거였다. 그러면 믿음직하고 똑똑한 후배 김창현이 무슨 방안을 마련해줄 것만 같았다. 그렇게 해서 다음날 양창욱은 학교에 가서 김창현을 만났다. 학교 앞 술집에서 술 한잔을 하면서 자신의 처지와 보안사에서 요구받고 있는 것을 솔직하게 털어놓았다. 그러자 김창현이 "그 문제라면 해결할 방법이 있습니다. 최근에 후배가 성북서에 들어가서 불고 나온 것이 있어요. 그것을 보안사에다 그대로 말하면 될 것 같으니 너무 걱정하지 말아요."라고 얘기했다. 그 말에 양창욱의 얼굴에 화색이 좀 돌기 시작했다.

양창욱은 김창현에게서 들은 내용을 메모해 진양상가에 가서는 심사장교 박준현에게 그 내용을 태연하게 적어 주었다. 박준현이 그것을 보더니 "좋은 정보군. 훌륭해. 수고했어!"라고 칭찬했다. 양창욱은 속으로 긴 안도의 숨을 쉬었고, 살지도 죽지도 못할 만큼 고통스러운 일생일대의 위기에서 간신히 벗어나게 되었다.

양창욱이 총 17일간에 걸쳐 녹화사업을 받고 프락치 활동을 강요받으며 작성한 진술서 159페이지가 기무사 존안파일 안에 그대로 저장되어 있다는 사실을 알게 된 것은 최근 2년 전의 일이다. 양창욱의 기무사 존안파일 번호는 '09C-12-1-1036'이다. 마지막 '1036'은 일천서른여섯번째로 녹화사업을 받은 대상이란 의미다. 양창욱은 이렇게 해서 9월 8일에 시작해 9월 24일에 끝난 17일간의 녹화사업과 프락치 공작 사업을 마치고 3대대로 다시 복귀했다.

되살아나는
진혼의 함성으로

간성의 간이 화장장에서 화장을 한 뒤 두황의 유골은 백련사 뒷산에 뿌려졌다. 그때 막내아들의 유해를 뿌리며 통곡했던 두황의 아버지는 그날 이후 건강히 급격히 악화되었다. 두황의 아버지는 두황이 성북서에서 나올 때 주머니에 있는 돈을 쥐어주면서 도망가고 싶으면 가라고 했던 말이 내내 걸렸다. '아! 내가 좀더 강권했어야 했는데. 그랬더라면 막내아들이 죽지는 않았을텐데. 아, 내가 왜 그때 확실하게 하지 못했을까.' 두황 아버지는 시도 때도 없이 이런 생각을 하면서 가슴을 치며 후회했다. 하루에도 수십 번씩 찾아온 후회감이 자식을 잃은 아버지의 기력을 빼앗아간 것일까?

1년 후 아버지 가시고, 다시 1년 후 어머니마저 가시다

민주화운동기념사업회 소책자에 막내아들을 먼저 보낸 두황 아버지에 대한 안타까운 기록이 실려 있다.

두황의 아버지가 돌아가신 것은 두황이 죽은 뒤 1년 남짓 지났을 때였다. 아버지는 어느 날 집 안에서 창 밖을 내다보고 계시다가 허수아비처럼 푹 쓰러지셨다. 병원으로 옮겼지만 말을 못 하고 두 눈만 뜨고 계셨다. 그렇게 보름 정도를 누워 계시다가 유언 한 마디 남기지 못하고 눈을 감으셨다. 노인성 지병이 있기는 했지만 너무나 갑작스러운 죽음이었다.

당시 72세였던 아버지가 훨씬 더 오래 사실 수 있었는데 황망하게 떠난 후 가족들의 걱정은 두황 어머니에게 쏠리게 되었다. 어머니는 하루 종일 막내아들 사진만 보며 시간을 보냈다. 걱정이 컸던 가족들이 어머니 몰래 회의를 열었다. 청주에 있는 큰형 집으로 어머니를 모시기로 하고 그 틈에 두황의 사진을 다 감춰버리기로 했다. 계속 방치하면 어머니가 어떻게 될까 싶어 궁여지책으로 생각해낸 방안이었다. 하지만 이런 노력도 허사였다. 막내아들을 잃은 어머니의 마음에서 두황을 빼낼 수 없었다. 민화운동기념사업회 소책자에 두황 어머니에 대한 너무나 가슴 시린 이야기도 실려 있다.

두황의 사고 이후 어머니가 하루종일 두황의 사진만 보고 있자,
가족들이 어머니 몰래 두황의 사진을 모두 숨겼다.
막내아들 사진을 볼 수 없게 되자 그때부터 어머니는
머릿속에 있는 막내아들의 모습을 종이에 그리기 시작했다.
한 번도 그림을 그려 본 적이 없었던 어머니의 초기 그림은
서툴었지만 점점 두황의 모습을 빼닮은 그림이 되었다.
막내아들 두황에 대한 어머니의 사무치는 그리움이 묻어 있다.
(출처: 김두원)

아버지가 돌아가신 뒤 어머니는 하루 종일 막내아들 사진만 쳐다보고 계셨다. 가족들이 저러다 어머니마저 잘못될까 싶어서 집에 있는 두황 사진을 다 치워버렸다. 어머니는 점점 말을 잃어가셨다. 큰형이 어머니를 청주에 모시고 계셨다. 두황이 기일에 맞춰 어머니를 서울에 올라가시게 하려고 채비를 하던 중이었다. 목욕탕에 들어가신 어머니가 나오지 않아서 들어가 보니 어머니는 구석에 웅크린 모습으로 숨이 멎어 있었다. 어머니 유품을 정리하다 형제들은 통곡을 터뜨렸다. 어머니가 막내아들 사진을 볼 수 없게 되자 머릿속에 있는 막내아들 모습을 종이에 그리기 시작했다. 한 번도 그림을 그려 본 적이 없었던 어머니, 처음에는 서툴게 그리던 두황의 모습이 점점 두황을 닮아갔다. 그리고 어머니는 두꺼운 대학노트에 평생 처음으로 일기라는 것을 적어 내려갔다. '마지막 안녕 한 마디 못 견디게 괴로워도 울지 못하고 내 가슴에 이 상처를 그 누가 알아주나.', '그리움에 타는 마음 혼자 달래고 혼자 울면서 지새울 때 에라 불효자식 하나 생각 말고 다섯 자식 생각해야지 한다. 좋은 일 있어도 억장이 무너지고 무슨 말만 해도 떠오르게…' 식구들 앞에서는 슬픈 내색을 안 하시던 어머니는 매일 밤 혼자서 두황을 향한 그리움과 비통함을 글로 적고 계셨던 것이다.

84년 4월 17일에 거행된 김두황 추모식

두황의 군의문사 소식은 엄청난 충격이었다. 그 소식을 접

어머니 일기.
1983년 6월 17일 아침 화곡동 집 앞에서 성북서 지프차를 타면서 두황이 어머니에게
"안녕히 계세요. 잘 다녀오겠습니다."라고 했던 인사말을 생각하면서 일기에 쓴 부분이다.
"성북서 지프차 타면서 마지막 안녕 한마디 못 견디게 괴로워도 울지 못하고
내 가슴에 이 상처를 그 누가 알아주나. 그리움에 타는 마음 혼자 달래고 혼자 울면서
지새울 때 애라 불효자식 하나 생각 말고 다섯 자식을 생각해야지 한다."라고 쓰여 있다.
(출처 : 김두원)

한 고대 학생들은 크게 분노했다. 두황과 함께 학생운동에 전념하던 동기와 선후배들뿐 아니라 일반 학생들 사이에서도 두황 죽음에 대한 추모 열기가 높아졌다. 더불어 전두환 군사정권의 폭력성과 녹화사업이라는 전대미문의 파시즘적 광기와 맞서야 한다는 대중적 공분이 높아졌다. 하지만 '짭새'들이 상주하며 학생들 동태를 감시하고 있던 학내 상황에서는 제대로 된 추모제를 열 기회가 없었다.

상황이 바뀌게 된 것은 전두환 군사정권이 단행한 1983년 12월의 학원자율화 조치 때문이었다. 강압적 통치 이미지를 희석하고자 전격 단행된 학원자율화 시행은 군사독재정권이 강압적 통치 방식의 한계에서 선택한 전술적 유화책이었다. 그동안 움츠리고 있던 민주화운동 세력이 이를 계기로 집결하며 군사정권과의 정면 승부에 나서기 시작했다. 자율화 유화국면이 조성되면서 상주하던 경찰과 공작원들이 학내에서 철수하자 학생들은 재빨리 고대자율화추진위원회(약칭 '고자추')를 구성하고 군사정권과 맞서는 대오를 준비하기 시작했다.

고자추는 1984년 4월 13일 창립식을 가지며 군사정권의 폭거를 규탄했다. 이어 4월 17일 대규모 학생들이 운집한 가운데 김두황 추모식을 거행했다. '고 김두황 학우 추모식'이라는 명칭으로 4.18 주간 기념행사의 일환으로 계획된 행사였다. 조치원(현재는 세종 캠퍼스) 분교에서 4백여 명의 학생이 약간 늦게 도착하면서 예정보다 늦춰진 오후 3시부터 민주광장에서 열렸다. 추모식에는 2,000명이 넘는 고대 학생들이 운집했다. 그동안 울분을 참고 있었던 고대 학생들이 대거 참여하면서 집회 열기는 그 어느 때보다 뜨거웠다.

고자추 부위원장 김준희(심리학과 81학번)가 사회를 맡은 가운데 첫 순서로 고자추 위원장 이영동(농학과 81학번)이 '고 김두황 학형께 드리는 글'을 낭독했다. 이어 고병헌 학도호국단 임원진의 헌화와 분향 순서를 가진 후 손학붕이 마이크를 잡았다. 손학붕은 1983년 5월 축제 시위 건으로 구속되어 수감생활을 하던 중 서울구치소에서 두황의 의문사 소식을 듣고서는 그 비통함을 격정적으로 토로한 '장미의 이름으로'를 쓴 두황의 동기다. 손학붕은 학원자율화 조치로 복학을 하게 되었는데, 이날은 복학생협의체 대표 자격으로 나서 결의문 낭독을 통해 강제징집 철폐와 해직교수 복직을 주장했다. 마지막으로 고자추 홍보부장 임선수(경제학과 81학번)가 '강제징집 규탄 성명서'를 발표했다.

고대 학생운동사에 큰 족적을 남기다

추모식이 진행되는 동안 500여 명 정도 더 불어난 학생 대열은 본교에서 이공대까지 추모행진을 하기 위해 교내를 한

바퀴 돈 뒤 교문 앞으로 돌진했다. 시위대는 교문 앞에서 제지하는 교직원을 뿌리친 뒤 두황의 가상관을 앞세우고 침묵의 추모행진을 시작했다. 추모행렬이 제기동 3거리(지금은 사거리)까지 이르렀을 때 경찰이 페퍼포그를 내뿜으며 저지했지만 학생들은 물러서지 않고 격렬하게 저항했다. 시위 학생들은 학교 정문부터 제기동 3거리 도로를 완전 점거하고 "김두황 타살됐다. 진상규명하라!", "강제징집 철폐하라!", "녹화사업 폐지하라!", "전두환 독재정권 타도하자!" 등의 구호를 외치며 최루탄을 난사하는 경찰들에 맞서 투석전을 벌였다.

시위가 건잡을 수 없을 정도로 격렬해지자 오후 6시 30분경에 전투경찰이 긴급 증원되었다. 경찰의 힘에 밀리자 학생들은 다시 본관 앞에 집결해 두황의 가상관을 불태우고 장례의식을 치렀고 다음날 새벽 2시까지 도서관에서 농성을 이어나갔다. 이후 학교당국으로부터 4.18마라톤 행사 보장을 약속받은 후에야 도서관 농성을 풀었다.

1984년 4월 17일에 거행된 김두황 추모 집회는 고대 학생운동사에 큰 족적을 남겼을 뿐 아니라 1980년대 중후반 반독재 민주화운동의 밑거름이 되었다. 80년 서울의 봄 이후 최대 규모의 시위였으며 제기동 3거리를 지나 제기동 고개까지 진출한 유일한 시위로 기록되었다. 이날의 추모식은 두황의 죽음을 접하고도 오랫동안 참을 수밖에 없었던 고대

1984년 4월 17일에 거행된 '김두황 학우 추모식' 때의 사진이다.
두황의 영정을 들고 있는 인물은 '고대자율화추진위원회 부위원장 김준희(81학번)다.
(출처: 고대신문사)

학생들의 분노가 한꺼번에 표출된 시위였고, 많은 인원이 참가했던 신입생 84학번들에게 두고두고 기억될 시위로 각인될 만큼 인상적인 투쟁이었다. 또한 군사독재 정권의 학원 탄압 일환으로 강행된 강제징집과 녹화사업이라는 가공할 국가폭력에 대한 분노와 저항의지가 응집되어 커다란 함성으로 표출한 쾌거였다. 나아가 강제징집과 녹화사업으로 인해 사망한 군의문사 6인의 사건을 전면적으로 부각시킨 대규모 시위였다.

1982년부터 시작해 1983년까지 이어진 녹화사업으로 인해 수천 명의 피해자를 양산하고 결국에는 두황을 포함한 6인을 의문의 죽음으로 몰고 간 전두환 군사독재정권의 반인륜적 범죄가 이 시위를 기점으로 수면 위로 부상하며 쟁점화되었다. 두황의 죽음은 광주민주화운동을 짓밟고 학살을 자행한 신군부 세력이 정치권력을 장악한 후에 저지른 범죄행위를 여실히 드러낸 상징적인 사건이었다. 김두황 군의문사 진상규명, 강제징집 철폐, 녹화사업 반대투쟁은 반독재 민주화운동의 기폭제 역할을 하면서 1987년 6월항쟁을 향한 학생운동의 대중적 기반을 마련하는 데 일익을 담당했다. 실제로 1984년 4.17 투쟁으로 점화된 고대 학생운동은 1985년, 86년을 거치면서 매 집회마다 수천 명이 참가하는 폭발적인 성장세를 보이면서 전국 학생운동을 주도하는 견인차 역할을 감당하며 87년 민주화 대장정을 이끌었다.

참혹한 형상의 주검이 되어 돌아온 두황의 짧은 생은 가슴 미어지는 통절의 서사임이 분명하다. 또 권력 유지를 위해 최소한의 인권과 존엄마저 짓밟았던 국가권력의 파시즘적 광기가 만들어낸 현대사의 비극이다. 하지만 두황의 죽음은 결코 헛된 것이 아니었다. 그의 죽음을 슬퍼하고 추모하는 마음, 그의 헌신과 열정을 기억하고 뒤따르겠다는 결기와 용기, 그가 얘기한 것처럼 착한 바보들이 앞장서서 광장에 새긴 민주주의의 염원은 결코 다른 게 아니었다.

어찌 보면 두황은 스스로 밀알이 되었다. 누구보다도 열정이 넘쳤고 물러섬 없이 뚜벅뚜벅 걸었으며 늘 함께하는 동지들에게 환한 웃음과 농담을 곁들여 격려했다. 시를 사랑하는 뜨거운 감성의 소유자였지만 어설픈 감성에 자신을 가두지 않았고 질식할 것 같은 현실과 조국을 품에 안으려 했다. 두황은 자신에게 닥친 불운을 반드시 이겨내겠다는 뜻을 굽히지 않았고 모진 운명 앞에서도 누군가를 원망하지 않았다.

이토록 매력적인 청년 김두황에게 주어진 시간은 너무 짧았다. 못다 한 얘기와 못다 한 일들을 너무 많이 남긴 채 23세의 청년은 어느 날 훌쩍 친구들과 동지들 곁을 영원히 떠났다. 두황이 그렇게 불꽃이 되어 산화한 뒤 살아남은 이들의 북받치는 슬픔은 아주 오랜 시간 동안 가시지 않았다. 그를 기억하고 그의 뜻을 기리기 위한 후배들의 발걸음이 이어졌다. 그를 영원히 추억하기 위한 진혼비가 고대 민주광장에 세워졌다. 추모식 1년 후인 1985년 4월이었다. 그렇게 해서 두황은 고대 학생들의 뜨거운 외침이 벼락처럼 공명이 되는 민주광장에서 쉴 수 있게 되었다. 그 자리에서 그가 그토록 전념하고 매진했던, 학회 활성화를 통한 대중적 활동 기반을 토대로 대중운동을 조직해야 한다는 그의 신념과 염원이 현실화되는 것을 지켜볼 수 있게 되었다.

109인회가 1985년 4월 17일 진혼비를 세우다

문무대 109인 사건으로 1982년 초에 강제징집되었던 81학번들이 군 복무를 마치고 1984년 2학기에 대부분 복학을 했다. 이들이 복학과 함께 학교 측과 등록금 문제로 대화를 시작했다. 학교 측과의 협상이 제대로 이뤄지지 않자 1985년 3월 학기를 앞두고 등록금 투쟁을 벌였다. 그 과정에서 총장실을 두 번이나 점거를 하는 등 학교 측의 지난 행태에 대한 강력한 항의 시위를 계속했다. "81년 11월 문무대 사건이 일어났을 때 학교 당국이 정권의 꼭두각시가 되어 우리들을 강제징집되도록 하지 않았느냐! 학교 당국이 이에 대해 반드시 책임지라!" 강제징집을 당했던 81학번 복학생들의 강력한 요구 앞에 결국 학교 당국이 백기를 들었다. 이에 따라 등

1985년 4월 17일 '강제징집희생자진혼비 건립식' 모습.
당시 총학생회장이자 삼민투위원장이었던 허인회가 건립식을 거행하고 있다.
(출처: 고대신문사)

록금 면제가 결정되었다.

등록금 면제 결정이 난 것은 3월 말이었다. 그런데 109인 사건 관련자들 모두 3월 초 이전에 등록금을 냈기 때문에 이를 돌려받게 되었다. 그러자 정웅정, 이범재, 박병옥, 김정운 등이 주축이 되어 반환 등록금 중에서 5만 원씩 갹출해 그 돈으로 진혼비를 세우자는 의견을 내놓았다. 학교 앞 우리은행에서 등록금을 돌려받던 날, 그 자리에 네 명이 즉석에서 81학번들의 돈을 모았다. 60명 넘는 인원이 갹출에 가담했다. 그렇게 3백만 원이 조금 넘은 돈으로 비석을 만들었다. 몇 차례 회의를 거쳐 진혼비 대상자를 6명으로 정했다. 고대 출신 김두황 열사뿐 아니라 타 학교 출신의 군의문사 열사까지 포함하기로 결정했다. 그 결정에 따라 비석에는 김두황뿐 아니라 이윤성(성대), 정성희(연대), 최온순(동국대), 한영현(한양대), 한희철(서울대)의 이름을 새기기로 했다.

비문의 문구는 각자 생각하는 바를 써온 뒤 제일 좋은 것으로 정하기로 했다. 각자 써온 글 중에서 박병옥의 것이 가장 후한 점수를 얻었다. 그래서 전면 비문은 박병옥 것이 채택되었고 비 뒷면의 기록은 정웅정이 맡기로 했다. 강제징집 희생자 진혼비의 전면 비문은 다음과 같다.

'민주의 불꽃/처절히 꺼져간 여린 영혼이여/이제 이땅에 하나 돌을 세워/부활을 선언하노라/우리의 함성/거역할 수

없는 역사가 되어/해방의 새날을 증언하리라.'

그런 후 비석을 구하러 정웅정, 박병옥, 이범재 셋이 도봉구 창동에 갔다. 당시에 도봉구 창동 쪽에 비석집이 많았다. 지금은 의정부 외곽으로 다 밀려났지만 그때는 달랐다. 고대 총학생회로부터 4월 17일 진혼비 건립식을 거행한다는 소식을 접한 3인은 4월 16일 용달차를 빌려 진혼비를 실고 와서 학생회관에다 숨겨 놓았다. 그리고 곡괭이, 삽 등도 다 준비를 해두었다. 연락 가능한 109인들에게 연락을 취해 진혼비 건립식에 최대한 동원하기로 했다.

4월 17일이 되었다. 아침 일찍부터 민주광장 중앙에 있는 등나무 벤치 정중앙에 곡괭이로 벽돌을 거둬내고 구멍을 팠다. 그런 후 오후가 되어 허인회 총학생회장 주도로 건립식을 거행하며 미리 구멍을 판 곳에 진혼비를 세웠다. 서슬 퍼른 5공 전두환 군사정부 아래에서 세워진 거의 유일한 진혼비였다. 기습적인 건립식에 깜짝 놀란 보직교수들이 몰려와 건립식을 막으려 했지만 109인회 복학생들과 재학생들이 힘으로 물리쳐서 세웠다. 하지만 그해 학교 당국이 정권의 압력에 굴복해서 비석을 새벽에 전격적으로 철거해서 고대 박물관에 숨겨 놓았다. 109인회에서 항의농성을 보름 정도 진행했지만 결국 돌려받지는 못했다. 다른 시급한 투쟁도 많았기에 힘을 모으기가 쉽지 않았다.

여러 해가 지났다. 7년 정도의 시간이 흐른 뒤 총학생회가 다시 학교 측에 요구를 했다. 이번에는 학교 측이 그 요구를 받아주어 진혼비를 돌려받게 되었다. 그리고 다시 등나무 그늘 아래 진혼비를 세워 복구했지만 이후 고대가 대운동장을 없애고 지하주차장 만드는 등의 대공사를 하면서 장소를 옮기게 되었다. 학교 대공사 때 민주광장도 다시 정비를 하게 됨에 따라 지금의 홍보관 앞 위치로 진혼비가 옮겨지게 되었다. 이때는 고 박일남 고대민주동우회 전 회장과 정웅정이 같이 학교 측과 논의를 해 결정했다. 학교 측이 진혼비를 민주광장의 다른 곳으로 옮겨달라고 요청했고, 이에 홍보관 앞으로 진혼비를 옮기는 비용을 학교 측이 부담하고 잘 정비한다면 찬성한다는 의견을 내놓았다.

진실을 위해 허공에라도
계속 소리쳐야 하는 이유

그로부터 또 많은 시간이 흐른 뒤 김두황의 단독 추모비를 세우자는 의견이 제출되었다. 강제징집 이후 군의문사 열사 6인을 기리는 진혼비는 있지만, 두황이 고려대 1980년대 학생운동의 상징 같은 인물인데 김두황 추모비가 없다는 게 말이 안 된다는 의견이었다. 특히 두황과 함께 3.7사건으로 성북서에서 연행돼 고문을 받고 강제징집되었던 양창욱 김두황추모사업회(2000년 설립, 이하 '김추사') 회장은 "내 죽기 전에 김두황 열사를 기릴 수 있는 상징물을 고대에 남겨두어야 되겠다."라며 김두황 열사 추모비 건립을 절실하게 호소했다. 그러면서 추모비 건립을 위한 후원금 모으기를 전격 제안했다.

2020년, 민주광장에 김두황 추모비를 세우다

이 의견에 뜻을 같이하는 여러 사람들이 모임으로써 김두황 열사 추모비 건립 추진이 본격화되었다. 이 사안과 관련, 김추사가 주축이 되어 고대 당국에 제안서를 제출했다. 아래는 그때의 추모비 건립 제안서다.

김두황 열사 추모비 건립 제안서

올해는 김두황(경제80) 열사가 1983년 6월 17일, 푸르른 청춘이던 23세 나이에 산화한 지 37주기가 되는 해입니다. 김두황 열사가 살았던 해보다 기억되는 해가 훨씬 많은 부피로 누적되고 있습니다. 하지만 고려대 내에는 김두황 열사가 누구인지 알려주고 추모하는 추모비가 없습니다. 서울대 교정에는 70, 1980년대 민주화운동 과정에서 희생된 23인 열사의 추모비가 세워져 있습니다. 연세대도 교정 안에 이한열 열사 동상이 세워져 있습니다. 성균관대도 강제징집을 당해 의문사한 이윤성 열사와 91년 민주화 과정에서 희생당한 김귀정 열사 추모비가 세워져 있습니다. 명지대도 강경대 열사 추모비가 세워져 있습니다. 서울뿐 아니라 지방대학에도 70, 1980년대 민주화운동 과정에서 발생한 희생자를 추모하는 추모비가 거의 다 세워져 있습니다. 고려대는 70, 1980년대 민주화 학생운동에서 차지하는 비중이 매우 큽니다. 하지만 지금 고려대 교정에는 70, 1980년대 민주화 학생운동을 상징하는 추모비가 하나도 없습니다. 이는 민주화 학생운동의 메카인 고려대의 이름에 걸맞지 않는 모습입니다. 미국의 한 대학에는 68학생혁명을 기억하는 조각이 학생 식당 탁자에 새겨져 있습니다. 후배 학생들이 매일매일 생존을 위해 밥 먹듯이 민주주의도 매일매일 기억해야 한다는 것을 인식시켜주기 위해 장치한 역사기억방식입니다. 오늘의 민주주의는 어제의 선배 투쟁 없이는 이룩될 수 없었음을 기억하라는 의미입니다. 김두황 열사는 1980년대 자랑스러운 고려대 민주화 학생운동의 상징과도 같은 인물입니다. 누구보다 열심히 활동했습니다. 믿을 수 없는 활동량으로 고대 학생운동의 발전을 위해 헌신했습니다. 흩어져 있는 고대 학생운동 조직을 통합시키기 위해 노력하다 군사독재정권의 탄압에 의해 고문받고 군대에 강제징집 당한지 90일 만에 의문사했습니다. 의문사한 지 이틀 만에 유해는 강제로 화장 당해 뿌려져야 했습니다. 그 충격으로 아버님은 막내아들이 간 지 1년 만에 돌아가셨고, 매일 막내아들 사진만 쳐다보며 눈물짓는 어머님이 아버님을 따라가실까 걱정스러워 가족들이 사진을 몰래 치워버리자 못내 그리운 막내아들을 생전 처음 그려보는 스케치로 점점 실물에 가깝게 그려 냈던 어머님도 아버님이 가신 지 1년 만에 돌아가셨습니다. 그 유가족의 아픔이 어떠했겠습니까? 그 당시 군사독재정권하에서 할 수 없는 측면도 있었겠지만 김두황 열사 강제징집 과정에서 고려대 당국도 학생을 지켜내지 못했습니다. 군사독재정권에 협조한 분명한 잘못이 있습니다. 2004년 정부에서 명예졸업장 권유가 내려졌을 때 유가족은 강제징집 과정에서 이루어진 잘못에 대해 학교 측의 사과와 졸업식장에서의 수여를 요구했습니다. 하지만 이 요구는 학교 측에 의해 받아들여지지 않아 명예졸업장 수여도 이루어지지 못했습니다.

그로부터 15년 넘게 세월이 흘렀습니다. 우리나라는 식민지를 겪은 나라 중에서 민주주의가 가장 발전한 국가로 전 세계가 인정하게 되었습니다. 한 시기에 대학생들이 그렇게 많이 민주화운동에 앞장선 국가는 세계사에서 그 유례를 찾기 어렵습니다. 대한민국의 민주화 학생운동은 대한민국 역사뿐 아니라 세계사에서도 큰 의미를 가집니다. 김두황 열사는 고려대에서 감추어야 할 역사가 아니라 자랑스럽게 내세워야 할 역사입니다. 역사를 직시하는 민족에게 미래가 있듯이 자신이 가진 역사를 제대로 드러내는 대학이 미래가 있는 대학입니다. 김두황 열사는 고려대 학생 신분으로 군의문사했습니다. 이제 고려대 당국이 김두황 열사를 고려대의 자랑스러운 역사로 품을 때가 되었습니다. 이런 의미에서 김두황 열사 추모비 건립에 적극적으로 협조해주실 것을 고려대 당국에 제안 드립니다.

2020년 6월

고대 총학생회, 고대 정경대 학생회, 고대 경제학과 학생회, 고대 민주동우회, 문무대 109인회, 김두황열사추모사업회, 고대팔공회, 청우회, 고대 경제학과 총동창회, 고대민주당국회의원모임(고

영인, 권칠승, 김민기, 김영배, 김홍걸, 맹성규, 박광온, 백혜련, 설훈, 신정훈, 이병훈, 이원욱, 이인영, 전해철, 최종윤, 허영, 홍기원)

위 제안서를 가지고 김추사는 당시 송혁기 고려대 대외협력처장과 여러 차례 회의를 진행하며 추모비 건립을 추진했다. 추모비 디자인 시안을 여섯 차례 제출하는 등의 우여곡절 끝에 고대 당국이 만족하는 디자인이 나왔다. 추모비 건립과정에 송혁기 처장과 설훈 의원 등 많은 이들이 인내심을 가지고 협상하고 도움을 주어 성사될 수 있었다. 추모비 건립과정의 일정을 여기에 남긴다.

(2020년 3월 16일) 김두황 열사와 같이 1983년 3.7사건으로 성북서에서 고문받고 103보충대로 강제징집되었던 양창욱 김추사 회장이 "내 죽기 전에 김두황 열사를 기릴 수 있는 상징물을 고대에 남겨두어야 되겠다."라며 김두황 열사 추모비 건립문제에 대해 절박하게 호소하며 추모비 건립을 위해 후원금을 모으자고 제안했다.
(3월 21일) 고려대 당국과 대화를 진행함과 동시에 추모비 준비도 동시에 하자는 양창욱 회장의 주장에 따라 일본군 위안부 소녀상을 조각한 김서경 조각가에게 열사추모비 디자인을 부탁하기로 했다.
(4월 20일) 조각가에게서 추모비 1차 디자인 시안이 나왔다.
(4월 24일) 조각가가 보내온 1차 시안을 가지고 고려대 민주광장에

1985년 강제징집녹화사업희생자6인진혼비를 세웠던 주체인 문무대109인회 대표를 만나 진혼비 옆에 세우는 문제를 논의했다.

(5월 19일) 문무대109인회에서 추모비 1차 디자인 시안에서 진혼비까지 덮는 어머니품을 상징하는 원이 너무 거대해서 진혼비를 초라하게 한다고 반대하고 추모비는 진혼비와 떨어져서 건립되기를 희망했다. 이 의견을 적극 반영해서 조각가가 추모비 2차 디자인 시안을 보내왔다. 2차 디자인 시안은 추모비 밑 부분에 다섯 살 자전거를 타고 있는 두황이와 어머니 스케치상 그리고 카네이션꽃 디자인으로 하고, 위에는 브론즈 흉상으로 추모비를 디자인했다.

(5월 25일) '김두황 열사 추모비 건립 제안서'를 가지고 국회에 가서 고려대 출신 민주당 의원 17명 모두에게서 동의를 받아냈다.

(6월 18일) 고대민주동우회 사무국장과 함께 고려대 대회협력처장과 면담했다.

(7월 20일) 추모비 건립을 위해서 여러 단위의 동의를 받아냄과 동시에 고대 당국의 협조를 이끌어내기 위해 설훈 의원을 국회로 찾아가서 고대 당국과의 적극 교섭을 부탁했다. 이 과정에서 학교 당국이 흉상 형태의 추모비는 곤란하다는 의견을 보였다.

(7월 27일) 조각가가 흉상 형태가 아닌 비 형식으로 디자인을 바꾸고 김두황 열사상을 부조 형태로 하는 안을 3차 디자인 시안으로 제시했다.

(7월 31일) 고려대 대외협력처장과 2차 면담을 했는데, 대회협력처

김두황추모비 디자인 시안들.
(출처: 김두황추모사업회)

김두황추모비 최종 건립된 모습.
(출처: 김두황추모사업회)

장이 부조 형태의 열사상이 들어가는 추모비는 고대법인에서 허락하기가 곤란하다고 말을 했다.

(8월 1일) 조각가가 음각 형태로 열사상이 들어가는 4차 디자인 시안을 제시하였다.

(8월 6일) 음각 형태로 열사상이 들어가는 4차 디자인 시안에 대해서 대외협력처장이 열사상을 아예 빼는 안이 좋겠다는 의견을 냈다. 조각가가 밤늦게 5차 디자인 시안을 보내왔다.

(8월 7일) 5차 디자인 시안을 조금 수정해서 6차 디자인 시안으로 현재의 디자인이 나왔다. 이 6차 디자인 시안에 대해 대외협력처장도 동의를 하였다.

(10월 17일) 코로나가 한창 진행 중이지만 추모비 건립 행사를 더 이상 미룰 수 없다는 판단 아래 고대 당국의 집회 허가를 받지 못하더라도 소규모로 제막식을 개최하려고 계획하였다. 다행히 코로나 1단계가 되면서 고대민주동우회 합동추모제와 함께 제막식을 열 수 있게 되었다.

먼길 가는 한선모 동지여, 더 이상 아프지 않기를

2022년 2월 중순 한선모 부인으로부터 문자가 왔다. 한선모가 급성골수성백혈병에 걸려 1년 넘게 투병 생활을 하다 지난 1월 27일 세상을 떴다는 소식이었다. 한선모는 코로나가 한창일 때 투병하면서 친구들이 찾아와도 만나지도 못하고 부담만 준다며 일체 연락을 하지 말라고 했다. 그런 이유로 친구의 안부를 미리 묻지 못하고 뒤늦게 부음을 접한 게 너무 미안하고 착잡한 심정이었다. 급히 한선모와 학생운동을 함께했던 친우들에게 연락을 했다. 2022년 2월 22일에 한선모가 묻힌 곳을 찾았다. 춘천시 남산면 광판리 양지바른 산에 마련한 부모님 산소 옆에 수목장을 해놓은 곳이었다. 산소에 도착하니 바람이 조용하고 햇빛이 너무 잘 들어 묘를 쓰기에 참 적당한 장소라는 인상을 받았다. 가지고 간 제수를 간단하게 차리고 술 한잔을 올리고 추도사를 읽어 나갔다.

1984년 학원자율화 조치가 내려진 후 고려대 학내에서 첫 집회가 3월 초 강당에서 열렸습니다. 재학생과 복학생으로 꽉 찬 강당에서 한창 집회가 열리는 와중에 순서에도 없던 한선모 동지가 느닷없이 앞에 나와 사회자에게 요구해서 마이크를 잡았습니다. 그러고는 1983년 3월 7일에 있었던 3.7 사건을 이야기하면서 "제가 두황이를 부는 바람에 두황이가 군대에 강제징집을 당했고, 군대에서 녹화사업으로 죽임을 당했습니다. 제가 두황이를 죽였습니다." 그때 한선모 동지의 얼굴은 눈물과 콧물로 범벅이 되어 있었습니다. (중략) 2002년 의문사진상규명위원회에서 3.7 사건 시작의 실체가 밝혀졌지만 그때는 이미 마음의 상처가 너무 깊게 파인 뒤였습니다. 이미 고소공포

증이 생겨 비행기를 타는 것이 불가능하게 되었습니다. 그래서 남사당 인형극놀이 이수자로서 인형놀이팀을 이끌고 외국 공연을 할 기회가 생겼어도 외국에 나가지 못하는 결과를 빚게 됩니다. 몇 년 전 심근경색이 왔을 때 기적적으로 살아 돌아왔던 한선모 동지! 액땜을 다 하고 남사당 인형극 놀이 이수자로서 유네스코에 등재된 무형문화재를 세계에 알리면서 책도 쓰고 예명을 떨칠 수 있겠구나 싶었는데, 급성골수성백혈병이란 병마가 또 닥치다니 이 무슨 가혹한 운명입니까. 병을 간호한 한선모 동지 누님은 간호하는 동안 혹시라도 코로나를 옮기면 동생의 목숨이 끝이 난다는 위기감 속에 1년 동안 아무도 만나지 않고 집에만 있으며 간호했다고 합니다. 그리고 조카들도 삼촌을 유리창 너머에서 손 인사만 하고 갔다고 합니다. 그런 상황에서 친구들에게 연락하지 못한 것입니다. 친구들은 연락이 없는 한선모 동지가 이제 김두황추모사업회도 멀리하나 보다 하면서 오해를 했습니다. 그렇게 중병이 찾아오리란 것을 친구들은 아무도 상상하지 못했기 때문입니다. 이게 다 한선모 동지가 너무 오래 3.7 사건의 마음의 짐에 짓눌린 게 중병을 일으킨 원인으로 작용하지 않았나 생각됩니다. 억울합니다. 너무도 억울합니다. 착하디 착하고 마음 여린 한선모 동지가 시대의 무게에 눌려 이런 흉측한 중병으로 빨리 가버려야 하다니요. 다시 할 수 없는 간절한 마음으로 원하노니 한선모 동지여! 하늘나라에서 이제 김두황 열사를 만나 서로 부둥켜안고 뜨거운 재회의 만남을 가지기를! 서로의 마음속에 있던 부담감 모두 털어버리고 호쾌하게 서로를 보며 웃기를! 모든 마음의 부담을 다 털어버리고 더 이상 아프지 않기를!! 한선모 동지여 잘 가시오!!

오늘도 1인 시위에 나서다

양창욱 김추사 회장은 2018년 5월 18일 5.18광주민주항쟁 기념식이 열리던 날, 뇌경색으로 죽음 앞까지 갔다가 하늘의 도움으로 돌아왔다. 5월 18일 평소처럼 학생을 태워 학원으로 데려다주기 위해 지정한 장소에서 학원 봉고차로 기다리고 있는데, 학부모로부터 학생이 학원을 못 간다는 연락을 받았다. 그 길로 양창욱은 바로 집으로 들어가 저녁을 먹었는데, 식사 도중에 부인 앞에서 쓰러졌다. 뇌경색이었다. 부인은 수간호사 출신이다. 부인은 사태를 짐작하고 아파트에서 5분 거리에 있는 동국대 일산병원 응급실로 직행했다. 그렇게 부인의 긴급 대응으로 5분 안에 병원에 도착하게 되어 최소한의 뇌세포 파괴만 겪고 재활을 시작할 수 있었다. 그날 마지막 학생까지 학원에 데려다준 후 도로 주행 중에 뇌경색이 왔다면 손도 쓰지 못하고 목숨을 잃을 뻔한 위험천만한 순간이었다. 1시간 일찍 집에 들어와 수간호사 출신의 부인 앞에서 쓰러졌으니 하늘의 도움이라고밖에 설명할 길이 없다.

양창욱은 뇌세포 손상으로 국어 읽기 쓰기가 초등학교 수

준으로 떨어져 재활을 시작했다. 처음에는 신문 사설 하나 읽는 데 하루종일 걸렸다. 다행히 재활 1년을 넘기면서 거의 회복이 되었다. 중년 나이를 넘긴 사람들이 뇌경색이나 뇌졸중으로 쓰러지고 나면 신체기능과 뇌 기능의 2프로 부족으로 대부분 의기소침해져서 사회생활에 소극적인 경우가 많은데, 양창욱은 오히려 그동안 생계를 위해 열심히 하지 못한 김두황추모사업회 일을 더 열심히 하고 나섰다. 처음으로 한 사업이 김두황 추모비 건립이었다. 그리고 김두황 군의문사 진실 규명에 도움이 된다고 생각하면 어떤 회의도 마다하지 않고 참석했다.

진실을 밝히기 위해 허공에라도 계속 소리쳐야

양창욱은 아직도 뇌세포가 완전히 회복되지는 않았다. 뇌경색 전에는 수학 고급반을 가르칠 정도로 수학에 뛰어난 실력을 발휘하던 강사였는데 지금은 더하기, 빼기가 잘 안 될 정도로 수학은커녕 산수도 잘 안 된다. 그리고 외국어는 완전 젬병이 되어 버렸다. 그래서 회의 중에도 말이 떠오르지 않아 머리를 칠 때가 한두 번이 아니지만 그래도 굴하지 않고 줄기차게 회의에 참석하고 있다. 매일 식사 후에 약을 한 움큼씩 먹어야만 하는 생활이지만 각종 투쟁에 빠지지 않고 참석하고 있다. 매주 화요일이면 경찰청 앞에서 김순호 경찰대학 학장의 파면을 촉구하는 시위를 벌이고 있다. 2023년 5월 기준으로, 한 주도 거르지 않고 6개월 넘게 이어오고 있다. 그가 파면하라고 촉구하는 김순호는 1980년대 초중반 학생운동을 함께했던 동지들을 배신하고 프락치 활동을 한 공로를 인정받아 경찰 고위간부가 되었다는 혐의를 받고 있는 인물이다.

양창욱은 또 수요일마다 충무로 진화위 사무실 앞에서 집행되는 '진화위 의문사 진상규명 촉구집회'에 참석해 발언하는 등 쉼 없는 투쟁을 이어가고 있다. "몸도 성치 않은데 왜 이렇게 진상규명에 앞장서고 있습니까?"라고 기자가 물으면 그때마다 그는 말한다.

이번 진화위 제2기 조사가 진화위 제1기 조사처럼 소득 없이 끝날 수도 있습니다. 하지만 할 수 있는 것도 안하는 것은 문제라고 생각합니다. 우리들이 밖에서 계속 감시하고 질책해야 그래도 조금이라도 부담감을 가지고 움직이지 않겠어요. 저희들 학생운동할 때 부모님들은 저희들 설득하기 위해서 "권력에 맞서는 것은 계란으로 바위치기다."라는 말을 무수히 했습니다. 그래도 저희들은 포기하지 않았습니다. 김두황 군의문사 사건도 마찬가지라고 생각합니다. 강제징집과 녹화사업을 당해 기무사에 존안파일이 있는 사람이 확인된 숫자만 해도 3천 명 가까이 됩니다. 왜 김두황을 비롯한 군의문사 9

2023년 5월 16일 경찰청 앞에서
'밀정 김순호 파면'을 촉구하는 1인 시위를 하고 있는 양창욱.
김두황추모사업회 회장인 양창욱은 이 시위를 2022년 11월 초부터
2023년 6월 현재까지 7개월 넘게 이어오고 있는 중이다.
(출처: 김두황추모사업회)

인(녹화공작 6인과 선도공작 3인) 중 한희철 열사만 저들이 기무사 존안파일이 있다고 인정하고 나머지 열사는 기무사 존안파일이 없다고 잡아떼고 있습니까? 한희철 열사는 잡아뗄 수가 없으니까 인정하고 나머지는 그냥 잡아떼는 것 아닙니까? 이게 말이 됩니까? 김두황에 관해서 중대장이 매주 김두황 동향보고를 올리면 연대보안반에서 거둬갔다는데 그것은 어디로 간 것입니까? 아직도 저들이 감추고 있는 지하 수장고에 김두황 자료가 분명히 있을 것입니다. 저는 뇌경색으로 쓰러졌을 때 결심했습니다. 제가 죽기 전에 억울하게 자살자로 몰려 죽어간 친구 두황이의 원한을 풀어주어야겠다고 결심했습니다. 5.18광주민주항쟁 기록도 40년 만에 발굴되고 있지 않습니까? 저는 두황의 기무사 존안파일도 어딘가 숨어 있다고 생각합니다. 세상이 잊지 않도록, 언제든 다시 조사될 수 있도록 우리가 허공에라도 계속 소리쳐야지요. 진실은 언젠가는 밝혀질 것입니다.

발문 1

'김두황'을 부르지 못하는 시대의 부끄러움

정세균(노무현재단 이사장, 전 국무총리)

　사랑하는 우리 후배 김두황 열사가 돌아가신 지 벌써 40년이 흘렀다. 죽은 자는 말이 없다고 한다. 그러나 우리에게 앞으로 전진할 것을 명령한다. 깨어 있는 시민과 함께 '호헌철폐, 독재타도!'를 외쳤던 노무현! 노무현 전 대통령에 대해서도 안타까움과 그리움에만 머물 수는 없다. 추도식 때마다 우리는 살아 있는 자의 부끄러움에 고개를 들지 못한다. 그동안 과연 우리들은 무엇을 해왔을까? 역사 앞에 부끄럽게 살지는 않았는지, 23살의 청년 김두황이 목숨 바쳐 일군 민주주의는 든든한지, 정녕 민주주의는 피를 먹고 사는 것인지, 한국에서의 민주주의 공고화는 결코 달성할 수 없는 것인지…. 반성하고 성찰할 수밖에 없다. 살아 있는 자들의 몫

이기 때문이다.

시를 사랑하고 늘 봄볕 같았던 한 청년의 기록인 이 책 『김두황 평전』은 1980년대 불의와 독재에 온몸을 바쳐 항거한 청년의 삶과 그의 아름다운 이야기이다. 단순히 운동권 내의 회고담이 아니다. 평범하고 순수한 청년이 왜 학생운동에 투신할 수밖에 없었는지, 그가 살아온 삶이 어떠했기에 국민과 역사가 그를 불렀는지, 그의 희생을 역사는 왜 요구했는지를 알 수 있는 글이다.

아름다운 청년 김두황과 그의 동지들 삶이 녹아 있는 책

재기발랄했던 소년 김두황, 친구들과 어울리기를 좋아했던 소년 김두황! 그가 격동의 1980년 고려대학에 입학해 평범한 개인의 미래를 접고 왜 고난과 역경의 청년 학생의 역할을 기꺼이 수용했는지를 인간 김두황의 모습을 통해 우리는 이 책에서 발견할 수 있다. 한국 학생운동사, 민주화 운동사 등을 다룬 서적이나 학술서, 역사서는 어렵지 않게 접할 수 있다. 하지만 『김두황 평전』같은 삶과 운동이 함께하는 책을 발견하기는 결코 쉽지 않다. 그래서 고대 학생운동에 매진한 한 학생 운동가의 삶과 그의 친구, 동지들의 결기가 녹아 있는 이 평전은 너무도 소중하다.

운동이 기계적으로 움직이는 것이 아니라, 그냥 전두환 정권에 반대만 했던 것이 아니라, 독재와의 투쟁에 목숨을 바치는 일이 한 인간에게는 얼마나 치열한 자기와의 싸움이 필요한지를 그 고통의 폭과 깊이와 함께 이 책『김두황 평전』에서 엿볼 수 있다.

이 책에는 김두황 열사를 중심으로 전개해 온 1980년대 고대 학생운동의 흐름을 볼 수 있다. 암울했던 1980년대 광주학살을 경험했던 청년들이 어떻게 동료들을 설득하고, 논쟁하고, 한 사람 한 사람을 운동대열에 참여시키는지도 매우 상세하게 나와 있다. 더욱이 조직운동가이자 대중운동가로서의 김두황이 성장해 나가는 모습, 국가폭력을 어떻게 물리치고 어떤 모습으로 고대 학생운동의 기틀을 잡았는지도 잘 드러나 있다.

물론 김두황과 그 동지들이 겪었던 아픔과 인간적인 어려움은 엄청났을 것이다. 그러나 자랑스러웠던 그들은 살인적인 환경을 이겨냈고 역사를 만들어냈다. 김두황과 학창시절을 함께 했던 청년들의 삶. 분투, 사랑 그리고 어깨를 함께 했던 모습을 매우 진지하고 생동감 있게 이 책에서 만날 수 있다.

한국의 학생운동은 전 세계 역사와 비추어 봐도 정말 대단했다. 박정희와 전두환의 폭압적인 정권에 맞서 자신들의 기득권을 버리고 민중의 삶을 위해, 한국사회의 민주주의를 위해 집단적으로 또 지속적으로 투신한 일은 어느 나라의 역사에서도 찾아보기 힘들다. 그들이 있었기에 지금 우리가 공기와 같이 누리는 민주주의가 있음은 두말할 나위가 없다. 한국의 학생운동은 선도적으로 독재정권과 맞붙었다. 겁도 없이 정의와 대의를 위해 부모님의 눈물마저 멀리하고 싸움 현장으로 달려갔다. 김두황과 그의 동지들도 앞장서서 함께했다. 한국의 학생운동은 제 민주화 운동을 이끌면서 순수성과 희생성으로 국민을 감동시켜 결국에는 1987년 6월 항쟁을 이끌었고 한국의 민주화를 일궈냈다. 1980년 5.17 군부 쿠데타와 계엄령에도 불구하고 전남대 학생들의 선도적이고 희생적인 투쟁은 결국 전 시민이 궐기한 광주민주화운동을 이끌어내지 않았던가.

진실을 밝혀내는 게 살아 있는 우리들의 책무

하지만 김두황 열사의 죽음은 아직도 미지에 세계에 갇혀 있다. 그가 군으로 강제로 끌려가서 당했던 녹화사업의 진실과 의문의 죽음은 명백히 밝혀지지 않고 있다. 40년이 지난 지금도 의문사로 남아 있는 것이다. 최근에 밝혀진 김두황 사건의 15가지 조작의혹 등을 볼 때, 군대 내에서 김두황에 대한 타살 가능성이 높아지고 있고 당시의 객관적 증언과 군 당국의 불투명한 발표와 어리숙한 해명 등은 뜨거웠던 청년 김두황의 손을 놓지 못하는 안타까움으로 남아 있다.

『김두황 평전』은 학생운동가들의 삶을 기록한 소중한 자료임과 동시에 아직도 의문사로 남아 있는 국가폭력의 잔인성, 반인륜적 범죄를 고발하고 폭로하는 이야기이다. 그래서 선배로서 40주기를 맞는 고 김두황 군에게 더 마음이 아플 뿐이다. 아무쪼록 우리 모두가 힘을 모아 김두황 군의 의문사 진실을 밝혀내야 할 것이다. 그것이 살아 있는 우리들의 책무이다. 평전을 쓰기 위해 온 마음을 다해 취재하고 글을 집필한 홍기원 학형과 김두황 추모사업회를 지금까지 이끌고 온 양창욱 회장에게도 함께할 것을 약속하며 진심으로 감사를 드린다,

발문2

40년 만에 다시 부르는 그 노래

양창욱(김두황추모사업회 회장)

눈물도 한숨도/ 나 홀로 씹어 삼키며/ 밤거리의 뒷골목을/ 누비고 다녀도/ 사랑만은 단 하나에/ 목숨을 걸었다/ 거리의 자식이라/ 욕하지 마라

벌써 41년이나 지난 일이다. 종로 우미관 옆 포장마차에서 술 한잔을 걸친 뒤 걸어 나오며 두황이가 이 노래 '맨발의 청춘'을 선창했다. 1982년 가을이었다. 두황이를 포함해 80학번 동기들 몇몇과 학회 연합 구성을 결의했고, 우리는 술의 힘을 빌려 종로 한복판에서 서로를 부둥켜안은 채 두황의 선창에 맞춰 떼창을 불렀다. 어둑어둑해진 이날의 밤보다 더 짙은 칠흑의 시대였지만 호기로운 친구가 있어 그 어둠이 두

렵지 않았고 든든한 동지와 함께였기에 거칠 게 없었다.

거기에 늘 두황이 있었다. 항상 활달하고 호기 넘치는 모습이 부러웠고 토론하거나 노래할 때 쏘아대는 형형한 눈빛엔 가끔씩은 전율했었다. 무엇보다 친구와 동지들을 위해 진심으로 눈물을 흘릴 줄 아는 그 투명한 진심과 그 누구보다도 다정다감했던 그의 깊은 감성이 자랑스러웠다. 두황이는 늘 가슴에 두 가지를 품고 있었다. 하나는 물러섬을 허락하지 않는 뜨거운 결기였고, 또 하나는 인간에 대한 한없는 애정이었다. 그랬다. 나의 친구 두황은 예고 없이 찾아온 이별의 순간까지도 사람을 배려했고 그 모습 그대로의 형상을 지우지 않았다. 그래서 나는 두황의 모습 그대로를 아직까지 기억하고 있다. 23살의 그 아름다운 청년의 해맑은 미소를 내 가슴속에 또렷이 새겨두었다. 40년이라는 오랜 시간은 무심하게 스쳐간 바람이었을 뿐.

두황과 함께했던 그 시간들이 너무 행복했다

중학교를 다닐 때는 소위 유신시대였다. 그 시절 영부인 육영수 여사가 총격으로 사망했다는 소식에 하염없이 눈물을 흘렸고, 때론 열혈 대한남아가 되어 반공 웅변대회에서 "이 연사!"를 외치며 "공산당을 때려잡자!"라고 포효했었다. 박정희가 김재규의 총에 맞아 유신체제가 몰락했을 때도 아무것도 모르던 19살의 청춘들은 학교에서 혹은 재수학원에서 공부하면서 대학입시 당락에 자신의 운명을 맡겼었다. 하지만 대학은 달랐다. 아니, 대학 입학 후 비판적 시각으로 바라본 세상은 모순투성이였고 숨을 쉴 수 없을 만큼 충격이었다.

  1980년 5월 서울역에 운집한 10만 군중을 처음으로 목격하며 마음이 격동했고 장갑차로 무장한 군인들이 대학 캠퍼스를 둘러싸고 봉쇄하는 광경을 지켜보면서 그제서야 조국의 현실을 체감했다. 광주시민들을 폭도로 몰아 학살을 자행했던 전두환 군사정권의 극악무도함에 치를 떨었고, 경찰들에 의해 선배가 질질 끌려가는 모습을 보면서 도저히 참을 수 없었다. 우리는 그렇게 20살 청춘을 맞아 민주화운동을 숙명처럼 받아들이기 시작했다.

  학생회관 내 겨레사랑회 서클에서 처음 만난 김두황은 무척이나 개구지고 씩씩한 친구였다. 거침이나 구김살이 전혀 없이 자신의 의견을 우회하지 않고 직선 그대로 쏟아내는 명징함이 너무나도 인상적이었다. 그러면서도 동기든 선후배 가리지 않고 상대의 애기를 끝까지 들어주며 위로의 마음을 따뜻하게 전할 줄 아는 작은 거인이었다. 그래서 다소 무뚝뚝하고 경직된 내게는 특히나 친근하게 다가온 친구였다. 학생운동을 그만둘지를 심각하게 고민하고 있을 때 나를 일으켜 세운 것 역시 두황의 마음이었다. 배회하던 나를 불쑥 찾아와 함께 간 도서관 식당에서 건넨 두황의 국밥 한 그릇이 내 마음을 다시 뜨겁게 했다. 산간벽지 운수골에서 처음 농활을 시작했을 때 격려해 주었고, 다음해 농활 때는 81학번 후배들과 함께 와서 잊지 못할 추억을 선물했다.

23살 청년의 짧은 생애 중 함께한 시간은 3년 남짓이다. 그중에서 두황과 의기투합해 온몸으로 학생운동에 매진했던 시간은 그가 제일교회 대학생부 활동을 접고 학내 활동에 전념하기 시작한 1982년 초부터 그와 영원히 이별하게 된 1983년 3.7 사건까지였으니 1년 남짓한 기간이다. 그 기간 동안 지켜봤던 두황의 모습은 쉼 없는 여정을 뚜벅뚜벅 걸어가는 유쾌한 청년 그 자체였다. 학회 활성화를 통한 대중 기반을 마련하는 게 학생운동이 나아가야 할 방향이라는 굳은 신념으로 경제학과를 시발점으로 거침없는 질주를 멈추지 않았다. 주도면밀하게 준비하게 치밀하게 계획하며 학회 연합체를 결성하고 후배들을 지도하면서 고대 학생운동의 튼실한 기반을 마련했다.

우리들이 더 힘차게 싸워야 하는 이유

두황의 질주를 가로막은 건 3.7 사건이었고, 그 사건으로 인해 두황은 강제징집이라는 전대미문의 국가폭력의 폭풍

2020년 10월 17일 오후 2시, 고려대학교 민주광장에서
'김두황 열사 추모비 제막식'이 열렸다. 기일인 6월 17일에 진행하고자 했으나
코로나19 확산 등 여러 이유로 두 차례나 연기가 되었다가
고대민주동우회 합동추모제와 함께 추모비 제막식을 갖게 되었다.
왼쪽이 김두황 열사의 둘째 형 김두원, 가운데가 홍기원 김두황추모사업회 총무,
오른쪽이 양창욱 회장이다. (출처: 김두황추모사업회)

속으로 휘말렸다. 끝내는 돌이킬 수 없는 비보 앞에 살아남은 자들은 무너져내렸고 그 슬픔마저 삼키기 어려웠다. 많은 시간이 흐른 후 우리는 역사 앞에 두황의 의문사를 규명할 한 가닥 희망을 품게 되었다. 결과는 예상한 대로 미진했지만 분명 한 발짝 진전이었고 결코 포기할 수 없는 투쟁이었다. 2002년 1기 의문사위원회에서 불능, 2004년 2기 의문사위원회에서도 불능을 거쳐 2010년 진화위 1기에서도 위법한 공권력에 의한 사망이며 민주화운동 관련자임이 인정되었다. 하지만 총체적 진실규명까지는 나아가지 못하고 있다. 남아 있는 우리들이 더 힘차게 싸워야 하는 이유이고 40주기에 새롭게 외쳐보는 다짐이기도 하다.

결코 꺾이지 않는 마음을 가졌던 나의 친구 두황을 다시 떠올려 본다. 그 많은 시간 동안 되뇌였던 못다 한 얘기와 쏟아낸 눈물 대신 그리운 친구에게 노래 한 곡을 바친다. 강제징집을 당한 후 22사단 연대 본부의 식당 뒷마당에서 꿈에서조차 이별의 노래인 줄 모르고 두황의 요청으로 불렀던 노래, 양희은의 '가난한 마음'이다.

나는 돌아가리라/ 쓸쓸한 바닷가로/그곳에 작은 집을 짓고/ 돌담 쌓으면 내 가난한/ 마음속에 돌아가리라

발문3

스물셋 김두황이 우리에게 묻는다

한홍구(성공회대 교수, 반헌법행위자열전편찬위원회)

그가 우리 곁을 떠난 지 40년, 김두황은 아직 스물셋이다. 어느덧 60이 넘은 우리들은 김두황을 떠올리며 엊그제 같았던 40여 년 전을 돌아보게 된다. 김두황이 재수 생활을 하던 1979년, 우리네들이 말귀 알아들을 때부터 대통령이었던 박정희가 갑자기 총 맞아 죽었다. 뭐가 어떻게 될지 모르던 1980년의 불안했던 시절, 어떤 사람들은 당시를 '서울의 봄'이라 불렀다. 서울? 봄? 1980년 '봄'은 결코 봄이 아니었고, 중심지도 서울이 아니라 광주였다. 1980년대는 광주의 시대였다. 광주는 대한민국 민주세력의 정치적 수도였고, 정신적 고향이었다. 김두황은, 그리고 김두황을 기억하는 사람들은 모두 광주의 자식들이었다. 살아서 한 번도 본 적이 없는 내가 김두황 평전에 이런 글을 쓰는 것도 광주에서 우리들의 인생이 다시 시작했기 때문이다.

1980년 5월을 감옥 안에서 맞았던 시인 김남주는 "한 나라의 대통령이란 자가/ 외적의 앞잡이이고/수천 동포의 학살자일 때/ 살아남은 사람들이 있어야 할 곳/그곳은 어디인가 / 전선이다 감옥이다 무덤이다."라고 외쳤다. 휴가 나와서 봤는지 제대 후에 봤는지 기억이 가물가물하지만 "아, 군대 끌려간 것은 축에도 끼지 못하는구나." 하는 자괴감 속에 "그래도 병원은 넣어주어야 하는 것 아닌가." 하며 구시렁댔던 것은 또렷이 생각난다.

건강한 몸으로 군대에 간 자식의 영정을 들어야 했던 부모들

대통령 자리를 차지하고 있는 학살자 전두환에 맞서 참으로 많은 사람들이 싸움에 나섰다. 많이 죽기 시작했고, 많이 감옥에 갔고, 많이 학교에서 쫓겨났고, 또 많은 남학생들이 군대로 끌려갔다. 뭘 몰라서 그랬을까, 아니면 준비가 안 되어 있어서 그랬을까? 싸우다 어리버리 잡혀갔다가 군대에 끌려가는 것으로 결정되면 감옥에 가지 않아 다행이라고 그저 그렇게 받아들였었다. 군대야 어차피 가야 했고 박정희 때도 강제징집이 없었던 것은 아니었기 때문이다. 어떤 부모님들은 데모 못 하게 하려고 싫다는 아들을 억지로 휴학시켜 군대로 등 떠밀어 보내기도 했다.

 광주의 장엄한 비극으로 시작된 1980년대, 당시의 청춘들은 광주의 죽음을 외면할 수 없었고 1970년대 다소 낭만적이었던 시절과 달리 죽음을 끼고 살아야 했다. 더 이상 죽음은 저 먼 곳의 이야기가 아니었다. 1970년대에도 민주진영에서 박정희 독재정권에 맞서 결사투쟁을 벌이자는 얘기가 없던 것은 아니겠지만, 실제로 죽을 수 있다는 생각은 별로 없었던 것 같다. 광주를 겪으며 모든 게 달라졌다. 실제로 죽기를 각오하는 데 이르지는 않았어도, 이 정권과 싸우다가 내가 죽을 수도 있겠구나 하는 것을 어렴풋이 깨닫지 않을 수 없던 시절이었다. 실제로 많이 죽어나가기 시작했다. 떨어져 죽고, 제 몸에 불을 놓아 죽고, 어찌 죽었는지 영문도 모르는 죽음도 여기저기 생겨났다. 다들 기억하겠지만, 이한열의 장례식에서 문익환 목사가 외치는 열사들의 이름을 듣는 것만으로 그 자리의 모든 사람들은 눈물을 참을 수 없었다.

 군대도 예외는 아니었다. 아니, 제일 많이 무고한 인명이 희생된 곳이 군대였다. 김두황 같은 강제징집 녹화사업 관련자들만이 아니었다. 한국전쟁 종전 이후 베트남전이나 대간첩작전 중 희생된 사람을 제외한 군 복무 중 사망자, 군대용어로 '비전투인명손실'은 무려 6만 명이었다. 6만 명! 이라크전쟁 미군의 인명 손실이 4,500명인데, 베트남전 한국군 희생자가 5천 명이 안 되는데 한국군이 비밀리에 그런 전쟁을 열두세 번 치렀단 말인가? 그게 군대였고 그게 군사독재였다. 그런 죽음을 입도 뻥긋 못했고 부모님들은 그 아픔을 가슴에 묻어야 했다.

그것만 해도 견디기 힘든데 보안사가 팔을 걷어붙이고 나섰다. CIC라 불리던 시절에는 수십만의 민간인학살을 기획·집행했던 곳이 보안사였다. 중앙정보부가 정권 유지의 핵심 기관이었다지만, 보안사는 10.26 직후 그 무서운 중앙정보부를 초토화하고 정권 자체를 새롭게 만들어낸 강력한 폭력기구였다. 이름하여 녹화사업. 붉게 물든 운동권 학생들의 머릿속을 산림녹화 하듯 푸르게 푸르게 만들겠다는 발상. "안 되면 되게 하라, 하면 된다."를 입에 달고 살았던 박정희 시대에도 없던 무모하고 황당한 발상이었다. 강제징집 학생들은 머리는 나쁜데 욕심은 많고 손발은 부지런한 자들의 승진과 포상을 위한 먹잇감으로 던져졌다.

1기, 2기 의문사위원회 조사를 거쳤지만, 김두황의 죽음의 경위가 확실히 밝혀지지 않았다. 김두황의 죽음은 40년이 흐른 지금도 여전히 의문사로 남아 있다. 아니, 김두황만이 아니다. 녹화사업의 다른 희생자들은 물론 군대에서 죽은 6만 명 젊은 넋들이 모두 의문사를 당한 것이다. 자식이 부모의 영정을 들어도 슬프고 또 슬픈 일인데, 건강한 몸으로 군대에 간 자식의 영정을 들어야 했던 부모들이 그 죽음을 납득할 수 있었겠는가?

스물셋 김두황이 가고 40년. 대한민국은 정말 많이 변했다. 대한민국은 산업화와 민주화를 모두 달성했고, 그 시절에는 꿈도 꾸기 어려운 부자 나라가 되었다. 경제적으로만 부자 나라가 아니다. BTS와 〈기생충〉과 〈오징어게임〉이 괜히 나온 것은 아니다. 대한민국은 386세대를 중심으로 20년 이상 한 세대가 제 몸에 불을 놓아가며 또 불을 놓지는 못했어도 제 뼈와 살을 갈아가며 민중이 주인 되는 평등한 세상을 꿈꿨던 그런 나라였다. 불평등과 치열하게 싸운 그 경험을 극단으로 몰고가 문화예술로 승화시켜야 나올 수 있는 것이 〈오징어게임〉 아니었을까? 김두황의 벗들 그리고 그들 세대는 그때만큼은 사랑도 명예도 이름도 남김없이 가자던 노랫말처럼 정말 치열하게 살았다. 이런 치열한 시대가 세계사에 또 있었던가? 우리 세대는 정말 많은 것을 이뤄냈다.

그런데 지금, 우리의 현실은 어떠한가? 386은 '똥팔육'이 되었고, 과거 운동을 했다는 것은 명예는커녕 멍에가 되어 돌아왔다. 부자 나라 대한민국의 국민들, 특히 청년들은 우울하다. 지금의 청년들은 유신세대나 386세대들의 자식 세대라 할 수 있다. 이들 세대는 누구보다도 평등과 연대를 외쳤고 대동세상을 꿈꿨었다. 그런데 어쩌다가, 정말 어쩌다가 친구와 동료를 함께 손잡아야 할 연대의 상대가 아니라, 내가 뒤처지지 않기 위해서는 제껴버리고 말아야 할 대상으로 여기는 무한경쟁의 개미지옥으로 자식 세대를 몰아넣었을까? 김두황만 해도 6남매의 막내였고 5남매, 6남매는 흔했던 한국이 부자 나라가 된 지금, 어쩌다가 2위 국가와는 비교가 되지 않는 최악의 저출산과 최고의 자살률을 보이게 되었을까?

스물셋 김두황은 부리부리한 눈으로 우리에게 묻는다

스물셋의 김두황이, 그리고 그 김두황과 함께 우리가 꿈꾼 40년 뒤의 통일조국은 어떤 나라였던가? 스물셋의 김두황에게 우리는 지금 대한민국의 현실을 어떻게 이야기할 수 있을까? 또 스물셋의 젊은이들에게 우리는 김두황이 어떤 사람이었다고 얘기할 수 있을까? 김두황이 황망하게 우리 곁을 떠났을 때, 군 당국은 서클의 여자 동기가 적어 보낸 시가 김두황의 유서였다고 황당한 주장을 폈다. 그리고 실제로 검사들이 조작한 유서대필 사건이 일어났다. 그 당시의 법무부장관 김기춘은 박근혜 정권의 '왕실장'이 되었고, 수사검사의 한 사람이었던 곽상도는 대장동 50억 클럽으로 이름을 올렸다. 최종길 교수의 죽음을 자살로 조작한 중앙정보부 대공수사국장 안경상(검사)의 사위도 50억 클럽 멤버다. 그리고 윤석열이 '건폭'이라 명명한 양희동의 죽음에 유서대필이란 악마의 소리가 다시 들리고 있다. 〈글로리〉나 〈모범택시〉 같은 드라마가 인기를 끄는 시대가 오기까지, 우리는 너무 착하게, 너무 무기력하게, 너무 우아 떨며 살아온 것은 아니었던가?

김두황은 아직도 스물셋이다. 살아 있는 우리가 스무 살 때처럼 살 수는 없다. 그러나 스무 살 때의 나를 만나야 한다. 힘들고 어려운 일 있을 때 같이 늙어가는 친구와 술 한잔 기울이는 것도 좋지만, 스무 살 때의 나를 불러내 그 목소리를 들어야 한다. 우리가 스무 살 때처럼 살 수는 없지만, 적어도 스무 살 때의 나로부터 "이런 XXX야." 소리를 들어서는 안 되는 것 아닌가? 스물셋 김두황은 부리부리한 눈으로 우리에게 묻는다. "너, 스무 살 때의 너를 기억하냐고…."

김두황 연표

1960년 6월 23일 서울 마포구 공덕동에서 3남 3녀 중 막내로 출생.
1967년 공덕초등(국민)학교 입학.
1973년 환일중학교 입학.
1976년 마포고등학교 입학.
1979년 정일학원에서 재수.
1980년 3월 3일 고려대학교 정경계열 입학. 3월 초 겨레사랑회 서클 가입. 4월부터 서울제일교회 대학생부 활동 시작. 1학년 2학기 때 정경계열 B반 과대표 맡음.
1981년 1년 동안 제일교회 활동에 주력. 11월 말 제일교회 활동을 정리하고 학내 학회 활동으로 복귀.
1982년 3학년 때 경제학과 학회 총무를 맡으면서 학회 활동을 주도.
1983년 1~2월 겨울방학 때, 1983년 4.18마라톤과 5월 고대 축제 그리고 6월 학내 총학생회장 선거를 준비하는 학회장연합 모임을 문과대, 정경대, 사범대 등 각 학회장 10명과 함께 가짐.
1983년 3월 8일 성북서에 연행되어 한선모, 양창욱과 함께 15일까지 일명 '3.7사건'에 연루되어 조사를 받음.
1983년 3월 16일 8일간 성북서 조사가 끝나고 하루 화곡동 집에서 부모님과 마지막 하룻밤 보냄.
1983년 3월 17일 서울지방병무청장으로부터 현역입영명령서를 받음.
1983년 3월 18일 특수학적변동자로 현역입영명령서를 받은 지 하루 만에 강제징집되어 성북서 승합차를 타고 103보충대로 이송됨. 형식적 신체검사와 머리를 깎음.
1983년 3월 19일 춘천 103보충대에서 삼척 68훈련단으로 이송됨.

1983년 3월 20일부터 4월 30일까지 6주 훈련을 받음.

1983년 3월 30일 훈련 11일 차에 양창욱 아버님 급작스레 돌아가심.

1983년 4월 30일 보병 제68훈련단장 준장 문금주로부터 신병교육 기간 중 훈련성적이 우수하다고 상장을 받음.

1983년 5월 1~3일 양창욱과 함께 연대본부 보안반에서 조사를 받음. 5월 3일 연대본부 식당에서 양창욱과 점심을 같이 먹고 양창욱이 먼저 자대 배치받으면서 헤어짐.

1983년 5월 3일 오후~5월 4일 김두황 혼자서 연대보안반에서 녹화사업을 받음.

1983년 5월 5일 제22사단 55연대 2대대 본부 경비소대에서 근무하는 서울대 출신 특수학변자 정기봉을 만남. 5월 5일 8중대 3소대에 박 이등병, 한 이등병과 함께 배치되어 박격포 탄약수 직을 맡음.

1983년 5월 6일 자대배치 다음날인 5월 6일 8중대본부에서 모든 신병들이 자대배치 받으면 쓰는 '나의 성장기' 6장을 씀.

1983년 6월 8일 양창욱에게 격려의 편지를 보냄.

1983년 6월 16일 19시~20시경 2대대 본부에서 열린 문선대 공연 관람 중에 정기봉을 만나 인사를 나눔.

1983년 6월 18일 17시 2대대본부 군수과 훈련소 동기 황 이등병이 김두황과 만나서 대화를 나누었는데 아무런 특이점이 없었음. 18시 8중대 입구 위병 근무 중이던 3소대원 박 일병에게 매복근무 나가면서 비가 오니까 포에 판초우의 덮어두라고 말함.

1983년 6월 18일 23시 35분경 강원도 고성군 현내면 저진리 소재 3분초소 인근 야산에서 매복근무 중 두부가 없어진 참혹한 모습으로 의문의 죽음을 당함 (22사단 헌병대 발표 기준).

1983년 6월 19일 새벽 1시 30분 김두황 둘째 형 김두원이 8중대 인사계 이 중사로부터 전화를 받아 군의문사 소식을 통보받음.

1983년 6월 19일 15시 둘째 형 두원, 큰매형, 작은매형이 군의문사 사고 현장 도착. 헌병대 조사계로부터 사고 설명을 들음.

1983년 6월 20일 간성 간이화장시설에서 화장함. 김두원이 유골함을 품고 강릉에서 서울로 올라와서 서대문 백련사에 유골함 안치.

1983년 8월 5일 49제 때 김두황 장례식 조촐히 거행.

1984년 4월 17일 '김두황 학우 추모식' 거행

1985년 4월 17일 강제징집희생자진혼비 건립식 거행됨.

1998년 11월부터 의문사 유가족 국회 앞 천막농성 시작.

1999년 12월 28일 의문사유가족 농성 422일 만에 국회에서 의문사진상규명특별법 통과.

2000년 9월 김두황추모사업회 출범.

2000년 10월 17일 대통령 소속 '의문사진상규명위원회' 발족

2000년 11월 23일 1기 의문사진상규명위원회 조사 시작

2002년 9월 16일 1기 의문사진상규명위원회 조사결과 발표. 김두황 사건 결정문 발표. '진상규명불능'으로 결정.

2003년 7월 16일 2기 의문사진상규명위원회 조사 시작.

2004년 6월 24일 2기 의문사진상규명위원회 조사결과 발표. 제4호(김두황 사건)에 대해 '진상규명 불능' 결정.

2005년 5월 3일 국회에서 통과된 '진실·화해를 위한 과거사정리 기본법'에 따라 설치된 진화위 1기에서 김두황 군의문사 사건 재조사 결정.

2008년 6월 진화위 1기 2조(3명으로 구성)에서 김두황 군의문사 사건 재조사 시작.

2010년 12월 31일 진화위 1기 활동 종료.

2020년 5월 21일 '진실·화해를 위한 과거사정리 기본법'(과거사법) 개정안 통과됨. 군의문사 진상규명 활동을 재개할 수 있는 토대 마련.

2020년 10월 17일 고대 민주광장에 김두황 열사 추모비 세움.

2021년 5월 27일 진화위 2기 조사 시작.

2021년 6월 13일 진화위 2기 김두황 군의문사 사건 조사 개시 결정 통보,

2022년 11월 23일 제2기 진실·화해를 위한 과거사정리위원회가 '강제징집 결정문' 발표. 박정희·전두환 정권 시절 녹화·선도공작 피해자 2,921명의 명단을 확인했다고 발표. 또 이미 알려진 것과 달리 강제징집은 1984년 끝난 것이 아니라 '선도공작'이라는 이름으로 바뀌어 노태우 정권 시기인 1989년 10월 입대자까지 실시된 것으로 밝혀짐. 진화위 2기는 이 사건을 '국가 공권력에 의한 중대한 인권침해 사건'이라 결론 내리고, 피해 구제를 신청한 187명에 대해 중대한 인권침해를 당한 피해자로 인정해 국가가 피해 구제를 위한 적절한 조처를 취하라고 권고함.

2023년 6월 현재 진화위 2기 김두황 군의문사 사건 조사 개시 후 진척 상황이 없음.

김두황 평전

초판 1쇄 발행 2023년 06월 25일

지은이 홍기원
펴낸이 권무혁
펴낸곳 어나더북스 another books
기획·편집 김미성, 최영준
디자인 채홍디자인
인쇄 및 제본 비전프린팅
출판등록 2019년 11월 5일 제 2019-000299호
주소 (04029) 서울 마포구 월드컵로8길 49-5 204호(서교동)
대표번호 02-335-2260
이메일 km6512@hanmail.net

ⓒ 홍기원, 2023

ISBN 979-11-978885-6-4 03810

* 책값은 뒤표지에 있습니다.
* 이 책 내용의 일부 혹은 전부를 재사용하려면 반드시 어나더북스의 동의를 구해야 합니다.
* 잘못 만들어진 책은 구입하신 서점에서 교환할 수 있습니다.